Arne Kopfermann

Das Geheimnis von Lobpreis und Anbetung

Arne Kopfermann

Das Geheimnis von Lobpreis und Anbetung

Projektion J

© 2001 Gerth Medien GmbH, Asslar
2. Auflage 2002

ISBN 3-89490-336-8

Die Bibelstellen wurden der Elberfelder und der Revidierten Lutherbibel
von 1987 entnommen.
Auf der Grundlage der neuen Rechtschreibung.

Bearbeitung: Nicole Schol, Projektion J Verlag
Umschlaggestaltung: Hanni Plato
Umschlagfoto: zefa visual media gmbh
Autorenfoto: © 2000 Jörg Steinmetz
Satz: Die Feder GmbH, Wetzlar
Druck und Verarbeitung: Schönbach-Druck, Erzhausen

Dieses Buch ist meinem Vater,
Wolfram Kopfermann, gewidmet.
Das Erbe deiner Prägung und
deiner Liebe zu einer ausgewogenen und
gesunden Theologie wird immer ein Schatz
in meinem Leben sein.

Inhalt

Dank 9

Einleitung
Was man von diesem Buch erwarten kann 11

**Teil I: Theologische und pastorale Grundlagen von Dank,
Lobpreis und Anbetung**

Kapitel 1
Einige verbreitete Missverständnisse zum Thema Lobpreis
und Anbetung 17

Kapitel 2
Der Wandel in der Bedeutung des Tempels als Zeichen einer
veränderten Gottesbeziehung 23

Kapitel 3
Dank, Lobpreis und Anbetung 41

Kapitel 4
Gottes Namen ehren 58

Kapitel 5
Seelsorgerliche Aspekte von Dank, Lobpreis und Anbetung 74

Teil II: Modelle, Vorgehensweisen und Anleitungen für die Praxis

Kapitel 6
Lobpreismodelle 89

Kapitel 7
Merkmale eines guten Lobpreisleiters 113

Kapitel 8
Die Vorbereitung einer Lobpreiszeit 139

Kapitel 9
Tipps und Hilfen zum Aufbau eines Lobpreisteams 152

Teil III: Die Gemeindemusik der Zukunft –
oder die Vision einer Musik, die Menschen wieder in die Kirche zieht

Kapitel 10
Ein geschichtlicher Überblick über die Verwendung von
zeitgenössischer Musik im geistlichen Liedgut 179

Kapitel 11
Eine Notwendigkeit für die Kirche der Zukunft:
Die Verlagerung auf Popularmusik als dominantes und
kulturell relevantes Kommunikationsmedium 193

Kapitel 12
Neuer Wein in alten Schläuchen? Gottesdienstliche Strukturen
schaffen, die ganzheitliche Veränderung ermöglichen 213

Anhang A
Beispiel für ein Akkordblatt zur Verwendung in der
Lobpreisband 220

Anhang B
Der Quintenzirkel 221

Anhang C
Wie schreibe ich gemeindetaugliche Lobpreis-
und Anbetungslieder? 226

Anmerkungen 234

Dank

Mein herzlicher Dank gilt allen Freunden und Wegbegleitern der letzten Jahre; vor allem meiner Frau Anja, die mit viel Geduld und Mitdenken meinen Dienst unterstützt hat. Darüber hinaus den Musikern und Technikern, mit denen ich über die Jahre hinweg Musik gemacht und von denen ich so vieles von dem gelernt habe, was in diesem Buch aufgeschrieben ist. Ich bin sicher, ich habe einige von ihnen vergessen, aber den Vergessenen gilt ebenfalls mein ausgesprochener Dank:

Axel Schruhl, Dietlinde und Matthias Kopfermann, Steve McPeek, Gisela Pfeiffer, Matthias Kölsch, Markus Piorr, Michael Rode, Dieter Koch, Barbro Jävert, Kai Becker, Peter Jankowski, Wayne Morris, Zsolt Schaffer, Heinz Zahn, Uli Kringler, Eddie Espinosa, Klaus & Julia Porath, Steve und Velvetta Thompson, Ben Castle, Chris Mitchell, Raul de Óliviera, Bruce Pont, Lothar Kosse, Jens Wrede, Heinz Lichius, Uli Geißendörfer, Michael Neff, Sören Grünberg, Christoph Peikert, Christoph Lindner, Volker Alipaß, Matthias Kryn, Bodo Neumann, Marc & Kathy Shaw, Michael Wachsmuth, Frank Röcher, Stefan Weyel, Alexander Gaiswinkler, Peter Neubauer, Marcus Watta, Burkhard Mayer Andersson, Andi Kopp, Jens Seekamp, Peter Weihe, Matthias Sachs, Jane Comerford, Ralf Nieschulz, Karin Ploog, Volker Dymel, Gunnar Wiegel, Pit Mumssen, Daniel Jakobi, Thea und Bernd Martin Müller, Lutz Büchner, Lajos Bartha, Michael Fastenrath, Naomi van Dooren, Dirk Benner, Klaus Bittner, Florian Sitzmann, Hemi und Frieder Jost, Ruthild Wilson, Martin Stoeck, Ralf Gustke, Martin Neil, Anja Lehmann, Stefanie Heinen, Christoph Brüx, Norm Strauss, Andrea Adams, Heike Barth, Albert Frey, Elke Reichert, Dirk Schmalenbach, Andre Massoli, Michael Schlierf, Sebastian Roth, Scott und Vonda Dyer, John Carlson, Eckhard Tillmann Jung und Alex Lauer.

Für die Anregungen und Verbesserungsvorschläge möchte ich vor allem Nicole Schol, Peter Neubauer, Tom Mankel, Matthias Kryn und Bettina von Bracken danken.

Was man von diesem Buch erwarten kann

1976 kam ich zum ersten Mal mit Lobpreisliedern moderner Prägung in Berührung. Für mich als damals Neunjährigen war es faszinierend zu sehen, dass in der alten und ehrwürdigen St.-Petri-Kirche, in der gerade ein „Jesus-Festival" stattfand, auf einmal die Orgel beim Singen gegen Gitarren und Congas eingetauscht wurde, während Hunderte von jungen Leuten begeistert zu Gott sangen. Bald ging ich am liebsten wegen dieser „Jesus-Festivals" in die Kirche, die ich sonst eher als antiquiert und langweilig erlebte und in der ich routinemäßig zwei Beschäftigungen nachging: das Gesangbuch auf die Lieder von Paul Gerhardt hin zu durchforsten, die die meisten Strophen haben, und unter der Bank Karl-May-Romane zu lesen.

In den folgenden Jahren entstanden in derselben Gemeinde dann „charismatische" Gottesdienste, in denen Leute von ihrem Glauben Zeugnis gaben und das Loben Gottes im gemeinsamen Singen viel Raum einnahm. Bald konnte man mich in keinen anderen Gottesdienst mehr kriegen. Die vielen Jugendlichen, die intensive Atmosphäre beim Singen und der herzliche Umgang miteinander trugen mit dazu bei, dass ich mich mit zwölf Jahren entschloss, Christ zu werden.

Etwa zeitgleich fing ich an, Gitarre zu lernen, und während andere damals Songs aus der „Mundorgel" oder der „Beatles"-Kollektion spielten, klangen aus meinem Zimmer hauptsächlich neuere Gemeindelieder oder erste eigene Kompositionsversuche.

Im Sommer 1983 hatte ich dann meine erste Begegnung mit einer intensiveren Form von Lobpreis und Anbetung. Unsere Familie machte in einem kleinen Städtchen in West Sussex Urlaub. Nicht weit von unserem Domizil entfernt war wenige Jahre zuvor eine Kommunität aufgebaut worden, die um den Prediger Colin Urquhart herum entstanden war. Ein weißes Herrenhaus, das auf einem weitläufigen Anwesen mit Grünanlagen, Tennisplatz und Obst- und Gemüseanbau stand, war der Versammlungsort dieser *Bethany Fellowship*, und wie viele aus den umliegenden Ortschaften besuchten auch wir ihre Gottesdienste. Diese fanden in einem Raum statt, der auch als Bibliothek diente und daher nicht allen Besuchern Platz bot, so dass einige im Nebenraum sitzen mussten und durch die geöffnete Tür am Geschehen teilnahmen.

Und obwohl wir dort draußen saßen, werde ich nie die intensive Atmosphäre vergessen, die aus der Bibliothek zu uns in den Nebenraum drang, während zwei Musiker mit *Ovation*-Gitarren die Gruppe im Lobpreis leiteten. Es gab keine Unterbrechungen in Form von theologischen Belehrungen oder inhaltstiefen Anekdoten; die Christen brachten in einem Fluss aus Liedern, freien Gebeten und ausgedehntem Sprachengesang ihren Lobpreis zu Gott. Die Lieder behandelten keine großen Wahrheiten über Gott, sondern sprachen ihn zum größten Teil direkt an. Es waren eher eingängige Chorusse als anspruchsvolle mehrstrophige Kompositionen, aber selbst die Wände schienen von dem leidenschaftlichen Gesang der Gruppe zu vibrieren – die Gegenwart Gottes war zum Greifen nahe.

Seit dieser Zeit habe ich viele unterschiedliche Ausprägungen von Lobpreis kennen gelernt: Lobpreis und Lobpreisleitung in kleinsten Gruppen und in Hallen vor 2 000 und mehr Menschen, temperamentvollen und meditativen Lobpreis, Lobpreis zur Gitarre und Lobpreis mit einer großen Band. Ich habe verschiedene Gemeinden unterschiedlichster Denominationen in den USA, in England, Schweden, Frankreich und Deutschland kennen gelernt und beobachtet, wie sie ihre *Worship*-Zeiten gestalten; meine Frau und ich konnten auf Hawaii im Studiochor einer Live-Lobpreis-Produktion von *Hosanna! Integrity Music* mitsingen und im Herzen von Tokio bei „Jugend mit einer Mission" mit einer einheimischen Band Lobpreis leiten. Eines hatten diese vielfältigen Eindrücke jedoch gemeinsam: In erster Linie geht es immer um eine innige Beziehung zu Gott, und der beständige Lobpreis, der Gott sucht und sich an ihm freut, verändert und prägt Christen in faszinierender Weise.

Mit dem vorliegenden Buch verfolge ich in erster Linie das Anliegen, die unterschiedlichen Farben und Facetten von Lobpreis und Anbetung zu beschreiben, die ich in den vergangenen Jahren entdeckt habe. Dies ist keine vollständige und abgeschlossene Ausarbeitung. Christen haben über die Jahrhunderte ganz unterschiedliche Ausdrucksformen gehabt, um Gott ihre Dankbarkeit und Verehrung auszudrücken. Auch die Generationen nach uns werden mit Sicherheit wieder neue Ausdrucksformen finden, um dies zu tun. Und doch gibt es einige grundlegende Prinzipien, die sich im Wandel der Formen nicht geändert haben, und auch davon soll dieses Buch handeln. Außerdem gibt es tausend kleine praktische Dinge, die man in Verbindung mit Lobpreis-Musik in der Gemeinde bedenken muss, damit die Arbeit möglichst harmonisch verläuft. Dazu möchte ich so viele Anregungen wie möglich geben, die aus der praktischen Alltagserfahrung erwachsen sind.

In vielen Gemeinden evangelikalen wie charismatischen Zuschnittes hat der Lobpreis Gottes, der sich in Liedern, Gebeten und vor allem im Lebensstil ausdrückt, in den letzten Jahren einen ungeheuren Boom erlebt. Was ist das Geheimnis dieser Dynamik? Warum finden Lieder, die die Größe und Herrlichkeit Gottes beschreiben, oft so schnell und ungehindert Zugang zu den Herzen der Menschen? Wie kann mein ganzes Leben zu einem Ausdruck der Dankbarkeit gegenüber Gott und der Freude an IHM werden? Was kann ich persönlich dazu beitragen, dass mein Hauskreis, die Bibelstunde, der Jugendabend oder die Gottesdienste zu einem Ort werden, an dem Gott in großer Freiheit und Selbstverständlichkeit verherrlicht wird? Wie kann ich Gott auch dann noch loben, wenn mir meine Probleme, Schwierigkeiten oder Leiderfahrungen über den Kopf zu wachsen scheinen und mir nach allem anderen ist als nach dem beständigen, fröhlichen Lobpreis, zu dem uns Paulus immer wieder auffordert?

Diese Fragen und viele weitere werden in den folgenden Kapiteln zur Sprache kommen. Mein Gebet ist, dass das vorliegende Buch uns hilft, immer mehr zu einem Lobpreis der herrlichen Gnade Gottes zu werden.

Teil I

Theologische und pastorale Grundlagen von Dank, Lobpreis und Anbetung

Kapitel 1

Einige verbreitete Missverständnisse zum Thema Lobpreis und Anbetung

Bevor ich im Einzelnen auf Sinn und Wesen von Lobpreis und Anbetung eingehe, möchte ich mich zum besseren Verständnis am Anfang mit einigen Positionen auseinander setzen, die im Leib Christi weit verbreitet sind, aber nur ein eingeschränktes Bild von Lobpreis und Anbetung vermitteln. Damit sage ich nicht, dass die Geschwister, die diese Positionen vertreten, keinen Segen im Lobpreis erfahren oder keine Möglichkeit der vertrauten Begegnung mit Christus hätten. Einige dieser Thesen hatte ich mir zu einem früheren Zeitpunkt selbst zu Eigen gemacht und einige meiner wertvollsten Erfahrungen mit Gott stammen aus dieser Zeit. Die Abgrenzung soll vielmehr dazu dienen, ein Fundament zu legen, das mit der Wahrheit der Bibel in Einklang steht, um so neue Schätze in der Beziehung zu Gott zu entdecken und immer freier zu werden, Gott zu loben.

1. Lobpreis und Anbetung als eine Form von Wunschkonzert in der Gemeinde

Als wir in der St.-Petri-Gemeinde in Hamburg Anfang der 80er Jahre das Singen moderner Lieder und Chorusse, die im wesentlichen Lobpreis zum Inhalt hatten, als einen wichtigen Bestandteil in unsere „charismatischen Gottesdienste" integrierten, hätte man die Form dieses Geschehens gut mit „Wunschkonzert" beschreiben können.

Wir waren zu jenem Zeitpunkt noch eine überschaubare Gruppe von 100–150 Gemeindemitgliedern. Neben einigen Ansagen und wenigen liturgischen Elementen prägten vor allem persönliche Erfahrungsberichte aus dem Glauben der Einzelnen, Predigt, Abendmahl und eben jene Form des gemeinsamen Singens das Bild des Gottesdienstes. Sie zogen immer neue Außenstehende an, die sonst eher konservativere, landeskirchliche Gottesdienste gewöhnt waren und sich von der Lebendigkeit und Frische der Glaubenserfahrung angesprochen fühlten, die von dieser etwas anderen Veranstaltung ausging.

In der ersten Hälfte der Gottesdienste lud mein Vater, der Leiter des

Gottesdienstes, zu einer Zeit gemeinsamen Singens ein. Das erste Lied wurde noch von ihm bestimmt; danach konnten die Teilnehmer des Gottesdienstes nach Beendigung eine Nummer nennen, wir schlugen die Seite mit besagtem Lied im Liederbuch auf und sangen aus vollem Halse mit. Dies war eine sehr schöne Gemeinschaftserfahrung; der Einzelne konnte sich mit seinen Wünschen einbringen. Und doch hatte diese Vorgehensweise auch einige Schattenseiten: Diejenigen, die am couragiertesten waren und am schnellsten eine Lied-Nummer riefen, kamen immer zum Zug, während die Schüchterneren nur hoffen konnten, dass Lieder genannt wurden, die sie auch mochten.

Ein roter Faden war selten zu erkennen; oft entstand eine eher wahllose Reihe von Lieblingsliedern der Besucher, die weder zueinander noch zum Predigtthema einen engeren inhaltlichen Bezug hatten. Der Fluss der Chorusse wurde durch Pausen unterbrochen, in denen die nächste Liednummer durch den Altarraum hallte und eifriges Blättern und Rascheln der Songbooks den Raum erfüllte, während alle nach dem genannten Lied suchten und die noch etwas spärlich besetzte Musikgruppe die richtigen Akkordblätter hervorkramte. Manchmal ging dem Singen auch eine theologische Erklärung voraus. Lieder, die Gott direkt ansprachen, wechselten sich oft willkürlich mit solchen ab, die Geschichten der Bibel lebendig werden ließen oder allgemein zum Lobpreis aufforderten.

Sich ganz auf Gott auszurichten und ihm begegnen zu können, wurde dadurch erschwert, dass es viele Brüche im Ablauf gab. David Evans, den ich ein Jahr später in der *Bethany Fellowship* in England kennen lernte, bezeichnet diese Praxis als *Seasick Praise*, als „seekranken" Lobpreis: Die Leute werden hin- und hergerissen zwischen der Ausrichtung auf Gott und dem Schauen auf Menschen. Die Lieder sind oft mehrstrophig und sehr lang; es fällt schwer, sie auswendig zu behalten, und als Folge ist der Blick fast ausschließlich an das Liederbuch gefesselt. Am Ende bleibt eher das Empfinden, schöne Lieder gesungen zu haben, als gemeinsam im Gebet – sei es in gesungener oder gesprochener Form – Gott zielgerichtet unseren Dank, unser Lob und unsere Anbetung gebracht zu haben. Im zweiten Teil dieses Buches werde ich darauf näher eingehen.

Das funktionale Konzept von Psalm 22, Vers 4

„Du aber bist heilig, der du thronst über den Lobgesängen Israels" (Luther) – in vielen Gemeinden wurde auf dieser Stelle – in Ermangelung besserer Anleitung und Lehre – eine ganze Lobpreis-Theologie aufgebaut, die etwa folgender Logik folgt: Ich will Gott nah kommen und ihn erleben. Gott wohnt über den Lobgesängen Israels – das sind in der Realität des neuen Bundes die Lobgesänge aller Christen, die Jesus als ihren Herrn angenommen haben. Wenn wir als Gemeinde Gott voller Hingabe preisen, dann thront er über unseren Veranstaltungen, und wir können ihm ganz nah kommen.

Beten wir jetzt unter Handauflegung für Kranke, dann wird dies folgerichtig durch den dauernden Fluss von Lobpreisliedern begleitet, weil wir damit ja sichergehen, dass Gottes Gegenwart über unserer Versammlung ist. Wenn wir auf das Wirken des Heiligen Geistes warten und die Charismen empfangen wollen, die er uns verheißen hat, begleiten wir unser Gebet analog dazu wieder mit beständigem Lobpreis – Gott wohnt ja schließlich im Lobpreis seiner Kinder.

Natürlich stimmt es, dass der Lobpreis Menschen ungemein helfen kann, sich auf Gott zu konzentrieren und für sein Wirken zu öffnen. Ich werde später noch im Einzelnen darauf eingehen, welch enorme Kraft im Betrachten der Größe Gottes und seiner Möglichkeiten liegt. Hier geht es mir aber um etwas Grundsätzliches: Lobpreis und Anbetung werden als *Mittel* eingesetzt, um die Gegenwart Gottes herbeizubeten. Oft wird ein Automatismus vorausgesetzt: Je mehr wir Gott preisen, desto näher kommt er unserer Gruppe. Dabei steht irgendwann nicht mehr Gott im Vordergrund, der unseren Lobpreis und unsere Anbetung verdient wie kein anderer, sondern das Ziel, von ihm berührt zu werden. Wir stehen in der Gefahr, uns zu verkrampfen und den Lobpreis zu benutzen, um unser Ziel zu erreichen.

Die Sicht der Bibel ist viel entspannter. Schon in Psalm 139 heißt es:

„Ich gehe oder liege, so bist du um mich – von allen Seiten umgibst du mich und hältst deine Hand über mir. Diese Erkenntnis ist mir zu wunderbar und zu hoch; ich kann sie nicht begreifen. Wohin soll ich gehen vor deinem Geist, und wohin soll ich fliehen vor deinem Angesicht? Führe ich gen Himmel, so bist du da; bettete ich mich bei den Toten, siehe, so bist du auch da. Nähme ich Flügel der Morgenröte und bliebe am äußersten Meer, so würde auch dort deine Hand mich führen und deine Rechte mich halten."

Was für eine eingeschränkte Sicht, wenn wir davon ausgehen, dass wir Gottes Gegenwart nur im Lobpreis um uns haben! Er lebt in mir, er geht mir voran, er beschließt meinen Weg, er hält seine Hand über mir und „befiehlt seinen Engeln, mich auf Händen zu tragen, damit ich meinen Fuß nicht an einen Stein stoße", wie es so bildhaft in der Bibel heißt. *Christus lebt in uns, sein Geist ist in uns.*

Ein Schwerpunkt der Paulinischen Theologie ist, uns darauf hinzuweisen, was wir in Christus haben; ja, dass wir *in Christus sind* und Anteil haben an allem, was er hat. Wie seltsam wirkt dagegen die Vorstellung, wir müssten Gott vom Himmel „herabloben", seine Gegenwart „herbeipreisen" und ihn unter fortlaufendem Lobpreis darum bitten, die Hand seiner Gnade nicht von uns zu nehmen! Gott ist in Christus untrennbar mit uns verbunden. Wir sind der Leib Christi geworden. Gott wohnt in uns und umgibt uns, was auch immer wir tun: ob wir schlafen, essen, arbeiten, bitten oder danken, weinen oder lachen. Jesus nimmt sein Wort nicht zurück, dass er bis an der Welt Ende bei uns ist. Und er, der von sich gesagt hat, es sei gut, dass er gehe, denn nach ihm würden alle, die an ihn glauben, den Heiligen Geist empfangen – er hat uns einen beständigen Anteil an Gottes Kraft gegeben und einen offenen Zugang zu seiner Liebe. Lobpreis und Anbetung helfen uns, Tag für Tag in dieser Realität zu leben, sind aber weder die Bedingung dafür noch sind sie das „Sesam-öffne-dich" zum Allerheiligsten.

Das Tempel-Konzept

Als meine Familie 1984 in West Sussex/England Sommerurlaub machte und in diesem Rahmen auch die *Bethany Fellowship* unter der damaligen Leitung von Colin Urquhart besuchte, war David Evans der Leiter der dortigen Lobpreisarbeit. Zusammen mit einem weiteren Gitarristen leitete er mit der Gitarre den Lobpreis. Und schon in der ersten Veranstaltung, an der wir teilnahmen, war ich, der ich bis jetzt Lobpreis vor allem als „Wunschkonzert" kannte, fasziniert von dieser ganz anderen Art, Gott durch Singen und Gebet meine Liebe zu zeigen und meine Dankbarkeit auszudrücken. Schon nach wenigen Liedern sah man kaum noch Leute hin- und herschauen. Und obwohl alle gemeinsam sangen, hatte man doch das Gefühl, als würde jeder für sich vor Gott stehen und ihm begegnen. Eine solche Atmosphäre hatte ich selten erlebt. Jedes Lied (obwohl ich nicht allzu viel verstand, weil mir als Sechzehnjährigem noch manche englische Vokabel fehlte) schien auf dem vorherigen aufzubauen, ein fast himmlischer Sprachengesang erfüllte minutenlang die Bibliothek, in der die Versammlung stattfand, und das Ende der Lobpreiszeit erschien mir fast gewaltsam – ich hätte noch stundenlang singen und zuhören können.

Nach der Veranstaltung hatte ich die Gelegenheit, David kurz kennen zu lernen. Er bedankte sich für meine Komplimente und wies mich auf das neue *Songbook* der Gemeinschaft hin: *Worship the King,* das er gerade in Zusammenarbeit mit dem *Kingsway*-Verlag für die *Bethany Fellowship* herausgegeben hatte. Im Anhang des Liederbuches hatte er ebenfalls die Lobpreisphilosophie der Gemeinschaft dargestellt.

Nach unserer Reise nahm ich mir irgendwann ausführlich Zeit, mich mit Evans' Konzept von *Worship* zu beschäftigen. Nachdem er zuerst „seekranken" Lobpreis skizziert, vergleicht er den „erfolgreichen, zielgerichteten" Lobpreis mit einer Flugreise. Den Lärm und die Verhaltensweisen in der Empfangshalle vergleicht er mit der Stimmung, in der die Gemeindeglieder nach einem langen, vielleicht auch mühseligen Arbeitstag in den Hauskreis oder Gottesdienst kommen, sich begrüßen, austauschen, Smalltalk halten und sich langsam auf den geistlichen Inhalt des Abends vorbereiten.

Unter gewissen Voraussetzungen (wenn die Leute offen sind, den Alltag hinter sich zu lassen, von sich selbst abzusehen und Gott von ganzem Herzen zu loben) rast dann das „Flugzeug des Lobpreises" unter voller Beanspruchung der Triebwerke die Startbahn entlang, bis es den *point of no return* erreicht hat, abhebt, bald darauf die Wolken durchbricht und dann scheinbar ohne Kraftaufwand gen Himmel gleitet.

Dieses Bild bezieht Evans dann analog auf den Vorgang, sich im Lobpreis so zu öffnen, dass – geistlich gesehen – die Wolken aufreißen und Gottes Stimme klar für uns vernehmbar ist, während wir ihn anbeten und Raum für sein Reden lassen.

Ich merkte schnell, dass diese Herangehensweise Menschen sehr viel tiefer in den Lobpreis und die Anbetung Gottes führen kann als die vorher beschriebene Form des Wunschkonzertes. Und doch impliziert dieser Ansatz scheinbar ganz unterschwellig eine problematische geistliche Aussage: Der Lobpreis zielt auf das Reden Gottes, auf sein Handeln, auf seine Veränderung. Gottes Handeln ist der Höhepunkt der Anbetung, ihr Ziel und das Motiv, ihn zu loben. Außerdem muss man verschiedene Stufen durchlaufen, um sich in die Gegenwart Gottes vorzukämpfen.

Von wenigen Gruppierungen habe ich so viel über Lobpreis gelernt wie von der *Bethany Fellowship*. Und doch fand ich bei genauer Betrachtung einen Mechanismus vor, der mir später in anderer theologischer Gestalt wieder begegnete und den ich hier als das „Tempel-Konzept" bezeichnen möchte.

In diesem Konzept geht es darum, dass man auch in Lobpreis und Anbetung, genauso wie man im Tempel die Vorhöfe und das Heiligtum durchschreiten musste, um in das Allerheiligste zu gelangen, verschiedene Stadien durchlaufen muss, bis man nah bei Gott ist. Folgt man dem Tempel-Konzept, so muss man zu Beginn erst einmal die Vorhöfe des Lobes durchqueren. Dort herrscht viel Lärm und munteres Treiben: Der Lobpreis ist am Anfang von schnellen und kraftvollen Liedern geprägt, die uns helfen sollen, den Alltag hinter uns zu lassen, um Gott begegnen zu können.

Wenn wir ausreichend Zeit zum Lobpreis haben, die Gruppe Gott wirklich loben will, keine äußeren Störfaktoren oder persönliche Trennung von Gott im Wege stehen, dann dringen wir vielleicht irgendwann in das Heiligtum vor und sind nun schon sehr viel näher an der heiligen Gegenwart Gottes. Wir singen dabei leisere, ruhigere, im Wesen auf die Anbetung ausgerichtete Lieder. In den seltenen, aber kostbaren Momenten, wenn alles zusammenpasst, die Sehnsucht der Gruppe groß genug und ausreichend Zeit vorhanden ist, kann es so geschehen, dass wir in das Allerheiligste vordringen und die direkte Nähe Gottes sogar körperlich genießen können – eine Erfahrung, die als große Besonderheit erlebt wird und als die Königsform der Anbetung gilt.

Ich glaube, dass einige Beobachtungen, die in diesem Konzept zur Sprache kommen, den Tatsachen entsprechen. Nicht immer schafft es eine Person oder eine Gruppe, sich im Lobpreis auf Gott auszurichten – zu viele rivalisierende Gedanken sind oft in unserem Kopf. Manchmal steht uns wirklich persönliche Sünde im Weg und wir sind nicht frei, Gott zu begegnen. Und nicht selten vergehen Monate oder sogar Jahre, ohne dass Gottes Gegenwart für uns körperlich spürbar gewesen wäre.

Dennoch beinhaltet das „Tempel-Konzept" einige Aussagen, die nicht mit der Wahrheit der Bibel in Einklang stehen. Denn wieder scheint es, als müsse man sich die Gegenwart Gottes erarbeiten; als sei das höchste Ziel von Lobpreis und Anbetung eine direkte Begegnung mit Gott, nach der man immer streben sollte und die greifbar ist, jedoch auf Grund menschlicher Unzulänglichkeiten selten erfahren wird. So wird aus dem Loben Gottes leicht geistlicher Stress – wieder dient es als Methode, um Gott nah zu kommen, und hängt an unserer „Leistung", die ausschlaggebend ist, ob wir zu Gott durchbrechen oder auf halbem Wege aufgeben müssen.

Gott hat uns in seinem Wort eine andere, schönere, befreiende und begeisternde Perspektive gegeben, von der im nächsten Kapitel die Rede sein soll.

Kapitel 2

Der Wandel in der Bedeutung des Tempels als Zeichen einer veränderten Gottesbeziehung

Um wirklich begreifen zu können, was das Zentrum von Lobpreis und Anbetung ist, sollten wir zuerst verstehen, wie Gott sich die Beziehung mit uns vorstellt und welche Art von Beziehung wir zu ihm pflegen sollen. Was wäre also nahe liegender, als zuerst einmal die Heilige Schrift auf dieses Thema hin zu durchforsten. Beim Studium stoßen wir schnell auf einen fundamentalen Unterschied zwischen der Art und Weise, wie die wechselseitige Beziehung von Gott und Mensch im alten Bund gelebt wurde und wie im neuen Bund.

Der Tempel zur Zeit Jesu

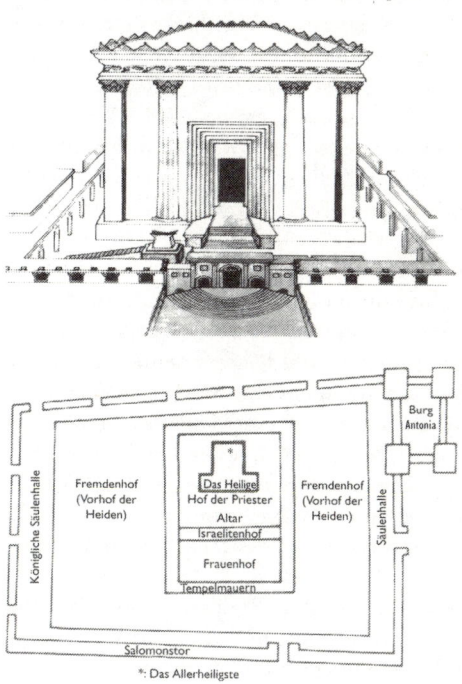

*: Das Allerheiligste

Der Tempel im Alten Testament als Ort religiöser Dienstleistung

Im Alten Testament werden einige „Helden des Glaubens" wie Abraham, Mose oder David beschrieben, die mit Gott in den Dialog traten, sich an seiner Gegenwart erfreuten und seine Botschaften an das Volk weitergaben. Auch ist von zahlreichen Propheten die Rede, die vor Gott standen, seine Weisungen empfingen und an die Herrschenden oder das Volk weitergaben. Im Vergleich zu dem großen Volk Israel aber war dies eine winzige, sehr exklusive Gruppe, die Gott dazu auserwählte, eine Mittlerfunktion zwischen ihm und seinem Bundesvolk einzunehmen.

Die Beziehung des gemeinen Volkes zu Gott war eine indirekte: Der Ort des Lobpreises war der Vorhof des Tempels. Dort kam man zusammen, um Gott zu loben, aber dieser Lobpreis geschah nicht in der freien und fröhlichen Atmosphäre, die heute viele unserer Gemeinden prägt. Der normale Israelit näherte sich Gott in dem Bewusstsein, dass seine Schuld immer zwischen ihm und dem „Heiligen Israels" stehen würde; ja dass es unweigerlich den Tod zur Folge hätte, diesem heiligen Gott zu nahe zu kommen. Auch hörte das Volk nicht direkt Gottes Stimme, sondern die wenigen auserwählten Mittler, die Gott eingesetzt hatte, um zu seinem Volk zu reden, überbrachten seine Botschaften. Obwohl Lobpreis seinen festen Platz hatte und insbesondere David das Volk zu Dankbarkeit und Freude gegenüber Gott ermutigte, war die Beziehung zu diesem getrübt durch Sünde und Schuld. Es wurden zwar regelmäßig Sühnopfer dargebracht, eine unbefangene Begegnung mit Gott war aber trotzdem nicht möglich.

Der Tempel des alten Bundes war in mehrere Abschnitte unterteilt, zu denen jeweils nur bestimmte Gruppen eine Zugangsberechtigung hatten. Außerhalb des Tempelbereiches lag ein Hof für die Heiden. Er war für diejenigen bestimmt, die den Gott Israels verehren wollten, jedoch kein Bürgerrecht besaßen. Ihnen war der Zutritt in den eigentlichen Tempelbereich untersagt, worauf auch auf Schildern in drei Sprachen an den äußeren Tempelmauern, die „Soreg" genannt wurden, hingewiesen wurde. In diese Tempelmauern waren dreizehn Tore zum Eintreten in die Vorhöfe eingelassen, so z. B. „die schöne Pforte", vor der sich die Heilung des Lahmen auf Grund des Gebetes von Petrus und Johannes ereignete (vgl. Apg 3,1–11).

Im ersten Teilabschnitt des Tempels lag der Hof für die jüdischen Frauen, umgeben von Kolonnaden, die auf einer zweiten Ebene Balkone hatten. Hinter den Kolonnaden und direkt an der Tempelwand waren spezielle Höfe für zwei israelische Randgruppen eingelassen: ein Hof für die Nazarener und einer für Leprakranke. In diesem ersten Abschnitt des Tempels wurde Handel mit Opfertieren getrieben und es herrschte ein munteres Treiben. Aus diesem Bereich trieb Jesus, wie es zum Beispiel in Matthäus 21, Verse 12 bis 13 beschrieben wird, die Wechsler aus:

> „Und Jesus trat in den Tempel Gottes ein und trieb alle hinaus, die im Tempel verkauften und kauften, und die Tische der Wechsler und die Sitze der Taubenverkäufer stieß er um. Und er spricht zu ihnen: Es steht geschrieben: Mein Haus wird ein Bethaus genannt werden; ihr aber habt es zu einer Räuberhöhle gemacht" (vgl. Mk 11,15–19; Lk 19,45-48; Joh 2,12–17).

Die nicänische Pforte (wo die priesterlichen Chöre auftraten) trennte die vorderen Vorhöfe von dem Abschnitt dahinter, der den jüdischen Männern und Priestern vorbehalten war. Die Versammlungen der jüdischen Männer wurden unter Kolonnaden am Rande dieses so genannten Priesterhofes abgehalten.

Der Priesterhof umschloss von drei Seiten den zweiten und dritten Abschnitt des Tempels (das Heiligtum und das Allerheiligste), dahinter bildete die Tempelmauer den Abschluss des Komplexes. Vor dem Heiligtum befand sich ein großer Altar, auf dem die Priester ihre Opfer zur Sühne für das Volk, aber auch Dankopfer darbrachten. Nur sie hatten Zutritt zum zweiten Abschnitt des Tempels, dem Heiligtum. In die äußeren Mauern dieses Heiligtums waren ihre „Wohnungen" eingelassen; so war für sie der Tempel gleichzeitig Ort des Dienstes und Wohnraum. Im Heiligtum befanden sich ein weiterer Altar (der „Räucheraltar"), außerdem auch der siebenarmige Leuchter und die Schaubrote.

Ein großer schwerer Vorhang im hinteren Teil des Heiligtums, der von der Decke bis zum Fußboden reichte, trennte den Bereich ab, der „das Allerheiligste" genannt wird. Zu diesem Bereich hatte einzig und allein der Hohepriester Zugang, und dies auch nur einmal im Jahr, um hier, an dem Ort der unmittelbaren Gegenwart Jahwes, Opfer zu bringen zur Sühne für die Schuld des Volkes. Diese Vorgehensweise geht auf die Anweisungen an den Hohepriester Aaron zurück (vgl. Ex 30,10; 3. Mose 16,29–34). Der Schreiber des Hebräerbriefes fasst die Satzungen für den Dienst im Tempel folgendermaßen zusammen:

> „Es hatte nun zwar auch der erste Bund Satzungen des Dienstes und das irdische Heiligtum. Denn es wurde ein vorderes Zelt aufgerichtet – in dem sowohl der Leuchter als auch der Tisch und die Schaubrote waren –, das das Heilige genannt wird, hinter dem zweiten Vorhang aber ein Zelt, das das Allerheiligste genannt

wird, das einen goldenen Räucheraltar und die überall mit Gold überdeckte Lade des Bundes hatte, in welcher der goldene Krug, der das Manna enthielt, und der Stab Aarons, der gesprosst hatte, und die Tafeln des Bundes waren; oben über ihr aber die Cherubim der Herrlichkeit, die den Versöhnungsdeckel überschatteten, von welchen Dingen jetzt nicht im Einzelnen zu reden ist. Da aber dies so eingerichtet ist, gehen zwar in das vordere Zelt die Priester allezeit hinein und verrichten den Dienst, in das zweite aber einmal im Jahr allein der Hohepriester, nicht ohne Blut, das er darbringt für sich selbst und für die Verirrungen des Volkes. Damit zeigt der Heilige Geist an, dass der Weg zum Heiligtum noch nicht geoffenbart ist, solange das vordere Zelt noch Bestand hat" (Hebr 9,1–8).

Der Dienst im Heiligtum und im Allerheiligsten war eine äußerst kritische Angelegenheit, denn Handlungen der Priester oder anderer, nicht autorisierter Personen wider das Gesetz, das Gott Mose gegeben hatte, wurden unweigerlich mit dem Tod bestraft. So wird am Anfang des 10. Kapitels im Buch Levitikus berichtet, wie die Söhne Aarons, Nadab und Abihu, ein ungehöriges Feueropfer darbringen und daraufhin sofort vom Feuer Gottes verzehrt werden; und in Numeri 16 wird von einer 250 Mann starken Gruppe berichtet, die dem Gericht verfällt, weil sie in unrechter Weise im Heiligtum Opfer darbringen wollte und sich einen Priesterdienst anmaßte, der ihnen von Jahwe nicht zugestanden wurde.

Den Schlüssel für das Verständnis dieses gnadenlosen Gerichtes Gottes finden wir in Exodus 33: Gott hält Zwiesprache mit Mose und gibt ihm weitere Anweisungen, wie er das Volk Israel in das Gelobte Land führen soll. Die Art des Gespräches zwischen Gott und Mose wird in Vers 11 charakterisiert: „Der Herr aber redete mit Mose von Angesicht zu Angesicht, wie jemand mit seinem Freund redet." Eine solche Beziehung zwischen Gott und Mensch ist absolut ungewöhnlich für den alten Bund und zeichnet Mose als einen der wenigen Mittler zwischen Jahwe und dem Volk Israel aus. Im Verlaufe des Gespräches bittet nun Mose: „Lass mich doch Dein Angesicht schauen!" Die Antwort Gottes in Vers 20 lautet: „Du kannst mein Angesicht nicht schauen, denn kein Mensch bleibt am Leben, der mich schaut" (vgl. Dtn 4,12; Joh 1,18; 1 Tim 6,16).

Gott ist zu heilig, als dass ein Mensch ohne vollständige Sündenvergebung unmittelbar vor ihn treten könnte. Und da er zugesagt hat (Ex 29,45), dass „er inmitten der Israeliten wohnen und ihr Gott sein will, damit sie erkennen, daß er, der Herr, ihr Gott ist" (vgl. Ex 25,8), muss er genaue Richtlinien geben, wie die Priester ihren Dienst verrichten sollen, ohne angesichts seiner Gegenwart ihr Leben zu verlieren.

So ist die Anbetung Gottes im alten Bund eine Anbetung aus der Ferne (Ex 24,1–2); hauptsächlich von dem einen Anliegen geprägt, Vergebung und Sühne für die eigene Sünde und die Schuld des Volkes zu erfahren. Nur einige wenige Priester dürfen im Heiligtum ihren Dienst versehen, nur der Hohepriester darf einmal im Jahr in der unmittelbaren Gegenwart Gottes stehen. Und auch dieses eine Mal kann er nicht Gottes Nähe genießen und sich an dem lebendigen Gott erfreuen; er tritt nur hinter den Vorhang, um ein Sühnopfer für die Schuld des Volkes zu bringen.

Es existiert eine Überlieferung, in der davon berichtet wird, wie die Gesetzesschriften des alten Bundes niedergeschrieben wurden. Ihr zufolge schrieben die Priester mit dem Griffel den Gesetzestext auf. Wann immer sie zu einer Stelle kamen, an der das hebräische Wort „Jahwe" hätte stehen sollen, schrieben sie stattdessen „der Herr", da der wahre Name von Israels Gott zu heilig war, um ihn auch nur aufzuschreiben. Im Anschluss zerbrachen sie ihre Schreibwerkzeuge, zerrissen ihre Kleider, unterzogen sich rituellen Waschungen, zogen sich neue Gewänder an, nahmen einen neuen Griffel und fuhren mit ihrer Arbeit fort, bis sie an die nächste Stelle kamen, an der der Gottesname „Jahwe" hätte stehen sollen: Sie schrieben stattdessen jedoch wieder „der Herr", da der wahre Name von Israels Gott ja zu heilig war, um ihn auch nur aufzuschreiben. Im Anschluss zerbrachen sie ihre Schreibwerkzeuge, zerrissen ihre Kleider, unterzogen sich wieder rituellen Waschungen, zogen sich neue Gewänder an, nahmen einen neuen Griffel und fuhren mit ihrer Arbeit fort, bis sie an die nächste Stelle kamen, wo der Gottesname „Jahwe" hätte stehen sollen. Dort handelten sie ebenso. Da im Alten Testament der Name „Jahwe" annähernd 1000-mal vorkommt, kann man sich vorstellen, dass die Priester am Ende sehr sauber waren …

Die Ehrfurcht vor Gott war also so groß, dass die Menschen sogar Angst hatten, seinen Namen auszusprechen, weil er zu heilig war. So lässt sich im alten Bund die Beziehung Gottes zu seinem Bundesvolk beschreiben als eine Beziehung aus der Distanz, die durch Sünde hervorgerufen wurde. Sie konnte nur durch einen Menschen überwunden werden, der selbst ohne Sünde war, aber die Schuld der Welt stellvertretend auf seine Schultern genommen hat: Jesus Christus, den Sohn Gottes.

Der Tempel als Ort der Sehnsucht nach Gott, wie David ihn in Psalm 27, Vers 4 beschreibt, oder als Ort der Anbetung des Einzelnen (Ps 5,8; 138,2) ist wenigen vorbehalten und nicht charakteristisch für die Beziehung des gesamten Volkes Israel zu Gott, auch wenn David durch sein Wirken prophetisch auf die Zeit hinweist, die kommen wird, wenn das Priestertum aller Gläubigen ausgerufen wird (1 Petr 2,9). Eine seiner ersten Amtshandlungen als König von Israel war es, die von den Philistern geraubte Bundeslade, die schon seit drei Generationen nicht mehr bei den Israeliten gewesen war, über Umwege wieder nach Jerusalem zurückbringen zu lassen (1 Sam 5+6; 1 Chr 13–15; 2 Sam 6,12–23; Ps 68). In dieser Zeit wurden die Leviten angewiesen, Gott rund um die Uhr für seine großen Taten zu preisen. Aber auch hier musste einer der Männer Davids, Usa, der kein Priester war, aber den Wagen mit der Bundeslade lenkte, sterben, als er sie anfasste, um sie vor dem Umkippen zu bewahren (1 Chr 13,9–10). Im theologischen Begriffs-Lexikon zum Neuen Testament heißt es folglich auch in einem Artikel von Hofius:

> „An keiner Stelle in der gesamten umfangreichen Gebetsliteratur des antiken Judentums begegnet uns Abba als Gottesanrede. Das Wissen um die Distanz zwischen Gott und Mensch (Pred 5,1!) verwehrte es dem frommen Juden, Gott mit dem vertraulichen Wort der alltäglichen Familiensprache anzureden."

Im ganzen Alten Testament wird Gott nur etwa ein halbes Dutzend Mal mit „Vater" angeredet, niemals jedoch von einem „gewöhnlichen" Juden. Jesus musste kommen, um die Beziehung von Gott zu Mensch für alle Zeiten zu verändern und eine Revolution der Liebe zu entfachen.

Jesus als Begründer des Priestertums aller Gläubigen

Mit dem Dienst und vor allem im Sterben Jesu erfährt der Tempel einen radikalen Bedeutungswandel. Zum ersten Mal wird dies in Matthäus 24, Verse 1 bis 3 deutlich, wo es heißt:

> „Und Jesus trat hinaus und ging von dem Tempel weg; und seine Jünger traten zu ihm, um ihn auf die Gebäude des Tempels aufmerksam zu machen. Er aber antwortete und sprach zu ihnen: Seht ihr dies alles? Wahrlich, ich sage euch: Hier wird nicht ein Stein auf dem anderen gelassen werden, der nicht abgebrochen werden wird" (vgl. Mk 13,1–2; Lk 21,5–6).

Diese in drei Evangelien überlieferte Aussage kann als Prophetie für das verstanden werden, was sich im Jahre 70 erfüllte: dass nämlich die Römer kommen und den Tempel in Jerusalem zerstören würden. Sie hat aber darüber hinaus noch eine innere, viel tiefere Bedeutung, die im Matthäus-Evangelium, Kapitel 26, Verse 61 bis 63 deutlicher wird. Jesus wird vor den Sanhedrin, den Hohen Rat der Juden, zitiert, um sich für seine vermeintlich „häretischen Machenschaften" zu verantworten. Da ihm aber kein Unrecht nachgewiesen werden kann, versucht man ihn auf Grund von

Falschaussagen zum Tode zu verurteilen. Zuerst scheint dieses Unternehmen zu scheitern, weil sich die Zeugen gegenseitig widersprechen. Doch zuletzt kommen zwei und sagen aus:

> „Dieser (Jesus) sagte: Ich kann den Tempel Gottes abbrechen und ihn in drei Tagen wieder aufbauen. Und der Hohepriester stand auf und sprach zu ihm: Antwortest du nichts? Was zeugen diese gegen dich? Jesus aber schwieg. Und der Hohepriester sagte zu ihm: Ich beschwöre dich bei dem lebendigen Gott, dass du uns sagst, ob du der Christus bist, der Sohn Gottes! Jesus antwortet ihm: Du hast es gesagt" (vgl. Mk 14,53–65; Lk 22,54–55.63–71; Joh 18,13–14.19–24).

Nun benötigt der Hohe Rat keine weiteren Zeugen mehr. Weil die Versammelten Jesus nicht glauben, kommen sie in dem Urteil überein, dass er im Sinne der Anklage schuldig und in jeder Hinsicht ein Frevler und Gotteslästerer sei, der das Volk aufrühre, die heiligen Ordnungen Gottes umzustoßen gedenke und mit seinen ketzerischen Lügen sogar vor dem Hohen Rat nicht Halt mache.

Den Abriss des Tempels zu proklamieren bedeutet, einen Angriff auf das Herzstück des jüdischen Glaubens zu lancieren, und die Behauptung, den Tempel niederreißen und in drei Tagen wieder aufbauen zu können, erscheint allein angesichts der Zehntausenden von Menschen, die, wie in 2. Chronik 2–3 beschrieben wird, am Wiederaufbau beteiligt waren und fünf Monate am Bau des Tempels arbeiteten, als geradezu grotesk.

Aber Jesus hat eine tiefere Bedeutung im Sinn, als er von dem Abriss und Wiederaufbau des Tempels innerhalb von drei Tagen redet. Er will ausdrücken, dass die ganze alte Ordnung, die nur wegen der Sünde des Volkes bestand, durch sein sündloses Leben, seinen Sühnetod und seine Auferstehung für nunmehr ungültig erklärt werden wird; dass sein Werk eine völlige Erneuerung der Beziehung von Mensch zu Gott mit sich bringen wird; eine Beziehung, die nicht mehr durch Luthers zentrale Frage gekennzeichnet wäre („Wie bekomme ich einen gnädigen Gott?"), sondern das Verhältnis widerspiegelt, das das Volk schon seit Anbeginn der Zeiten zu seinem Gott haben sollte und vor dem Sündenfall auch hatte: ein Leben am Herzen des Vaters, in seiner Nähe.

So lesen wir dann im Matthäus-Evangelium, Kapitel 27, Vers 51: „Und siehe, der Vorhang des Tempels zerriss in zwei Stücke, von oben bis unten; und die Erde erbebte, und die Felsen zerrissen."

In dieser kurzen Textstelle wird besiegelt, was Gott schon so lange vorher in seinem Herzen beschlossen hatte: dass die auf Grund der Sünde entstandene Trennung aufgehoben ist und seine Jünger durch den Tod Jesu unmittelbaren Zugang zu dem Ort haben, an dem er leibhaftig wohnt.

Dass der Vorhang *von oben nach unten* zerriss, ist ungeheuer wichtig im Verständnis der Juden, denn hierin kommt zum Ausdruck, dass nicht Tempelschänder am Werk waren (Nachfolger Jesu, die seinen Tod nicht verwinden konnten), sondern Gott von oben souverän eingegriffen hat, um die Bedeutung des Sterbens Jesu vor aller Welt zu demonstrieren. Das 9. und 10. Kapitel des Hebräer-Briefes greift alle diese Wahrheiten auf:

„Christus aber ist gekommen als Hohepriester der zukünftigen Güter und ist durch das größere und vollkommenere Zelt – das nicht mit Händen gemacht, das heißt nicht von dieser Schöpfung ist – und nicht mit Blut von Böcken und Kälbern, sondern mit seinem eigenen Blut ein für alle Mal in das Heiligtum hineingegangen und hat eine ewige Erlösung erfunden. Denn wenn das Blut von Böcken und Stieren und die Asche einer jungen Kuh, auf die Unreinen gesprengt, zur Reinheit des Fleisches heiligt, wie viel mehr wird das Blut des Christus, der sich selbst durch den ewigen Geist als Opfer ohne Fehler Gott dargebracht hat, euer Gewissen reinigen von toten Werken, damit ihr dem lebendigen Gott dient!" (Hebr 9,11–14).

„Denn der Christus ist nicht hineingegangen in ein mit Händen gemachtes Heiligtum, ein Gegenbild des wahren Heiligtums, sondern in den Himmel selbst, um jetzt vor dem Angesicht Gottes für uns zu erscheinen, auch nicht, um sich selbst oftmals zu opfern, wie der Hohepriester alljährlich mit fremdem Blut in das Heiligtum hineingeht – sonst hätte er oftmals leiden müssen von Grundlegung der Welt an …" (Hebr 9,24–26a).

„Und jeder Priester steht täglich da, verrichtet den Dienst und bringt oft dieselben Schlachtopfer dar, die niemals Sünden hinwegnehmen können. Dieser aber hat ein Schlachtopfer für Sünden dargebracht und sich für immer gesetzt zur Rechten Gottes. Fortan wartet er, bis seine Feinde hingelegt sind als Schemel seiner Füße. Denn mit einem Opfer hat er die, die geheiligt werden, für immer vollkommen gemacht. Das bezeugt uns aber auch der Heilige Geist; denn nachdem er gesagt hat: Dies ist der Bund, den ich ihnen nach jenen Tagen errichten werde, spricht der Herr: Ich werde meine Gesetze in ihre Herzen geben und sie auch in ihre Sinne schreiben; und: Ihrer Sünden und ihrer Gesetzlosigkeiten werde ich nicht mehr gedenken. Wo aber dafür eine Vergebung ist, gibt es kein Opfer für die Sünde mehr. Da wir nun, Brüder, durch das Blut Jesu Freimütigkeit haben zum Eintritt in das Heiligtum, den er uns bereitet hat als einen neuen und lebendigen Weg durch den Vorhang – das ist durch sein Fleisch, und einen großen Priester über das Haus Gottes, so lasst uns hinzutreten mit wahrhaftigem Herzen in voller Gewissheit des Glaubens, die Herzen besprengt und damit gereinigt vom bösen Gewissen und den Leib gewaschen mit reinem Wasser. Lasst uns das Bekenntnis der Hoffnung unwandelbar festhalten – denn treu ist er, der die Verheißung gegeben hat; und lasst uns aufeinander Acht haben, um uns zur Liebe und zu guten Werken anzureizen" (Hebr 10,11–24).

Der Schreiber sieht also in dem sterblichen Leib Jesu den Vorhang zu dem neuen Tempel, von dem Jesus gesprochen hat: ein Tempel, der nicht mehr mit Händen aufgerichtet worden ist, der nicht örtlich begrenzt in einer Stadt dieser Welt als Pilgerstätte vorzufinden ist, der nicht die einen einlädt und die anderen ausschließt. Er redet von einem Allerheiligsten, zu dem jeder Christ Zutritt hat; jeder, der mit vollem Bewusstsein für dieses unglaubliche Wunder den Kreuzestod Jesu für sich persönlich in Anspruch genommen hat und ihn als seine einzige Rechtfertigung vor dem Gericht Gottes ansieht. Durch Jesu Tod hindurchzugehen und selbst dem alten Menschen zu sterben bedeutet, in das Allerheiligste und damit in Gottes unmittelbare Gegenwart und Nähe einzutreten. Die Distanz ist überwunden; kein menschlicher Mittler wie Mose ist mehr vonnöten – auch das Anrufen von Gottes Namen muss uns nicht mehr schrecken: Wir dürfen „Abba, lieber Vater" sagen, seine Nähe in vollen Zügen genießen und uns an dem erfreuen, der alles Gute und Vollkommene in sich vereinigt.

Was für ein unglaubliches Wunder ist dieses Geschenk der Nähe Gottes! Was für die Juden des alten Bundes unvorstellbar war, wird durch Jesu Tod und Auferstehung ermöglicht: eine Revolution unserer Beziehung zu Gott. Damit erfüllt Jesus den größten Wunsch, den der himmlische Vater je gehabt hat.

Gott selbst wohnt unter uns, wenn wir uns in seinem Namen versammeln (Mt 18,20), und wir werden zum Tempel des Heiligen Geistes auferbaut – zu einem Ort, wo Gott Wohnung nimmt.

„So seid ihr nun nicht mehr Gäste und Fremdlinge, sondern Mitbürger der Heiligen und Gottes Hausgenossen, erbaut auf den Grund der Apostel und Propheten, da Jesus Christus der Eckstein ist, auf welchem der Bau ineinander gefügt wächst zu einem heiligen Tempel in dem Herrn. Durch ihn werdet auch ihr miterbaut zu einer Wohnung Gottes im Geist" (Eph 2,19–22).
„Oder wisst ihr nicht, dass euer Leib ein Tempel des heiligen Geistes ist, der in euch ist und den ihr von Gott habt, und dass ihr nicht euch selbst gehört? Denn ihr seid teuer erkauft; darum preist Gott mit eurem Leibe" (1 Kor 6,19–20; vgl. 1 Kor 3,16; 2 Kor 6,16).

„Und auch ihr als lebendige Steine erbaut euch zum geistlichen Hause und zur heiligen Priesterschaft, zu opfern geistliche Opfer, die Gott wohlgefällig sind durch Jesus Christus. [...] Ihr aber seid das auserwählte Geschlecht, die königliche Priesterschaft, das heilige Volk, das Volk des Eigentums, dass ihr verkündigen sollt die Wohltaten dessen, der euch berufen hat von der Finsternis zu seinem wunderbaren Licht" (1 Petr 2,5.9; vgl. Hebr 3,6; Offb 1,5–6).

Das Werk Jesu ehren

Seit Jesus den neuen Bund aufgerichtet hat, steht dieses Angebot Gottes seiner Nähe zu uns. Und doch fällt es uns oft sehr schwer, darauf einzugehen. Vielen wurde von Jugend an das Bild eines fernen, heiligen und richtenden Gottes vermittelt; eines „Himmelspolizisten", der fernab aller Menschlichkeit unser Leben einzig und allein nach unseren Taten beurteilt und dementsprechend nur ein makelloses und untadeliges Leben akzeptieren kann. Es fällt uns schwer zu glauben, dass er gar kein Interesse daran hat, dass wir uns aus eigener Kraft abmühen, ein christliches und ihm gefälliges Leben zu führen.

Auch entschiedene Christen werden oft den Gedanken nicht los, dass sie sich Gottes Liebe doch irgendwie verdienen müssten. Sicher: Glaube ohne Werke ist tot. Aber die Angst, dass die Annahme Gottes vielleicht doch nicht so ganz bedingungslos ist, hat häufig zur Folge, dass wiedergeborene Christen in ihrer Beziehung zu Gott weiter in der Realität des alten Bundes verharren. Zwar glauben sie an Jesu Sühnetod am Kreuz, aber ihre Anbetung ist von derselben Distanz geprägt, die die Gottesbeziehung des Volkes Israel im alten Bund prägte. An die Stelle von Gebet, Lobpreis und Freude an Gott tritt dann meist ein Aktivismus, der sich in starkem Einsatz für die örtliche Gemeinde oder eine christliche Organisation ausdrückt; die eigene Gottesbeziehung beschränkt sich leicht auf einige christliche Rituale aus der ersten Zeit des Christseins wie Tisch- oder Gute-Nacht-Gebete und die routinemäßige Teilnahme an kirchlichen Veranstaltungen. Die Möglichkeit jedoch, dass Gott uns ganz persönlich und liebevoll als Vater und Freund begegnen will, wird nicht wahrgenommen.

Man kann sein Glaubensleben in einem solchen Zustand einrichten, aber am Ende bleibt nur noch eine verkümmerte Form des Christseins übrig. Die Geschichte von Maria und Martha, von der im Lukas-Evangelium, Kapitel 10, Verse 38–42 berichtet wird, beschreibt die richtige Prioritätensetzung für unser geistliches Leben:

„Es geschah aber, als sie ihres Weges zogen, dass er in ein Dorf kam; und eine Frau mit Namen Martha nahm ihn in ihr Haus auf. Und diese hatte eine Schwester, genannt Maria, die sich auch zu den Füßen Jesu niedersetzte und seinem Wort zuhörte. Martha aber war sehr beschäftigt mit vielem Dienen; sie trat aber hinzu und sprach: Herr, kümmert es dich nicht, dass meine Schwester mich allein gelassen hat zu dienen? Sage ihr doch, dass sie mir helfe! Jesus aber antwortete und sprach zu ihr: Martha, Martha! Du bist besorgt und beunruhigt um viele Dinge; eins aber ist nötig. Maria aber hat das gute Teil erwählt, das nicht von ihr genommen werden wird."

Auf den ersten Blick scheint Martha diejenige zu sein, die richtig handelt. Im Israel jener Tage war Gastfreundschaft ein viel höheres Gut als heute, und es wäre für die damaligen Verhältnisse sehr peinlich gewesen, die Pflichten eines Gastgebers zu vernachlässigen. Und doch misst Jesus mit einem ganz anderen Maß. Er zeigt, dass er zuerst uns dienen muss, bevor wir ihm dienen können; dass ihm die Zeiten, in denen wir zu seinen Füßen sitzen und von ihm lernen, wichtiger sind als die, in denen wir für ihn arbeiten. Dies ist gleichzeitig ein wichtiges Wesensmerkmal von Lobpreis und Anbetung: Wir schauen auf Jesus und bewundern ihn, wir genießen seine Nähe und lassen uns anstecken von dem Licht, das von ihm ausgeht, und wir sitzen zu seinen Füßen und lernen von ihm, ohne uns gleich wieder in Aktivitäten zu verrennen.

Diese Erfahrung macht auch Petrus, als er nach der Auferstehung Jesu zum ersten Mal wieder unter vier Augen mit seinem Herrn redet. Das Gespräch ist Petrus sicher unendlich schwer gefallen, denn er wusste, dass Jesus nichts verborgen ist, auch nicht die dreimalige Verleugnung (Joh 18,15–27) – ja, schlimmer noch: Er hatte sie ihm ja prophezeit. Doch anstatt Petrus Vorwürfe zu machen oder ihn einfach links liegen zu lassen, stellt Jesus nur dreimal dieselbe einfache Frage: „Simon, Sohn des Johannes, liebst du mich?" (Joh 21,15–19). Es geht ihm nicht um Vergeltung; ja fast scheint es, als ob die Vergebung für Jesus so selbstverständlich ist, dass sie nicht einmal erwähnt werden muss. Aber eines drückt er unmissverständlich aus: dass die Liebe zu Gott *vor* dem Dienst kommt, dass sie die Grundlage all dessen sein muss, was wir für Gott tun.

Dreimal fragt Jesus den Petrus, ob er ihn liebe. Die ersten beiden Male verwendet er dabei das griechische Wort *agape*, das für die göttliche Liebe steht. Beim dritten Mal aber fragt er, ob Petrus ihn mit *philia*, der menschlichen, brüderlichen Liebe, liebt. Jesus weiß, dass unsere Liebe auf dieser Erde immer begrenzt und menschlich bleiben wird, dass wir nicht wie Gott lieben können. Und doch ist das für ihn ausreichend, solange die Liebe zu ihm Triebkraft unseres Glaubens und Dienstes ist.

Viele Christen denken sich: „Wer bin ich, dass Gott an mir persönlich interessiert sein könnte? Ich bin doch viel zu schlecht. Ich bin nicht so heilig, wie ich sein sollte. Ich halte die Versprechen oft nicht ein, die ich ihm gebe. Ich habe Angst, dass er mich vielleicht doch verwerfen könnte. Aber ich will mich wenigstens für seine Kirche einsetzen." Manchmal liegen diese Gedanken tief im Unterbewusstsein, manchmal ganz offen zutage. Sie halten uns im Leben des alten Bundes fest. Anstatt das Werk Jesu zu ehren und die Freiheit zu empfangen, die er am Kreuz für uns erwirkt hat, lähmt uns die Angst vor Gottes Zorn und Gericht so sehr, dass wir erst gar nicht um eine enge Beziehung mit ihm bemüht sind. Und doch ist Gottes Einladung so deutlich: Wir sind rein gemacht, wenn wir durch die Vergebung Jesu in das Allerheiligste eintreten. Wir sollen Freimut haben einzutreten und die unmittelbare Gegenwart Gottes genießen, von ihm lernen und verändert werden (vgl. Hebr 10).

Im Brief an die Kolosser, Kapitel 2, Vers 14 heißt es: „Er hat den Schuldschein gegen uns gelöscht, den in Satzungen bestehenden, der gegen uns war, und ihn auch aus unserer Mitte fortgeschafft, indem er ihn ans Kreuz nagelte."

Wir ehren das Werk Jesu, indem wir ihm Tag für Tag für das Kreuz danken; aber auch, indem wir die Gedanken zurückweisen, dass Gott uns nicht annehmen könne oder wir in ehrfürchtiger Distanz vor ihm verharren sollten. Das gilt auch für Situationen, in denen wir in falsche, alte Verhaltensweisen zurückfallen, Schuld auf uns laden und Gott untreu werden. Wir neigen dazu, uns in solchen Situationen von Gott zurückzuziehen, weil wir uns schämen oder unwohl fühlen. Aber Jesus möchte uns die Schuld sofort vergeben und uns wieder neu in die Gegenwart des Vaters bringen: Dort, im Anschauen seines Wesens, werden wir verändert.

Paulus schreibt in seinem Brief an die Gemeinde in Rom: „Oder verachtest du den Reichtum seiner Gütigkeit und Geduld und Langmut und weißt nicht, dass die Güte Gottes dich zur Buße leitet?" (Röm 2,4).

In der Entfernung von Gott beginnt niemals Umkehr und die Abkehr von den Werken des alten Menschen! Sie kann aber dort geschehen, wo wir uns wieder neu zu Jesu Füßen setzen und seine Güte meditieren.

Das Leben im Allerheiligsten

Wie kann nun aber das Leben im Allerheiligsten aussehen, zu dem wir berufen sind? Müssen wir uns dafür nicht völlig einem Leben des Gebetes verpflichten, in jeder Hinsicht von der Welt abwenden und die Sünde weit hinter uns lassen, bevor uns Gott tatsächlich Eintritt gewährt? Sollten wir nicht die Bibel wenigstens zehnmal durchgelesen haben und alle wichtigen Stellen zitieren können?

Nun, alle diese Punkte gehören zum Lebensvollzug eines hingegebenen

Christen dazu. Aber sie sind keine „Bedingungs-Checkliste", ohne deren Erfüllung wir nicht in die Gegenwart Gottes treten können. Die einzige relevante Bedingung ist die, von ganzem Herzen erkannt zu haben, dass Jesu Tod am Kreuz für jeden persönlich den einzigen Weg zu Gott geebnet hat und niemand ohne das Opfer Jesu vor dem Gericht Gottes bestehen kann. Es gibt keine weiteren Bedingungen: dann ist der Eintritt frei. Ein beeindruckendes Beispiel hierfür ist der Verbrecher am Kreuz, der im Tod die Gnade Jesu erfleht und von ihm das Versprechen erhält, noch am selben Tag ins Paradies eintreten zu dürfen (Lk 23,39–43).

Man könnte das Leben im Allerheiligsten mit dem Familientisch einer Großfamilie vergleichen. An einem Tisch können drei Generationen sitzen. Da sind Kleinkinder, die Babynahrung bekommen, herumschlabbern und ab und zu laut quäken, um auf sich und ihre Bedürfnisse aufmerksam zu machen; dann Schulkinder, die in ihrer Welt leben; Jugendliche in der Pubertät, die schon einmal mit dem Gedanken spielen, von zu Hause auszubrechen, aber doch zur Familie gehören; daneben die Eltern und Großeltern.

Die Klein- und Schulkinder können dem Gespräch der Erwachsenen inhaltlich kaum folgen; sie sind unruhig, selten sauber, machen eine Menge Arbeit und kosten Geduld und Nerven. Welches Recht haben sie also, am Tisch zu sitzen? Die Antwort ist ganz einfach: Sie sind Kinder und gehören zur Familie!

Die pubertären Jugendlichen, die oft gerne ausbrechen würden, die Gespräche der Eltern und Großeltern antiquiert finden, ganz andere Interessen haben, aber die angenehmen Dinge des Familienlebens wie Essen, Versorgung etc. gern in Anspruch nehmen: Welches Recht haben sie, am Tisch zu sitzen? Sie sind Kinder und gehören zur Familie!

Wenn man hier eine Parallele zu unserem Christsein zieht und die einzelnen Abschnitte unseres Glaubenslebens in Phasen einteilt wie die Entwicklung vom Kind zum Erwachsenen (vgl. 1 Kor 3,1–3; 1 Joh 2,12–14), dann kommt man zu ganz ähnlichen Beobachtungen: Der Glaube ist am Anfang noch sehr selbstbezogen, Erlebnisse und die Freude an Jesu Erlösung stehen im Vordergrund. Vieles wird jetzt im Überschwang oder aus Unwissenheit noch falsch gemacht, was sich später ganz natürlich im Laufe der Entwicklung noch verändern wird. Welches Recht hat das Kleinkind im Glauben, in das Allerheiligste einzutreten? Es hat das Familienrecht! Im Brief an die Römer, Kapitel 8, Verse 14 bis 17 heißt es dazu:

„Denn so viele durch den Geist Gottes geleitet werden, die sind Söhne Gottes. Denn ihr habt nicht einen Geist der Knechtschaft empfangen, wieder zur Furcht, sondern einen Geist der Sohnschaft habt ihr empfangen, in dem wir rufen: Abba,

Vater! Der Geist selbst bezeugt zusammen mit unserem Geist, dass wir Kinder Gottes sind. Wenn aber Kinder, so auch Erben, Erben Gottes und Miterben Christi, wenn wir wirklich mitleiden, damit wir auch mitverherrlicht werden."

Dieses Recht erwirbt sich jeder Christ, der sein Leben Jesus übereignet hat, und es kann ihm nur dann wieder genommen werden, wenn er seinen Glauben korrumpiert oder seine Hingabe voll und willentlich zurücknimmt. Gott möchte natürlich, dass wir uns gesund entwickeln, geistlich groß werden, im Glauben erstarken, fest in seinem Wort gegründet sind und die Attacken des Feindes überwinden (1 Joh 2,14b). Aber selbst, wenn wir in unserer Entwicklung einmal stehen bleiben: Welches Recht haben wir, im Allerheiligsten zu leben? Das Recht der Kinder Gottes! Selbst wenn wir in eine geistliche Pubertät kommen, uns ab und zu von Gott trennen und ausbrechen wollen, um dann doch wieder zurückzukehren: Wir haben das Recht der Kinder Gottes. Wir fühlen uns manchmal weit weg von Gott, aber das ist nicht entscheidend. In Wirklichkeit können wir in jedem Moment wie ein Kind durch den Tempel laufen und durch den Vorhang (das ist die Erlösung Jesu) in das Allerheiligste schlüpfen, um am Herzen Gottes zu sein. Nur ohne Vergebung können wir nicht eintreten.

Heiligung geschieht auf dem Weg ins Allerheiligste, indem wir unsere Abhängigkeit von dem Opfer Jesu bekennen und seine Vergebung in Anspruch nehmen; aber Heiligung geht vor allem von der Nähe Gottes aus. Heiligung aus der Entfernung von Gott kann zu purer Gesetzlichkeit werden, geboren aus unseren eigenen Anstrengungen und der Angst vor dem Gericht Gottes. Am Ende wird sie leicht als Gefängnis empfunden, das alle Lebensfreude zunichte macht. Eine gesunde und bleibende Heiligung kann aber dort geschehen, wo Gottes Güte uns zur Umkehr treibt und wir im Anschauen seines Wesens verändert werden!

Auch die „Großeltern" im Glauben haben nicht auf Grund ihrer Erfahrungen, der Tiefe ihres Gebetslebens, des Wissens, das sie sich angeeignet haben, der Leistungen, die sie im Laufe des Lebens im Reich Gottes erbracht haben oder der Treueprämien, die sie sich bei Gott verdient hätten, Zutritt zum Allerheiligsten. Auch sie kommen nackt und mit leeren Händen. Ihre Zugangsberechtigung ist ebenfalls nur die von Kindern, die zur Familie gehören! Eine andere Berechtigung gibt es nicht.

Eine vertraute Beziehung zu Gott

Wenn man das Neue Testament auf die Frage hin studiert, wie die Beziehung des einzelnen Christen und der Kirche zu Christus und Gott charakterisiert wird, macht man eine sehr aufschlussreiche Beobachtung: Man findet immer wieder Bilder und Vergleiche aus dem Bereich der ehelichen Liebe.

Das Wort, das für die Erkenntnis des Wesens Gottes gebraucht wird, ist im Urtext dasselbe wie das, was auch für die körperliche Vereinigung von Mann und Frau in der Ehe verwendet wird. Dies ist ein Indiz dafür, wie persönlich die Beziehung zwischen Mensch und Gott und das Kennenlernen Gottes für den Menschen sein kann und soll. Der Gedanke einer solchen mit der Ehe vergleichbaren Vereinigung wird im Neuen Testament immer wieder aufgegriffen. So sagt Paulus in seinem Brief an die Epheser:

„Deswegen wird ein Mensch Vater und Mutter verlassen und seiner Frau anhängen, und die zwei werden ein Fleisch sein. Dieses Geheimnis ist groß, ich aber deute es auf Christus und die Gemeinde" (Eph 5,31–32).

Obwohl die meisten Christen dieses Wort schon in vielen Traugottesdiensten gehört haben, entgeht ihnen oft der zweite Teil: Paulus sieht die Ehe von Mann und Frau und das körperliche Verschmelzen in der Sexualität als ein geheimnisvolles Bild für die Beziehung, wie sie zwischen Christus und der Gemeinde sein sollte: so intim, liebevoll, einzigartig und exklusiv.

Vor allem im Matthäus-Evangelium und in der Offenbarung werden Christus und seine Kirche als Bräutigam und Braut dargestellt, aber auch Paulus schreibt im 2. Brief an die Gemeinde in Korinth: „Denn ich eifere um euch mit Gottes Eifer; denn ich habe euch einem Mann verlobt, um euch als eine keusche Jungfrau vor den Christus hinzustellen" (2 Kor 11,2).

Auch in Jesaja wird Gottes Liebe zu seinem Volk mit der eines Bräutigams verglichen. Hier heißt es von der Zukunft Zions: „Wie der Bräutigam sich an der Braut freut, so wird dein Gott sich an dir freuen" (Jes 62,5).

Die Beziehung mit Gott, zu der Jesus uns befreit hat, ist eine Beziehung von zwei Liebhabern, die miteinander eins werden sollen. Sie soll so exklusiv sein, wie es schon im ersten Glaubensartikel beschrieben ist. Aber sie soll auch die Qualität einer solchen einzigartigen Beziehung haben in der Kommunikation, in der Liebe, im Vertrauen, in der Abstimmung und Planung: im ganzen Lebensvollzug schlechthin.

Das Leben im Allerheiligsten ist nur ein anderes Bild für diese Qualität der Begegnung und Nähe, wie Gott sie sich vorstellt. Lobpreis und Anbetung sind in erster Linie so wichtig für das geistliche Leben, weil sie eine Beziehung von Mensch zu Gott fördern, die immer persönlicher und hingebungsvoller wird.

Vor dem heiligen Gott stehen

Richard Foster schreibt in seinem Buch „Nachfolge feiern": „Vor dem heiligen, ewigen Gott zu stehen bedeutet, verändert zu werden." Jesus führte ein transparentes, reines und makelloses Leben. Menschen, die mit ihm in Berührung kamen, wussten dem nichts entgegenzusetzen: Sie wurden durch sein Vorbild in ihrer Bos- und Sündhaftigkeit bloßgestellt. So gab es nur zwei Möglichkeiten zu reagieren: in die Buße zu gehen und umzukehren oder – wie die Pharisäer es taten – mit allerlei fadenscheinigen Behauptungen und hinterlistigen Bosheiten und Ungerechtigkeiten Jesus daran zu hindern, weiter aufzudecken, was sie in Wahrheit von Gott trennte. Und da Jesu Leben untadelig war, halfen nur üble Nachrede und Lüge.

Christen haben sich in der Regel entschieden, ihr Leben von Gott aufdecken zu lassen. Aber trotzdem scheuen sich viele davor, mit Gottes Heiligkeit in Berührung zu kommen: Sie haben einfach Angst davor, dass das Licht seiner Reinheit sie wie Röntgenstrahlen durchdringt und „allzu dunkle Abgründe ihrer schwarzen Seele zum Vorschein bringt". Damit ist unterschwellig immer die Angst verbunden, dass sie sich noch stark verändern müssten, bevor sie mit reinem Gewissen ihre Priesterschaft als Kinder und Heilige Gottes annehmen könnten (vgl. 1 Petr 2,9).

Hier hat sich ein Irrglaube in ihr Denken eingeschlichen, und ein echter Kampf ist erforderlich, um diesen wieder loszuwerden: Kein Mensch kann sich mit noch so viel geistlichem Ehrgeiz und religiöser Dienstleistung die Liebe und Vergebung Gottes verdienen! Selbst wenn wir alle nur erdenklichen Anstrengungen unternehmen würden, vor Gott makellos zu sein, wir blieben immer die kläglich Scheiternden. Das ändert sich auch nicht durch innere Zerknirschung und zermarternde Bußsitzungen, in der krampfhaften Bemühung, das bohrende schlechte Gewissen loszuwerden. Christen, die auf dieser Schiene fahren, landen irgendwann auf einem Abstellgleis der Enttäuschung und Frustration.

Was ist nun aber die Alternative? In wunderbarer Weise gibt Paulus in den Kapiteln 6 bis 8 des Römer-Briefes darauf eine Antwort: Gott hat uns erlöst, weil wir Sünder sind! Wenn dies wahr ist – und die Bibel sagt dies unmissverständlich –, dann hat es keinen Sinn, aus eigener Anstrengung zu versuchen, die eigene Sündhaftigkeit loszuwerden. Das wird immer fehlschlagen. Zuerst müssen wir akzeptieren, dass wir Sünder sind – ja, dass die Sünde ganz tief in unserem *Fleisch* verwurzelt ist. Diese Einsicht ist Gott viel wichtiger als alle unsere Versuche, mit gesteigertem asketischen Lebensstil und konsequenter Selbstverleugnung doch noch eine Gerechtigkeit aus eigenen Taten zu erlangen. Paulus bringt dies in seinem Brief an die Galater sehr deutlich zum Ausdruck:

„Aus der Verbindung mit Christus seid ihr ausgeschieden, wenn ihr durch das Gesetz gerechtfertigt werden wollt: Ihr seid dann aus der Gnade herausgefallen; denn wir erwarten durch den Geist das Hoffnungsgut der Gerechtigkeit auf Grund des Glaubens" (Gal 5,4–5).

Heißt dies nun, dass uns ein Freibrief ausgestellt ist, das zu tun, wozu wir gerade Lust haben, ungeachtet der Frage, ob auch Gott Freude daran hat? Natürlich nicht; das wäre ja auch ein extremer Widerspruch zu allen Aufrufen nach glaubwürdigem Lebensstil und Heiligung, ohne die niemand Gott schauen wird! Es geht um die Freiheit:

„So gibt es also jetzt keine Verurteilung mehr für die, die in Christus Jesus sind, denn die Herrschaft des Geistes, der das Leben schafft, hat uns von der Herrschaft der Sünde und des Todes freigemacht" (Röm 8,1).

Gemeint ist also nicht, dass wir nun nicht mehr nach dem Willen Gottes und nach göttlicher Vergebung streben sollen (Röm 6,15 ff.). Gemeint ist, dass wir die Rechtfertigung unserer Erlösung und Gotteskindschaft ohnehin nur durch den Sühnetod Jesu empfangen. Entdecken wir also ungewolltes Versagen oder bewusste Schuld in unserem Leben, so ist das kein Grund für totale innere Zerknirschung, sondern nur für die wachsende Erkenntnis, dass wir Jesus und seine Vergebung dringend benötigen. So wächst aus der Schuld eine gute Frucht: eine stärkere Anbindung an unseren Gott und ein größeres Bewusstsein, dass wir von seiner verändernden Kraft abhängig sind (Röm 5,8–11).

Kommen wir nun zurück zum Ausgangspunkt: Wenn wir Christen lernen, so mit der Heiligkeit Gottes und dem damit verbundenen Anspruch umzugehen, dass wir bei dem Bewusstwerden von eigener Sünde nicht in die „Ich-geistlicher-Wurm-Haltung" verfallen – die uns nur allzu oft auf Grund des eigenen Schuldbewusstseins gerade vor der Versöhnung mit Gott weglaufen lässt –, sondern stattdessen näher zu Gott hinstreben, wird sich unsere Angst vor Gottes Heiligkeit in die Sehnsucht danach verwandeln. Wir werden selbst umgewandelt und erneuert. Wer immer nur dunkle Wände vor sich hat, darf sich nicht wundern, wenn er irgendwann trübe Gedanken bekommt. Wer sein Leben nur in engen Räumlichkeiten verbringt und sich nicht auch einmal von der Weite der Natur inspirieren lässt, wird kaum über seinen kleinen Denkhorizont hinauskommen.

Dies lässt sich gut auf Dank, Lobpreis und Anbetung übertragen. Weil unsere Umwelt zum größten Teil nicht vom Geist Gottes, sondern vom Geist der Sünde und des Todes geprägt wird, werden wir natürlicherweise mehr von ihm beeinflusst als von Gottes Geist, wenn wir uns nicht sehr zielstrebig darum bemühen, vertraute Zeiten mit Gott zu sichern. Diese aber werden dazu beitragen, immer tiefer im Glauben zu wurzeln und im Vertrauen auf Jesus und sein Wort zu wachsen.

Kapitel 3

Dank, Lobpreis und Anbetung

Wenn man sich mit der Art und Weise auseinander setzt, wie in unseren Gemeinden von Lobpreis und Anbetung gesprochen wird, stellt man fest, dass die beiden Begriffe weitgehend als Synonyme gebraucht werden.

Das hängt zum einen damit zusammen, dass das englische Wort *Worship* sowohl mit „Anbetung" als auch mit „Gottesdienst" zu übersetzen ist. Da wir – wie in vielen anderen Bereichen auch – wesentliche Elemente unseres Lobpreises aus dem Angelsächsischen übernommen haben, hat sich auch der Begriff der sonntäglichen „Anbetungszeit" eingebürgert, obwohl dieser auf einem Übersetzungsfehler beruht, weil *Worship* hier anstelle von „Gottesdienst" falsch mit „Anbetung" übersetzt wird.

Zum anderen sehen die wenigsten Christen einen Unterschied zwischen Lobpreis und Anbetung, außer vielleicht den stilistischen: Lobpreis ist fetziger und lauter, Anbetung ruhiger und meditativer. Untersucht man die Begriffe, die im Zusammenhang mit Lobpreis und Anbetung im Alten und Neuen Testament auftauchen, so stellt man jedoch fest, dass es darüber hinaus noch weitere Unterscheidungsmerkmale gibt.

Definitionen und Grundlagen

Dank

Definition: „Dank" ist die Ausdrucksform eines Christen im Gespräch mit Gott, die seine Freude oder Begeisterung über Geschenke, die ihm Gott gemacht hat, und Situationen, in die ihn Gott gestellt hat, in Worte fasst (z. B. Ps 107,1–2; 118,1–2; Jona 2,9; Eph 5,20; Kol 3,17; 1 Thess 5,18).

Die hebräische Sprache hat neben dem Lobpreis kein eigenes Wort für Dank oder Danksagung – wer für die Taten Gottes dankbar war, der konnte gar nicht anders, als auch sein Wesen zu verehren, da für das israelitische Volk Gottes Handeln hundertprozentig deckungsgleich mit seinem Wesen war; es war keine Diskrepanz zwischen seinem Willen und seinem Wirken denkbar. Der Aufruf zum Dank ist im Aufruf zum Lobpreis enthalten.

In den neutestamentlichen Schriften werden für „Dank" und „Lobpreis" zwar zwei unterschiedliche Begriffe verwendet, sie hängen aber auf das engste zusammen: Man kann Gott nicht für seine Taten danken, ohne sein Wesen zu preisen.

Und doch unterscheiden sich Dank und Lobpreis insofern, als man sich beim Danken auf die Gaben ausrichtet, während man sich im Lobpreis von der Gabe ab- und zum Geber hinwendet. Eigentlich ist dies eine ganz natürliche Reihenfolge. Wenn wir einen Menschen kennen lernen, mustern wir ihn zuerst einmal und schließen von seinen Verhaltensweisen auf sein Wesen. Der Charakter einer Person liegt nicht an der Oberfläche; er offenbart sich aber im Handeln.

Weil Gott für uns nicht sichtbar ist wie ein uns nahe stehender Mensch, müssen wir zuerst sein liebevolles Handeln und Eingreifen in unserem Leben entdecken, bevor wir ihn in seinem Wesen anerkennen. Der Dank hilft uns enorm bei dieser Entdeckungsreise.

Indem wir Gott danken, fangen wir an, konsequent alle Dinge, durch die wir uns beschenkt fühlen, Gott zuzuordnen. Wir bekommen dadurch ein Gespür dafür, wie viel Gott für uns bereithält, und entdecken Bereiche des Beschenktseins, die uns zuvor gar nicht bewusst waren. Wenn der Dank ein fester Bestandteil unseres Lebens wird, haben Gedanken, die uns einflüstern wollen, Gott beschenke und segne ja doch nur die anderen, immer weniger Raum in uns und können langsam ausgemerzt werden. Durch regelmäßigen Ausdruck unseres Dankes gegenüber Gott entfaltet sich in uns eine Haltung der Dankbarkeit, die unseren Blick stärker auf die positiven, weiterführenden Aspekte unseres geistlichen Lebens richtet als auf die Niederlagen und damit Vertrauen und Glauben in uns freisetzt.

Viele Christen sind frustriert in ihrem Glauben, weil sie das Empfinden haben, dass Gott immer nur im Leben anderer wirkt, während sich bei ihnen vergleichsweise überhaupt nichts zu tun scheint. Sie haben schon längst aufgegeben, Biographien von großen Männern oder Frauen Gottes zu lesen, und auch der Zeugnisteil im Gottesdienst hinterlässt bei ihnen mitunter einen faden Beigeschmack, weil sie sich von Gott nicht ebenso geliebt und beschenkt wissen wie die „gesegneten Geschwister". Sie merken leider nicht, dass sie Gott gar keine Gelegenheit geben, ihnen das Gegenteil zu beweisen. Statt die kleinen und großen Geschenke wahrzunehmen und ihm dafür dankbar zu sein, klagen sie über viele Kleinigkeiten. Gott bekommt keine Möglichkeit, sie mit seinem positiven Wesen anzustecken. Dabei gibt es keine bessere Arznei gegen eine negative und pessimistische Lebenseinstellung als das Danken.

Stellen Sie sich doch einmal vor, Sie wären auf einem Geburtstag eingeladen, und das Geschenk, das Sie mit Liebe ausgesucht und mit viel Zeit und Geduld hübsch verpackt haben, würde ungesehen auf dem vollen Gabentisch verschwinden, ohne dass Sie irgendwann auch nur ein kleines Wort des Dankes erreichte. Wie würden Sie sich fühlen? Hätten Sie noch große Lust, sich beim nächsten Mal wieder so viel Mühe zu machen?

Gott ist zum Glück wesentlich geduldiger als wir. Aber auch er wünscht sich, dass wir seine Geschenke wahrnehmen und uns darüber freuen. Es ist ihm wichtig, dass Sie persönlich „Danke" sagen. Manche Christen erleben mehr Segen und sind in ihrer Haltung positiver, weil sie gelernt haben, die kleinen Geschenke Gottes nicht für selbstverständlich zu nehmen oder gar dem Zufall zuzuschreiben. Ein schlauer Mensch hat einmal gesagt, Zufälle seien Taten Gottes, bei denen er vorziehe, *inkognito* zu bleiben.

Lobpreis

Definition: Lobpreis ist die Ausdrucksform eines Christen im Gespräch mit Gott, die seine Freude oder Begeisterung über Gottes Wesen beschreibend in Worte fasst, wobei man beim Beten Menschen noch mit im Blickwinkel haben kann (Ps 9,1–2; 21,12; 139,14; Jes 12,1.4; 25,1; Jer 33,9).

Wie schon erwähnt, schließt der Lobpreis von der Gabe auf den Geber. Er ist aber nicht von der Gabe abhängig: Die Wahrheit des Wortes Gottes und der Beschreibungen, die vom Wesen Gottes gegeben werden, haben weit mehr Bedeutung als die eigenen Gefühle oder Segenserfahrungen. Im Lobpreis meditieren wir das Wesen Gottes, wie es in der Bibel offenbart und durch die Jahrhunderte von der Christenheit bezeugt wurde. Wir machen ihm Komplimente!

Indem wir Gott loben, erkennen wir die Beschreibung an, die die Heilige Schrift von seinem Wesen gibt. Wir sagen damit den Gedanken eines falschen und vertrauensmindernden Gottesbildes offen den Kampf an. Die Größe der sich vor uns auftürmenden Problemberge und Schwierigkeiten, die aus unserem Glauben und dem ganz alltäglichen Leben erwachsen, wird in die richtige Relation gesetzt zu der übermäßig größeren Macht Gottes, für den es keine ausweglosen Situationen und unlösbaren Probleme gibt. In der Betrachtung von Gottes Wesen wird auch unsere eigene Unvollkommenheit in das richtige Licht gerückt.

Welche Gruppe von Christen wird eine Vielzahl von Nichtchristen anziehen? Eine, die ständig damit beschäftigt ist, darüber zu klagen, wie schlimm alles heutzutage in der Welt sei; nur gut, dass dieses irdische Jammertal bald ein Ende habe, wir lebten ja schließlich in der Endzeit? NEIN! Eine jammernde Kirche ist kein attraktives Zeugnis für die Welt!

Die Kirche ist für die Heiden nur dann anziehend, wenn der Satz „Die Freude am Herrn ist meine Stärke" keine religiöse Phrase ist, sondern vielmehr eine prägende Haltung in unserem Alltag. Eine solche Kirche ist attraktiv, in der die Christen nicht mehr verdächtigt werden, oberflächlich oder abgehoben zu sein, nur weil man ihnen die Freude anmerken kann, die Christus in ihr Leben gebracht hat!

Ich mache bei Konzerten und Seminaren immer wieder die Erfahrung, dass Leute am Ende der Veranstaltung auf mich zukommen und sagen: „Am Anfang hatte ich starke Bedenken, ob deine Fröhlichkeit wirklich echt ist, aber nach all dem, was du über den Lobpreis oder die Liebe Gottes gesagt hast, muss da wohl was dran sein; das spricht mich sehr an."

So sehr es mich auch freuen mag, dass besagte Personen mich am Ende positiver erlebt haben als anfangs: Die Gemeinde Christi ist nicht gesund, wenn Christen, die ein fröhliches Christsein leben, erst einmal verdächtigt werden, in ihrem Verhalten unecht zu sein. Wir müssen als Kirche echte Dankbarkeit, die die Freude an Gott hervorbringt, erst wieder entdecken! Man muss den Nichtchristen nicht erst sagen, wie schrecklich die Welt mit ihren Kriegen und Hungersnöten, Menschenrechtsverletzungen, sozialen Ungerechtigkeiten und Naturkatastrophen ist. Das übernehmen die Medien schon zur Genüge. Wir sind berufen, Hoffnungsträger zu sein und „Kontrastgesellschaft" zu leben oder, um es mit den Worten des Theologen Lohfink zu sagen: uns wohltuend von der Allgemeinheit abzuheben, indem wir die Hoffnung der Kinder Gottes deutlich sichtbar vor uns hertragen:

> „Da wir nun, Brüder, durch das Blut Jesu Freimütigkeit haben zum Eintritt in das Heiligtum, den er uns bereitet hat als einen neuen und lebendigen Weg durch den Vorhang – das ist durch sein Fleisch, und einen großen Priester über das Haus Gottes, so lasst uns hinzutreten mit wahrhaftigem Herzen in voller Gewissheit des Glaubens, die Herzen besprengt und damit gereinigt vom bösen Gewissen und den Leib gewaschen mit reinem Wasser. Lasst uns das Bekenntnis der Hoffnung unwandelbar festhalten – denn treu ist er, der die Verheißung gegeben hat" (Hebr 10,19–23).

> „Der Gott der Hoffnung aber erfülle euch mit aller Freude und allem Frieden im Glauben, damit ihr überreich seiet in der Hoffnung durch die Kraft des Heiligen Geistes!" (Röm 15,13).

> „Haltet den Herrn, den Christus, in euren Herzen heilig. Seid aber jederzeit bereit zur Verantwortung jedem gegenüber, der Rechenschaft von euch über die Hoffnung in euch fordert, aber mit Sanftmut und Ehrerbietung; und habt ein gutes Gewissen, damit die, welche euren guten Wandel in Christus verleumden, darin zuschanden werden, worin euch Übles nachgeredet wird" (1 Petr 3,14–16).

Die Hoffnung, von der in diesen Bibelstellen die Rede ist, bezieht sich zunächst einmal auf das kommende Reich Gottes, aber sie erschöpft sich nicht darin. Indem wir Tag für Tag in die innige Gemeinschaft mit Gott eintreten, werden wir von seinem positiven Wesen angesteckt. Unsere eigene Unvollkommenheit wird in das richtige Licht gerückt, und wir lernen langsam, Gott in den Bereichen zu vertrauen, die wir aus eigener Kraft niemals meistern könnten.

Hoffnung zu haben und positiv und optimistisch zu sein, sind logische Folgen eines Lobpreises, der die Wesensbeschreibung Gottes in der Bibel ernst und die eigenen kleinen Probleme im Vergleich dazu nicht so wichtig nimmt. Das hat mit der Flucht in realitätsferne Parolen nichts zu tun – es ist lediglich Folge eines wachsenden Gottvertrauens!

Manchmal ist dieser Lobpreis ein echtes Opfer – dann nämlich, wenn uns nicht nach Loben zumute ist, wenn wir durch leidvolle Zeiten gehen und den Tränen näher sind als dem Lachen; auch dann, wenn wir Gottes Hand gerade nicht auf unserem Leben sehen. Der Hebräer-Brief spricht davon, Gott ein Lobopfer zu bringen: „Durch ihn nun lasst uns Gott stets *ein Opfer des Lobes* darbringen, das ist: Frucht der Lippen, die seinen Namen bekennen" (Hebr 13,15; vgl. Ps 27,6b; 50,23; 54,6; 56,12; 107,22; 116,17).

Dieses Opfer des Lobes ist das neutestamentliche Gegenstück zum Sühneopfer des alten Bundes. Es dient uns als Sinnbild dafür, dass wir genauso wie die Priester, die im alten Bund täglich ihren Dienst im Tempel versahen, regelmäßig bekennen sollen, wie Gott seinem Wesen nach ist und handelt.

Dieses Bekenntnis ist nicht zu verwechseln mit dem alttestamentlichen Begriff des „Lippenbekenntnisses". Ein Lippenbekenntnis abzulegen bedeutet, etwas mit dem Mund zu sagen, hinter dem ich nicht mit meinem Herzen stehen kann. Gott ein Lobopfer zu bringen bedeutet jedoch, ihn auch dann zu loben, wenn uns gefühlsmäßig nicht danach zumute ist: Gott verdient das Lob, ungeachtet unserer Gefühle!

Lobpreis beinhaltet also auch eine Willensentscheidung; ich lobe Gott, weil es gut und angemessen ist, auch wenn dieses Lob hin und wieder nicht meiner Stimmung entspricht. Die Psalmen zeigen mit großer Deutlichkeit, wie David mit dieser Spannung umging. In manchen Situationen wäre er am liebsten gestorben, als noch länger die Anfeindungen, Bedrohungen und Wüstenzeiten zu ertragen, die ihn auf seinem Weg zum mächtigsten König Israels fast ständig begleiteten. Aber selbst in der tiefsten Verzweiflung, die er Gott auch unverblümt klagt, bringt er am Ende doch immer sein Vertrauen zum Ausdruck, dass Gott zu seinem Wort steht und ihn nicht im Stich lässt. Ein Leben der innigen Gemeinschaft mit Jahwe und eine Grundhaltung der Dankbarkeit ihm gegenüber machen ihn bereit, selbst die schwersten Prüfungen zu bestehen, ohne dass sein Glaube ins Wanken kommt.

Und er versucht beständig, diese Zuversicht auch dem Volk zu vermitteln. Immer wieder schließt er an seine Lobhymnen die Aufforderung an, das ganze Volk Israel möge Gott erheben und seinen Namen preisen. Unser Lobpreis darf also nicht ausschließlich eine private Kulthandlung sein; er vollzieht sich im Kontext der Gemeinde. Sie sollte der Ort sein, an dem eine Gesinnung des Lobpreises wächst, wo eine „Lobpreiskultur" gepflegt wird. Lobpreis ist ansteckend, wie auch Freude ansteckend ist, und wir können einander nichts Besseres tun, als uns gegenseitig zum Lobpreis der Liebe und Güte Gottes zu ermutigen.

Lobpreis kann sehr ausdrucksstark sein: Der ganze Körper und alle Sinne können mit einbezogen werden. Der inhaltliche Schwerpunkt liegt oft auf dem Ausdruck von Freude. Dabei hat man auch noch einen Blick für den Nebenmann. Gemeinsam ermutigt man sich, auf Gott zu schauen und ihn zu preisen.

Anbetung

Der wichtigste Unterschied zum Lobpreis liegt wohl darin, dass Anbetung nicht machbar ist. Man kann Begegnung mit und Ergriffensein von Gott nicht planen, auch wenn man sich dafür öffnen kann. In der Anbetung werden wir persönlich von Aspekten des Wesens Gottes erfasst und als Folge verändert sich unser Leben. Sein Wesen berührt uns unmittelbar. Längst müssen wir uns nicht mehr überwinden, seinen Namen zu preisen: es ist uns vielmehr ein tiefes Anliegen. Ein Verlangen hat uns ergriffen, mehr von Gott zu sehen, ein unstillbarer Hunger, dass sein Licht auf unser Leben übergeht. Alle „unnötigen" Geräusche von außen empfinden wir leicht als störend; nichts soll diesen heiligen Moment unterbrechen. Für viele ist es so, dass sie „dem Gott zum Anfassen" begegnen, der zu ihnen wie damals zu Thomas sagt: „Reiche deinen Finger her und sieh meine Hände, und reiche deine Hand her und lege sie in meine Seite, und sei nicht ungläubig, sondern gläubig" (Joh 20,27).

Um es in eine Definition zu fassen: *Anbetung ist die Ausdrucksform eines Christen im Gespräch mit Gott, die seine Sprachlosigkeit, Ehrfurcht und Liebe gegenüber Gottes Einzigartigkeit und Unbegreifbarkeit in Worte fasst und darauf mit dem Ausdruck eigener Hingabe, Unterordnung und der Festlegung auf radikale Christusnachfolge antwortet, während der Blick ausschließlich auf Gott gerichtet ist* (Mt 22,37–38; Röm 12,1; Offb 15,4; Jos 24,12).

Indem wir Gott anbeten, geben wir ihm in unserem Leben den Platz, der ihm zusteht. Wir werden uns seiner Einzigartigkeit bewusst und ziehen daraus die angemessenen Konsequenzen: Wir antworten auf sein Liebesangebot mit unserer Hingabe und der gebotenen Ehrfurcht. Damit dringen wir an das Herz Gottes vor und öffnen uns seiner Korrektur und Wegweisung, die uns unserer Bestimmung wieder näher bringt und damit die Zielstrebigkeit und Freude unseres geistlichen Lebens vergrößert. Während wir Gott ehrlichen Herzens unsere Liebe ausdrücken, haben wir den Eindruck, auf die einzig mögliche Weise Gott ein wenig von dem zurückzugeben, was wir ohne eigenen Verdienst von ihm empfangen haben. Dies bestärkt uns in der Zuversicht, für Gott zu leben.

Der Schwerpunkt der Anbetung liegt auf einer Haltung der Demut und der Unterwerfung des eigenen Egos unter die Macht eines Höheren. Anbetung ist ausschließlich auf Gott ausgerichtet – und damit ein Augenblick innigster Begegnung. Sie ist Folge eines inneren Ergriffenseins. Wenn Jesus von „den wahren Anbetern" spricht, die „in Geist und Wahrheit" anbeten (Joh 4), bedeutet das auch, dass das eigene Leben vor Gott ausgebreitet liegt und nichts zurückgehalten wird. Als Beispiel dient die Geschichte, in der Abraham mit Isaak loszieht, um anzubeten: Das Herzstück dieser Anbetung, die Ausdruck einer völligen Hingabe an Gott ist, liegt in der Bereitschaft, das „Kind des Glaubens", Isaak, zu opfern, also an nichts festzuhalten als allein an Gott.

Gesten und Verhaltensweisen

Die Gesten und Verhaltensweisen, die in Verbindung mit Lobpreis und Anbetung in der Bibel genannt werden, unterscheiden sich voneinander.

Dank/Lobpreis

Ausrufen, die Hände erheben, einen großen Lärm zur Ehre Gottes machen, tanzen, klatschen.

Anbetung

Meditation (Nachsinnen über Gott), knien, sich beugen, ausgestreckt liegen.

Terminologie im AT

Dies sind die Hauptbegriffe im hebräischen Urtext:

jadah loben, preisen, bekennen (2 Chr 7,3; 67,3–5; 89,5; 99,3)

todah	ist das Nomen zu *jadáh* und beinhaltet Lobpreis als Dankopfer (Lev 7,12–13; Neh 12,27; Ps 42,5; 50,14.23; 69,30; 100,4)
samar	singen, Musik machen im Lobpreis (Ps 7,17; 21,13; 30,12; 47,6–7; 108,1; 144,9; 147,1; 149,3)
hileel	jubeln, preisen, loben, rühmen
ranan	jubeln, jauchzen, laut rufen
Ranah	Jubel, Frohlocken, Freudenruf

Terminologie im NT

Die Hauptbegriffe im griechischen Urtext sind:

Dank/Lobpreis

ainéo	preisen oder anerkennend bemerken (Lk 2,13.20)
eucharistéo	danken oder dankbar sein
hymnéo	
und *psállo*	singen im Lobpreis, preisen (Apg 16,25; Jak 5,13)

Anbetung

sébomai	verehren, mit Akzent auf Ehrfurcht, Hingabe an Gott, gottesfürchtig sein (Apg 18,7.13)
latreúo	dienen, religiösen Dienst leisten, verehren (Apg 24,14)
proskynéo	sich jemand zuwenden und küssen (wie ein Diener die Hand des Herrn), sich selbst erniedrigen, auf den Knien anbeten, Verehrung erweisen (durch Niederfallen) (Offb 5,14)

Anbetung – Königsform und angestrebtes Ziel unseres Gebetes?

Keine Frage: Die Zeiten unmittelbarer Begegnung mit Gott gehören mit zu den schönsten Erfahrungen unseres Glaubenslebens. Auf einmal fallen Zweifel und starre Formen ab, wir sind ergriffen und bewegt davon, dass Gott sich uns so persönlich und kraftvoll nähert, und wir spüren, dass wir unserer Bestimmung – nämlich Gott zu lieben mit allem, was wir haben – ein Stück näher gekommen sind. Und trotzdem wird unser Glaube nicht hauptsächlich in solchen Zeiten genährt, sondern eher in Zeiten des Gehorsams, des Festhaltens an Gottes Verheißungen – in Zeiten, in denen wir fröhlich und mit Ausdauer laufen, um „den Siegeskranz zu erringen" (2 Tim 4,7–8; vgl. Jak 1,12; 1 Kor 9,24–27), selbst wenn es nicht leicht fällt. Eine Haltung der Dankbarkeit wird uns helfen, sogar dann noch in den kleinen Geschenken Gottes Freude und Mut zu finden, wenn die großen scheinbar ausbleiben oder auf sich warten lassen. Der beständige Lobpreis seines in der Schrift bezeugten Wesens wird uns vor den Zweifeln schützen, die so leicht am Nerv des Glaubens nagen.

Zeiten der Anbetung sind Oasen auf unserem Weg mit Gott. Man kann sie vergleichen mit der Sexualität von Mann und Frau in der Ehe: Sie soll wunderschön und der Moment tiefster Begegnung sein, und doch macht sie allein keine Ehe aus. Das Lachen und Weinen, ausgelassene Freude, Diskutieren und Streiten, Erzählen und Erleben gemeinsamer Unternehmungen sind ebenso wichtige Bestandteile einer engen und liebevollen Beziehung. Gott schätzt die Zeiten der Anbetung nicht höher als die Momente, in denen wir ihn ausgelassen feiern oder ehrliche, tief empfundene Dankbarkeit äußern.

Trotzdem lädt er uns ein, das Angebot seiner Nähe Tag für Tag wahrzunehmen und in der Realität des Allerheiligsten zu leben. Es gibt nichts mehr, das uns trennt, wenn wir Menschen nicht von uns aus wieder neue Blockaden in Form falscher Gedanken, Haltungen und Handlungen aufbauen. Gott wünscht sich viel größere Vertrautheit mit uns, als wir bislang schon erleben. So ermutigt Paulus im 2. Brief an die Korinther:

„Wir alle aber schauen mit aufgedecktem Angesicht die Herrlichkeit des Herrn an und werden so verwandelt in dasselbe Bild von Herrlichkeit zu Herrlichkeit, wie es vom Herrn, dem Geist, geschieht" (2 Kor 3,18).

Warum sind Dank, Lobpreis und Anbetung so wichtig?

„[…] sie sollten Gott suchen, ob sie ihn wohl wahrnehmen und finden möchten, ihn, der ja nicht fern von einem jeden unter uns ist, denn in ihm leben wir und bewegen wir uns und haben wir unser Dasein" (Apg 17,27–28a).

Es gibt viele Gründe, Gott stetig zu danken, zu loben und anzubeten. Mehr als alles andere kommt es Gott dabei jedoch auf unsere Herzenshaltung an. Genauso wie Menschen oft nur förmliche Höflichkeiten und Komplimente um der Etikette willen austauschen, geschieht unser Lobpreis manchmal mechanisch und entbehrt jeder Leidenschaft. Der Schlüssel liegt aber in dem Wiederentdecken unserer ersten Liebe zu Gott. Wo entdecken wir diese Liebe?

Sicher helfen uns die Gemeinschaft mit Christen, das fröhliche Singen in der Gemeinde, die Glaubenszeugnisse der Geschwister, das Hören von Lobpreismusik. Aber nichts facht unsere Leidenschaft für Jesus so an wie unsere regelmäßigen Begegnungen mit ihm in der Stille und im Gebet.

Als Christen des 20. bzw. 21. Jahrhunderts fällt es uns oft sehr schwer, mit Ausdauer ein Ziel zu verfolgen und nicht müde zu werden. Wir werden leicht zum Opfer einer „Instant-Gesellschaft", in der das schnelle Erlebnis und die momentanen High- und Lustgefühle oft mehr zählen als die tiefe innere Ausgeglichenheit, die aus der regelmäßigen Begegnung mit Gott geboren wird. Diese Erlebnisorientierung prägt oft auch unsere Lobpreiszeiten.

Der Lobpreis ist eine wunderbare Aufgabe. Er hält unsere Seele gesund. Aber dies geschieht nur, wenn Jesus der Mittelpunkt unserer Aufmerksamkeit bleibt, nicht Erlebnisse und das gemeinschaftliche Singen.

Doch wir müssen nicht Opfer der Erlebnisorientierung unserer Gesellschaft sein; wir können selbst entscheiden, wie wir unser geistliches Leben anlegen. Christsein bedeutet immer, gegen die gesellschaftlichen Strömungen anzuschwimmen, die grundlegenden Prinzipien des Glaubenslebens entgegenstehen.

Wer kennt nicht die Reklame von „Jack Daniels"-Whisky: Zwei gealterte Männer sitzen im Keller einer Brennerei und tun nichts. Der Kommentator des Werbespots weist darauf hin, dass diese Männer sich alle Zeit der Welt lassen, weil es eben Jahre brauche, bis ein guter Whisky herangereift ist. Manchmal habe ich über diesen Spot geschmunzelt, weil ich merkte, wie fremd mir dieses ruhige, gemäßigte Leben eigentlich ist. Sicher bedeutet Christsein nicht, die Hände in den Schoß zu legen und auf die Wiederkunft Jesu zu warten. Aber es benötigt diese Qualität des Wartens und Heranreifenlassens. Der Glauben bewährt sich in *Jahren* der Nachfolge. Wahre Jüngerschaft ist keine Treibhausblüte. Sie entsteht, wenn der Garten unseres Lebens immer neu umgegraben wird, wenn unsere geistlichen Wurzeln genügend Zeit zum Wachsen haben und stark werden.

Das geschieht in Zeiten des Segens, aber vielleicht noch mehr in Zeiten des inneren Zerbruchs. Mose verbrachte 40 Jahre in der Wüste und hat selbst das Gelobte Land nie gesehen. Aber er führte das Volk Gottes im Vertrauen auf Jahwe, und die nachfolgenden Generationen ernteten den Segen. Abraham musste 25 Jahre auf die Erfüllung der Verheißung warten, bis sein Sohn Isaak geboren wurde. David suchte in der Wüste Sif Zuflucht vor Sauls Zorn, obwohl er schon zum König auserwählt war. Auch Jesus wurde in der Wüste auf die Probe gestellt. Diese Berichte stehen exemplarisch für die geistlichen Wüstenzeiten, die wir zwischen den Verheißungen Gottes und ihrer Erfüllung durchleben müssen. Der Lobpreis gibt uns in diesen Zeiten Stabilität, Zeiten, in denen Jesus im Mittelpunkt steht.

Um Gottes willen

Paulus spricht in seinem Brief an die Epheser davon, dass wir das Erbe von Gottes Reich erhalten haben, damit wir etwas zum Lobpreis von Gottes Herrlichkeit sind (Eph 1,11–12). Gott zu loben, sein Wesen anzuerkennen und unsere Prioritäten an seinen Prioritäten auszurichten gehört zu den wichtigsten Fundamenten unseres Glaubens.

Niemand ist es mehr wert als Gott, gelobt und angebetet zu werden. Alles, was wir in Bruchstücken an Gutem zu tun vermögen, vermag Gott in Perfektion zu tun. Als der Sohn Gottes selbst als „guter Lehrer" angesprochen wird, antwortet er: „Was nennst du mich gut? Niemand ist gut als nur einer, Gott" (Mk 10,18; vgl. Lk 18,19). Niemand ist so treu, so standhaft, so barmherzig. Im Vergleich zu ihm sind unsere Motive korrupt, weil wir selbst in dem Guten, das wir tun, noch den eigenen Vorteil und das Ansehen vor Menschen suchen. Gott aber kennt keine gespaltenen Motive – sie haben in seinem Charakter keinen Platz. Sein „Ja" ist ein „Ja" und sein „Nein" ein „Nein". Wie leicht schauen wir in unserem Leben zu Menschen auf und stellen sie auf ein Podest. Gott hat es unendlich mehr verdient, von uns erhöht und verehrt zu werden!

Wir haben nichts, das wir Gott für seine Liebe zurückgeben könnten. Es gibt keine Möglichkeit, sich zu revanchieren. Wenn wir Gott etwas von uns geben, gibt er im Übermaß zurück. Gott liebt es zu geben: Wir können ihn im Geben niemals überbieten. Lobpreis ist das Einzige, das wir Gott geben können, was er sich selbst nicht geben will und kann. Es ist die einzig angemessene Reaktion auf das Wesen Gottes und sein Handeln.

Im 17. Kapitel des Lukas-Evangeliums wird berichtet, wie Jesus durch Galiläa und Samarien zieht und in einem Dorf zehn aussätzigen Männern begegnet. Er heilt sie alle und schickt sie daraufhin weg, damit sie sich den Priestern zeigen. Aber nur einer, der obendrein noch Samariter war, kommt zurück und verherrlicht Gott für seine Heilung. In den Versen 17 ff. heißt es dann:

„Jesus aber antwortete und sprach: Sind nicht die zehn gereinigt worden? Wo sind die neun? Haben sich sonst keine gefunden, die zurückkehrten, um Gott Ehre zu geben, außer diesem Fremdling?"

Wie typisch ist diese Geschichte doch für uns Menschen! Wir empfangen so viel, vergessen aber schnell den Geber. Und dabei sind Danksagung, Verehrung und Lobpreis die einzig angemessenen Reaktionen auf das Wirken Gottes – und das nicht nur bei spektakulären Heilungen! Auch Paulus macht deutlich, dass in der Schöpfung Gottes ewige Kraft und Göttlichkeit zum Ausdruck kommt (Röm 1,20–21). Für jemand, der dies wahrnimmt und Gott dennoch nicht verherrlicht und ihm keinen Dank darbringt, gibt es keine Entschuldigung: Wir sind als Wesen geschaffen, die Gott verherrlichen sollen – dies ist Bestimmung und Ziel unseres Lebens zugleich.

Was im ersten Moment ganz selbstverständlich klingt, erweist sich auf den zweiten Blick als ernst zu nehmende Hinterfragung einer weit verbreiteten Lobpreispraxis. Schnell können sich nämlich in jeder Gemeinde Mechanismen einschleichen, die den Lobpreis zum Selbstzweck werden lassen. So hat für viele Menschen das gemeinsame Liedersingen eine große Bedeutung; es verbreitet eine Atmosphäre des „Sich-wohl-und-heimelig-Fühlens", was an und für sich ja auch überhaupt nichts Negatives ist. Wenn aber dann der Effekt einsetzt, dass viele auf den Inhalt der Lieder gar nicht mehr achten, sondern von der Homogenität der Liedabfolge und der Freude an gesungenen Lieblingshits ihren Erlebniswert einer solchen Lobpreiszeit abhängig machen, ist die zentrale Ausrichtung verloren gegangen: dass wir uns nämlich Zeit nehmen, um mit unseren Gebeten, Liedern und der dahinter stehenden Herzenshaltung Gott Freude zu bereiten!

Der amerikanische Theologe Jack Deere schreibt in seinem Buch „Überrascht von der Kraft des Heiligen Geistes":

„Manche beten die Anbetung mehr an, als sie Jesus selbst anbeten […]. Wir dürfen Jesus mit keinem dieser guten Dinge gleichsetzen. Jesus ist kein Dogma, keine Theologie, kein abstraktes Prinzip, kein Dienst, keine spezielle Gemeinde, keine Denomination, keine Aktivität, noch nicht einmal ein Lebensstil. Jesus ist eine Person, eine wirkliche Person! Und er verlangt von uns, dass wir ihn über all diese guten Dinge stellen. Keins dieser Dinge ist für uns gestorben; der Sohn Gottes starb für uns. Keines dieser Dinge bestimmt unser Schicksal; der Sohn Gottes ist Herr über unser Leben. Jedes Mal, wenn ich einem dieser Dinge mehr Aufmerksamkeit schenke als dem Sohn Gottes oder mehr danach verlange als nach ihm, wird es für mich zum Götzen werden und mich von ihm wegbringen. Wir sind so schnell dabei, diese guten Dinge mehr zu lieben als Jesus. Wir verwechseln so leicht unsere Hingabe an Jesus mit unserer Hingabe an diese Dinge."

Wenn es in der Bibel heißt, Gott sei ein eifersüchtiger Gott, dann ist damit ja nicht gemeint, dass er wie die Götter der griechischen Sagenwelt alle egoistischen und selbstsüchtigen Eigenschaften in sich vereint. Stattdessen ist seine Eifersucht im ersten Gebot begründet: „Ich bin der Herr, dein Gott: Du sollst keine anderen Götter haben."

Zusätzlich kommt darin zum Ausdruck, dass Gott Emotionen hat: dass er sich freuen, aber auch leiden kann und eine tiefe Sehnsucht nach Gemeinschaft mit uns Menschen verspürt.

Man kann so leicht ein Bild von Gott entwickeln, in dem er als der Souveräne dasteht, der fernab von allen Empfindungen seine genialen Pläne verfolgt und sich dabei die wenigen Heiligen zur Mitarbeit aussucht, die zu kompromissloser, radikaler Nachfolge bereit sind. Aber damit hat man Gott in seinen Bedürfnissen nicht verstanden!

Wenn in der Bibel davon die Rede ist, dass der Mensch nach dem Bilde Gottes geschaffen wurde, so schließt das natürlicherweise mit ein, dass Gott die Wesenszüge einer Person hat: Er sehnt sich in seinem Herrschaftsanspruch nach Anerkennung und Verständnis. Er sehnt sich danach, dass Menschen seine Anliegen voller Freude mittragen, weil sie tiefes Vertrauen in ihn als den besten und ewig wahren Hirten setzen.

Wenn Jesus sagt, dass wir in ihm den Vater sehen, dann spiegeln alle überlieferten Berichte von seinem Leben und Wirken wider, wie Gott seinem Wesen nach ist. Welches Bild zeichnet die Heilige Schrift nun von ihm? Es lohnt sich, uns die Lage Jesu in Gethsemane vor Augen stellen: Er weiß, dass sein Tod nahe ist. Er weiß, dass nun die eigentlich wichtigen Stunden seines Lebens vor ihm liegen, wie ja in seiner Aussage deutlich wird: „Ich bin gekommen, um zu sterben und mein Leben zu lassen für viele."

Aber ebenso ist er sich auch voll bewusst, dass der Weg in den Tod ihm alles abverlangen wird. Er weiß, dass er nach mörderischen körperlichen und seelischen Schmerzen sterben wird. Er, der Gott nicht nur nah, sondern mit ihm eins war, muss für die Menschen die vollständige Trennung von seinem Vater auf sich nehmen; eine Vorstellung, die für unseren Herrn fast schlimmer als der körperliche Tod am Kreuz gewesen sein muss.

Und in dem Bewusstsein seiner augenblicklichen Lage ruft er keine Engel zur Hilfe, sondern sucht Mitgefühl und Beistand bei seinen engsten menschlichen Begleitern:

> „Und er nahm den Petrus und die zwei Söhne des Zebedäus mit und fing an, betrübt und geängstigt zu werden. Dann spricht er zu ihnen: Meine Seele ist sehr betrübt, bis zum Tod. Bleibt hier und wacht mit mir!" (Mt 26,37–38).

In Vers 40 wird dann seine Trauer und Enttäuschung darüber zum Ausdruck gebracht, dass die drei ihn nicht stützen konnten:

„Und er kommt zu den Jüngern und findet sie schlafend; und er spricht zu Petrus: Also nicht eine Stunde konntet ihr mit mir wachen?"

Warum sucht Jesus hier den Kontakt zu Menschen, die ihn noch in einem der Momente enttäuschen können, in denen er am meisten geschwächt ist? Weil sich Gott ganz bewusst den Menschen als Gegenüber gesucht hat, auch auf die Gefahr hin, enttäuscht zu werden – und wo kommt besser zum Ausdruck, dass Jesus unter dieser Enttäuschung leidet?

Leicht schleicht sich auch der Gedanke ein, dass Gott nicht so sehr nach dem Einzelnen frage, sondern schon dadurch erfreut werde, wenn eine Gemeinde an dem Ziel festhalte, mit ihrem Leben Gott zu gefallen.

Aber das Bild, das die Bibel von Gott zeichnet, ist ein anderes: Für ihn hat jeder einzelne Mensch viel mehr Wert als eine noch so engagierte christliche Gemeinschaft oder Institution. Gott freut sich mehr über den Einzelnen, der zu ihm zurückgefunden hat, als über eine große Gruppe, die er bei sich weiß. Dies kommt unverwechselbar in dem Gleichnis vom verlorenen Schaf zum Ausdruck:

„Was meint ihr wohl? Wenn jemand hundert Schafe besitzt und sich eins von ihnen verirrt: wird er da nicht die neunundneunzig auf dem Berg zurücklassen und hingehen, um das verirrte zu suchen? Und wenn es ihm gelingt, es zu finden, wahrlich, ich sage euch: Er freut sich über dieses eine mehr als über die neunundneunzig, die sich nicht verirrt hatten" (Mt 18,12–14).

Dieses Gleichnis, das natürlich erst einmal auf die Umkehr Ungläubiger bezogen ist, verdeutlicht noch mehr: Es zeigt, dass Gott sich über jeden Menschen freut, der neu begreift, was er ihm alles schenkt, und seiner Dankbarkeit Ausdruck verleiht.

Als Maria das kostbare Salböl in Betanien über Jesu Füßen ausgießt und diese dann mit ihren Haaren abtrocknet (Joh 12,1–8, vgl. Mt 26,6–13, Mk 14,3–9), hat sie fast alle Regeln des Anstandes gebrochen, die man brechen konnte. Sie unterbricht Jesus im Gespräch mit seinen Jüngern und anderen Männern – ein Verhalten, das keiner Frau zustand. Jeder weiß, dass sie eine ehemalige Prostituierte ist. Und als müsste sie ihre Herkunft noch herausstreichen, hat sie ihre Haare heruntergelassen, obwohl Frauen angewiesen waren, ihr Haar zu verhüllen. Sie hat sündhaft teures Parfüm (Nardenöl) in ihren Händen, das etwa das Jahresgehalt eines Arbeiters gekostet hat – und jeder weiß, dass sie es mit dem Verkauf ihres Körpers verdient hat! Nun hatten die damaligen Flakons keinen praktischen Schraubverschluss, mit dem man nach jeder Benutzung das Gefäß wieder verschließen konnte: War es einmal geöffnet, dann musste man den ganzen

Inhalt verbrauchen, und das tut sie auch. Das Parfüm vermischt sich mit dem Dreck und Schweiß auf Jesu Füßen und ihren Tränen, als sie sich niederbeugt, um Jesus die Füße zu salben, und selbst die Jünger sind entsetzt! Wie kann Jesus zulassen, dass eine Frau ein so sittenwidriges Verhalten an den Tag legt? Und er gebietet dem Treiben nicht sofort Einhalt! Wie viel Gutes hätte man mit dem Geld für die Armen tun können, anstatt es in diesem erotischen Schauspiel auf den Füßen des Rabbis zu vergeuden.

Aber Jesus reagiert vollkommen anders. Ihn interessiert die Etikette nicht annähernd so sehr wie die Herzenshaltung eines Menschen, und in Marias Tat erkennt er einen Ausdruck der Liebe, der Hingabe und des Verlangens, ihm die Ehre zu geben, wie er ihn in Israel selten gefunden hat. Er weist sie darauf hin, dass Maria mit ihrer Handlung die Salbung seines Leichnams vorweggenommen hat (die ihm später als hingerichteter Verbrecher verweigert werden sollte), und sagt dann den bemerkenswerten Satz:

„Wahrlich, ich sage euch: Wo immer diese Heilsbotschaft in der ganzen Welt verkündigt wird, da wird man auch von dem, was diese Frau getan hat, zum ehrenden Gedächtnis für sie erzählen" (Mt 26,13).

Eine andere Schriftstelle verdeutlicht auf unverwechselbare Weise, dass Jesus angesichts der Menschen, die ihn verehren, nicht nur Freude empfindet, sondern im selben Moment noch die im Blick hat, die von dem Gnadenangebot Gottes keinen Gebrauch machen: Im Lukas-Evangelium wird beschrieben, wie Jesus unter den Jubelrufen der Menge („Gepriesen sei, der da kommt als König im Namen des Herrn!") in Jerusalem einzieht und wenig später die Stadt ansieht und weinend sagt: „Wenn doch auch du an diesem Tag erkennen würdest, was zu deinem Frieden dient! Nun aber ist es deinen Augen verborgen geblieben" (Lk 18,22 ff.).

Natürlich wird sich Jesus über die Menschen gefreut haben, die ihn bei seinem Einzug bejubelten und verehrten. Aber sein Blick für die Verlorenheit und Gottesferne der Stadt ließ sich nicht verschleiern. Die ganze Blindheit derer, die ihm eben noch zugejubelt hatten und bald von Pilatus seine Kreuzigung fordern würden, stand ihm unsagbar schmerzhaft vor Augen.

In Offenbarung 5, Vers 8 wird beschrieben, wie die himmlischen Wesen wie in Schalen die Gebete der Heiligen vor Gottes Thron bringen – was für ein wunderschönes Bild dafür, wie wertvoll Gott jedes unserer Gebete ist, die wir mit aufrichtigem Herzen vor ihn bringen!

Wie aus all diesen Texten ganz eindeutig hervorgeht, zeigt uns die Heilige Schrift Gott als jemanden, der gegenüber Menschen niemals Gleichgültigkeit empfindet, selbst wenn sie sein Angebot ignorieren oder mit Füßen treten. Wie unendlich tief muss er unter den Verlorenen dieser Welt leiden, wie stark auch unter denen, die ihm eigentlich ihre konsequente Nachfolge versprachen und trotzdem immer wieder in eine Haltung von Sünde, Misstrauen und Rebellion ihm gegenüber verfallen!

Wenn wir diese Wahrheit erkannt haben, können wir nur von seiner Liebe und Treue zu uns angerührt und beschämt sein. In diesem Wissen liegt die tiefste Motivation, ihm durch den Ausdruck unseres Dankes, Lobpreises und in der Anbetung ein kleines Stück zurückzugeben – wohl wissend, dass wir nichts wieder gutmachen können, dass unsere Gebete ihm aber die Ehre geben, die ihm von einer gottlosen Welt verweigert wird.

Gotteserfahrung und Gemeinde

Im Gegensatz zu anderen Religionen, etwa vielen östlichen, ist es augenfällig, wie stark das Leben der Gläubigen in der Zeit des Neuen Testamentes mit dem Leben der Gemeinde verknüpft war. Selbst unter großen Gefahren (Verfolgungen etc.) wurde die Gemeinde angehalten, den Versammlungen nicht fernzubleiben (Hebr 10,25). Die anderen Menschen werden immer in den Glauben mit einbezogen und dies spiegelt sich in der ganzen Frömmigkeit wider.

So darf auch in Bezug auf Lobpreis und Anbetung der Akzent niemals allein auf der eigenen privaten Gotteserfahrung liegen – vielmehr muss der Blick gerade die erfassen, die Gott nicht suchen, nach denen aber der Vater große Sehnsucht hat: die Nichtchristen.

Wenn wir eine neue Qualität von Lobpreis und Anbetung in unserem Leben erfahren und sehen wollen, wie eine ganzheitlichere Vision von geistlichem Leben in unserer Gemeinde Gestalt gewinnt, müssen wir zuerst eine Grundbedingung erfüllen: Wir müssen lernen, uns für den anderen zu öffnen und über oberflächliche Anteilnahme hinaus wirklich mit Geschwistern und nichtchristlichen Freunden mitzuleiden. Wir müssen uns entschließen, Neid, Eifersucht und schlechtes Reden über andere radikal abzulegen und stattdessen eine Haltung von Gott erbitten, die den anderen beständig segnet und sich über sein Glück selbstlos mitfreuen kann. Anbetung ist auch eine Frucht unserer Beziehungen – warum sonst würde es im 1. Johannes-Brief heißen:

„Geliebte, lasst uns einander lieben, denn die Liebe ist aus Gott; und jeder, der liebt, ist aus Gott geboren und erkennt Gott. Wer nicht liebt, hat Gott nicht erkannt, denn Gott ist Liebe. [...] Wenn jemand sagt: Ich liebe Gott, und hasst seinen Bruder, ist er ein Lügner. Denn wer seinen Bruder nicht liebt, den er gesehen hat, kann nicht Gott lieben, den er nicht gesehen hat" (1 Joh 4,7–8.20).

Eine Gemeinde, die um die eigene Glaubenserfahrung kreist und sich nicht von dieser eingeschränkten Ausrichtung lösen kann, verkümmert langsam, aber sicher. Evangelisation ist der zur Welt hingewandte Aspekt der Anbetung Gottes: Reich Gottes zu bauen. Fehlt diese Dimension in der Gemeinde, besteht eine sehr egozentrische Form von Lobpreis und Anbetung, die mit Gottes eigentlichem Plan nicht mehr viel zu tun hat! Es ist Jesu vorrangigster Auftrag an die Kirche, in alle Welt zu gehen und Menschen dabei zu unterstützen, zu Jüngern zu werden – also sein Reich zu bauen.

Kapitel 4

Gottes Namen ehren

Der Theologe Edmund Schlink hat in seinem Werk „Ökumenische Dogmatik" viele wichtige und inspirierende Gedanken zur „Doxologie", der Theologie des Lobpreises, festgehalten. Diese sind zusammengefasst in den nächsten Abschnitt mit eingeflossen. Dem interessierten Leser möchte ich darüber hinaus ein eingehendes Studium des Originals (S. 725–742) ans Herz legen. Der einfacheren Lesbarkeit halber wurde auf eine genaue Zitation verzichtet.

Unsere Unzulänglichkeit erkennen

Gott ist nicht erst dadurch zum Herrn der Welt geworden, dass er das All geschaffen hat und es erhält, sondern er war der Herr von Anfang aller Zeiten an. Er ist auch nicht erst dadurch zum liebenden Gott geworden, dass er Geschöpfe ins Leben rief, denen er sich dann in Liebe zuwenden konnte, sondern als der, der selbst die Liebe ist, hat er ihnen das Leben gegeben. In allen Aussagen über die Taten Gottes ist die Anerkennung seines Wesens enthalten.

In der Theologie heißt das Fachwort für den Lobpreis „Doxologie", was man wörtlich übersetzen könnte mit „das Wort von der Ehre" oder etwas freier „die Lehre vom Ehregeben". Diese Doxologie bleibt nicht bei dem Lobpreis der göttlichen Taten stehen, sondern rühmt den ewigen Herrn, der diese Taten vollbracht hat. Die Taten sind weniger Inhalt, als vielmehr Anlass des Lobpreises.

In der Doxologie steht allein Gott im Rampenlicht. Das „Ich" des Menschen, der die Doxologie anstimmt, tritt vor ihm ganz zurück. Zwar fehlt in der Heiligen Schrift das „Wir" im Wortlaut der Anbetenden nicht immer, aber dieses „Wir" ist von uns selbst weg und auf Gott hin gerichtet. Wir erkennen an, dass Gott es gar nicht nötig hätte, uns mit seinem aktuellen Handeln Anreiz und Anhaltspunkte für den Lobpreis zu geben; er ist vielmehr in seiner Person absolut überwältigend und umfassend genug, dass wir ihm beständig unseren Lobpreis bringen.

Wenn wir mitunter den Eindruck haben, einen wesentlichen Teil von Gottes Charakter kennen gelernt und die bedeutsamsten Aspekte seiner Wahrheit ergriffen zu haben, werden unsere Gedanken und Worte doch immer wieder überboten durch die Wirklichkeit Gottes selbst. Nicht einmal die Gesamtheit der Worte, die uns in den Sprachen dieser Welt zur Verfügung stehen, könnten auch nur einen Bruchteil seines Wesens beschreiben. So sagt Paulus dann auch in seinem Brief an die Gemeinde in Korinth:

> „Denn wir sehen jetzt mittels eines Spiegels, undeutlich, dann aber von Angesicht zu Angesicht. Jetzt erkenne ich stückweise, dann aber werde ich erkennen, gleich wie auch ich erkannt worden bin" (1 Kor 13,12).

Die Bibel redet (etwa in Ps 139) davon, dass Gott nichts von uns verborgen ist. Er kennt unser Handeln, weiß um unsere Pläne; er durchdringt die Tiefen unserer Seele, und sogar die Haare auf unserem Kopf hat er gezählt. Wenn Paulus also davon redet, dass er Gott genauso erkennen wird, wie er von ihm erkannt worden ist, dann zeigt dies die tiefe Gewissheit, dass die Ewigkeit mit Gott alle unsere Fragen beantworten wird; dass unser Vater im Himmel nicht mehr der geheimnisvolle und verborgene Gott bleiben wird, als den wir ihn heute noch erleben.

Doch diese Gewissheit macht nicht Halt vor dem Lobpreis in der Gegenwart. Vielmehr ermutigt uns Paulus immer wieder, den in unseren Augen recht kümmerlichen und in Gottes Augen geliebten Versuch zu unternehmen, sein Wesen zu preisen und im Anschauen seines Wesens verwandelt zu werden.

Eine Form des verbalen Ausdruckes unseres Lobpreises könnte man „Beschreibung durch Negation" nennen. Da wir uns der Tatsache bewusst werden, dass es für Gott keine ausreichenden Worte gibt, verwenden wir Begriffe wie „unvorstellbar", „unfassbar", „unbegreiflich", „unsterblich", „unbegrenzt", „unendlich" oder andere, die unsere Kapitulation vor der Größe des Wesens Gottes in Worte fassen.

Eine andere Weise könnte man mit „Beschreibung durch Steigerung" umreißen: Alles, was wir können, tun und sind, ist nichts im Vergleich zu dem über alle Maßen vollkommenen Gott, den wir dann auch „den Höchsten", „den mächtigsten Gott" nennen und von dem wir sagen: „Keiner ist wie du" oder „Niemand ist dir gleich".

Alle diese Hilfsbrücken zeigen: Eine Definition Gottes ist im strengen Sinne des Wortes unmöglich, weil Gott mit keinem Begriff zu fassen ist. Er erfasst uns in unserer Ganzheitlichkeit und definiert unsere Existenz, aber wir können ihn in seiner Fülle nicht erfassen oder definieren, weil wir die Geschöpfe sind und er der Schöpfer. Paulus bringt in seinem Brief an die Römer zum Ausdruck, dass wir auch für das Gebet wegen unserer Begrenztheit, Gott zu erkennen, die Hilfe des Heiligen Geistes brauchen:

„Ebenso aber nimmt auch der Geist sich unserer Schwachheit an; denn wir wissen nicht, was wir bitten sollen, wie es sich gebührt, aber der Geist selbst verwendet sich für uns in unaussprechlichen Seufzern. Der aber die Herzen erforscht, weiß, was der Sinn des Geistes ist, denn er verwendet sich für Heilige, Gott gemäß" (Röm 8,26–27).

Gottes Namen kennen

Ein weiterer Aspekt aus Hebräer 13, Vers 15 ist wichtig für das Verständnis des Lobpreises (vgl. Ps 113,2–3; 148,13; Spr 18,10; Jes 30,27–28; Apg 9,17; 2 Thess 1,12): „Durch ihn nun lasst uns Gott stets ein Opfer des Lobes darbringen, das ist: Frucht der Lippen, die *seinen Namen* bekennen."

In unserem Reden zu Gott und von Gott bleiben wir nicht angewiesen auf die Vorstellungen und Worte, die wir aus unserer eigenen Erfahrung gewonnen haben. Alles Reden Gottes von sich ist konzentriert in der Offenbarung seines Namens. Gottes Name ist das Wort, das Gott angemessen ist, weil er selbst es den Menschen offenbart hat.

Gottes geoffenbarter Name ist das dem Menschen in den Mund gelegte Wort, durch das es ihm ermöglicht ist, Gott als „Du" anzurufen und als „Er selbst" zu preisen. Mit diesem Namen will Gott sich suchen und finden lassen. Auf diesen Namen will er antworten.

Warum ist der Name Gottes nun aber so wichtig, dass wir im Alten wie im Neuen Testament immer wieder angewiesen werden, Gottes Namen zu verehren? Der Name Arne – so habe ich mir sagen lassen – soll auf Norwegisch „Adler" und auf Koreanisch „Ehefrau" heißen. Aber weder als Adler noch als Ehefrau finde ich mich in meiner Person ausreichend charakterisiert. Im alten Israel hingegen hatte ein Name sehr viel mehr Bedeutung: Er war Ausdruck des Wesens einer Person. Sehr gut erkennbar wird dies in der Geschichte von Jakob, dessen Name „Betrüger" bedeutet. Er trug diesen Namen zu Recht, weil er durch eine List das Erstgeborenenrecht von seinem Bruder gestohlen hatte. Doch dieser Name sollte nicht für immer wie ein Fluch über seinem Leben stehen, und am Ende des dramatischen Kampfes zwischen Gott und Jakob steht der folgende Dialog:

„Er aber sagte: Ich lasse dich nicht los, es sei denn, du hast mich vorher gesegnet. Da sprach er zu ihm: Was ist dein Name? Er sagte: Jakob. Da sprach er: Nicht mehr Jakob soll dein Name heißen, sondern Israel; denn du hast mit Gott und mit Menschen gekämpft und hast überwältigt" (Gen 32,27–29).

In ähnlicher Weise wird aus Abram Abraham (Gen 17,5), aus Sarai Sara (Gen 17,15) und aus Saulus Paulus (Apg 13,9). Die Berichte machen deutlich, welchen Stellenwert der Name einer Person in der damaligen Zeit hatte. Er war gleichbedeutend mit dem Wesen und dem Charakter einer Person. Um wie viel mehr ist der Name dessen bedeutsam, der sich nicht verändert (Hebr 13,8), weil er sein Wesen nicht verleugnen kann (2 Tit 2,13). Im alten Israel wurde der Jahwe-Name geradezu als gegenwärtige Wirklichkeit Jahwes selbst verstanden. Mit demselben *Kyrios*-Titel, mit dem die „Septuaginta" den alttestamentlichen Gottesnamen übersetzt hatte, wird später Jesus als Herr und Meister bekannt.

Jahwe – der „Ich bin"

Im Hebräischen lautet der Gottesname „Jahwe" (daraus wurde durch ein Missverständnis im Mittelalter „Jehova"). Dieser Name ist von dem hebräischen Zeitwort für „sein" her zu deuten. Nach altem schon vorchristlichem Vorkommen wird für Jahwe die Bezeichnung „der Herr" gebraucht.

Die erste Offenbarung von Gottes Namen finden wir in der Geschichte in Exodus 3, Verse 1–14, wo der Engel des Herrn Mose im brennenden Dornenbusch erscheint:

„Mose aber antwortete Gott: Siehe, wenn ich zu den Söhnen Israel komme und ihnen sage: Der Gott eurer Väter hat mich zu euch gesandt, und sie mich fragen: Was ist sein Name?, Was soll ich dann zu ihnen sagen? Da sprach Gott zu Mose: Ich bin, der ich bin. Dann sprach er: So sollst du zu den Söhnen Israel sagen: Der ‚Ich bin' hat mich zu euch gesandt. Und Gott sprach weiter zu Mose: So sollst du zu den Söhnen Israel sagen: Jahwe, der Gott eurer Väter, der Gott Abrahams, der Gott Isaaks und der Gott Jakobs, hat mich zu euch gesandt. Das ist mein Name in Ewigkeit, und das ist meine Benennung von Generation zu Generation" (Ex 3,13–15).

Der Name „Ich bin" schrieb für alle Zeiten fest, dass Gott in seinem Wesen unwandelbar ist; dass ihn nichts zum Wanken bringen kann. Was er zugesagt hat, das hält er ein. Er ist keinen Launen unterworfen (wie die Griechen es von ihren Göttern dachten), sondern steht verbindlich zu seinem Wort. Im Laufe der Geschichte mit seinem Volk offenbart sich Gott dann in weiteren Aspekten seines Namens.

Jahwe Jireh – dein Versorger

Dieser Gottesname wird uns in der Geschichte von der Opferung des Isaak in Genesis 22, Verse 2 bis 14 offenbart.

„Und er (Isaak) sagte: Siehe, das Feuer und das Holz! Wo aber ist das Schaf zum Brandopfer? Da sagte Abraham: Gott wird sich das Schaf zum Brandopfer erse-hen, mein Sohn. Und sie gingen beide miteinander. Und sie kamen an den Ort, den Gott ihm genannt hatte. Und Abraham baute dort den Altar und schichtete das Holz auf. Dann band er seinen Sohn Isaak und legte ihn auf den Altar oben auf das Holz. Und Abraham streckte seine Hand aus und nahm das Messer, um seinen Sohn zu schlachten. Da rief ihm der Engel des HERRN vom Himmel her zu und sprach: Abraham, Abraham! Und er sagte: Hier bin ich! Und er sprach: Strecke deine Hand nicht aus nach dem Jungen, und tu ihm nichts! Denn nun habe ich erkannt, dass du Gott fürchtest, da du deinen Sohn, deinen einzigen, mir nicht vorenthalten hast. Und Abraham erhob seine Augen und sah, und siehe, da war ein Widder hinten im Gestrüpp an seinen Hörnern festgehalten. Da ging Abraham hin, nahm den Widder und opferte ihn anstelle seines Sohnes als Brand-opfer. Und Abraham gab diesem Ort den Namen ‚Der HERR wird versorgen', von dem man heute noch sagt: Auf dem Berg des HERRN wird versorgt" (Gen 22,7–14).

Abraham gilt zu Recht als Vater des Glaubens. Er ist bereit, sein „Kind des Glaubens", Isaak, zu opfern, das er ja selbst nur durch ein Wunder aus Gottes Hand empfangen hat und auf dem die Verheißung ruht, eine Nach-kommenschaft zu begründen, die so zahlreich wie die Sterne des Himmels oder der Sand am Ufer des Meeres ist (Gen 22,17; 32,13).

Indem er mit seinem Sohn auch noch die letzte scheinbare Sicherheit aufgibt, lernt er Gott noch stärker als bisher als den kennen, der seinem Wesen nach Versorger ist; der Vertrauen und Glauben mehr als alles andere schätzt und großzügig belohnt.

Jahwe Rapha – dein Heiler

„Und Mose ließ Israel vom Schilfmeer aufbrechen, und sie zogen hinaus in die Wüste Schur und wanderten drei Tage in der Wüste und fanden kein Wasser. Da kamen sie nach Mara, aber sie konnten das Wasser von Mara nicht trinken, denn es war bitter. Darum gab man dem Ort den Namen Mara. Und das Volk murrte gegen Mose: Was sollen wir trinken? Da schrie er zum HERRN, und der HERR zeigte ihm ein Stück Holz; das warf er ins Wasser, und das Wasser wurde süß. Dort legte er Ordnung und Recht für es fest, und dort prüfte er es, und er sprach: Wenn du willig auf die Stimme des HERRN, deines Gottes, hörst und tust, was in seinen Augen recht ist, seinen Geboten gehorchst und all seine Ordnungen hältst, dann werde ich dir keine der Krankheiten auferlegen, die ich den Ägyptern auferlegt habe; denn ich bin der HERR, der dich heilt" (Ex 15,22–26).

Es ist im Wesen des Vaters begründet, ein Gott der Heilung zu sein. Beständig streckt er sich in seiner Liebe danach aus, Wunden zu verbinden; die zu heilen, die zerbrochenen Herzens sind, und auch jeder körperlichen Krankheit mit Heilung zu begegnen (Lk 4,18). Unser Heiler zu sein ist keine Absichtserklärung, es ist ein unverrückbarer Zustand, da Absicht und Handeln Gottes eine absolute Einheit bilden. Aber wieder steht das Vertrauen seines Volkes, die Umkehr und das Ernstnehmen seiner Ordnungen am Anfang der Heilung.

Jahwe Nissi – dein Banner

„Danach kam Amalek und kämpfte in Refidim gegen Israel. Und Mose sagte zu Josua: Wähle uns Männer aus und zieh aus, kämpfe gegen Amalek! Morgen will ich mich auf den Gipfel des Hügels stellen mit dem Stab Gottes in meiner Hand. Da tat Josua, wie Mose ihm gesagt hatte, um gegen Amalek zu kämpfen. Und Mose, Aaron und Hur stiegen auf den Gipfel des Hügels. Und es geschah, wenn Mose seine Hand erhob, dann hatte Israel die Oberhand, wenn er aber seine Hand sinken ließ, dann hatte Amalek die Oberhand. Da jedoch Moses Hände schwer wurden, nahmen sie einen Stein und legten den unter ihn, und er setzte sich darauf. Dann stützten Aaron und Hur seine Hände, der eine auf dieser, der andere auf jener Seite. So blieben seine Hände fest, bis die Sonne unterging. Und Josua besiegte Amalek und sein Kriegsvolk mit der Schärfe des Schwertes. Danach sprach der HERR zu Mose: Schreib dies zum Gedächtnis in ein Buch und lege in die Ohren Josuas, dass ich die Erinnerung an Amalek vollständig unter dem Himmel auslöschen werde! Und Mose baute einen Altar und gab ihm den Namen: ‚Der HERR ist mein Banner'" (Ex 17,8–15).

Diese Geschichte hat eine tiefe Symbolik, die in wenigen erläuternden Sätzen sicherlich nicht erschöpft ist. Das Stützen der Geschwister im Glauben, den Blick fest auf Gott gerichtet, der selbst im aussichtslosesten Kampf noch als Retter eingreifen kann, ist ein zentraler Gedanke für den Zusammenhalt der Gemeinde.

Wer gibt uns die Hoffnung auf eine Überwindung der Problemberge in unserem Leben? Gott allein! Jesu Sieg können wir wie ein unsichtbares Banner über uns tragen: ein Zeichen gegen Mutlosigkeit, Resignation und Verzweiflung. Es liegt in Gottes Wesen, uns den Sieg zu schenken, wenn wir unseren Blick auf ihn richten und ihm vertrauen!

„Denn alles, was aus Gott geboren ist, überwindet die Welt; und dies ist der Sieg, der die Welt überwunden hat: unser Glaube. Wer ist es, der die Welt überwindet, wenn nicht der, welcher glaubt, dass Jesus der Sohn Gottes ist?" (1 Joh 5).

Jahwe M'kaddesch – der Gott, der dich heiligt

Am Ende von zahlreichen Vorschriften, die Gott dem Volk Israel zum eigenen Schutz machte, können wir in Leviticus 20,7–8 lesen:

> „So sollt ihr euch heiligen und sollt heilig sein, denn ich bin der HERR, euer Gott, und sollt meine Ordnungen einhalten und sie tun. Ich bin der HERR, der euch heiligt" (Lev 20,8).

An dieser Stelle wird deutlich, dass es unmöglich ist, alle Gebote aus eigener Kraft zu erfüllen. Gott selbst aber hat in seinem Wesen verankert, dass er uns in die Lage versetzen kann und will, ein heiliges Leben zu führen. Es gehört zu seiner Persönlichkeit, sein Volk nicht mit der Last der Sünde allein zu lassen, sondern es zu sich zu ziehen und zu heiligen!

Jahwe Schalom – dein Friede

Richter 6, Verse 11 bis 24 berichtet von der Begegnung Gideons mit dem Engel des Herrn. In den Versen 22 bis 24 heißt es:

> „Da sah Gideon, dass es der Engel des HERRN gewesen war, und Gideon sagte: Wehe, Herr, HERR! Wahrhaftig, habe ich doch den Engel des HERRN von Angesicht zu Angesicht gesehen! Da sprach der HERR zu ihm: Friede sei mit dir! Fürchte dich nicht, du wirst nicht sterben. Und Gideon baute dem HERRN dort einen Altar und nannte ihn: Jahwe Schalom. Bis zu diesem Tag steht er noch in Ofra, der Stadt der Abiesriter."

Kein Mensch kann in seiner sündhaften Natur die Reinheit und Heiligkeit Gottes ertragen. Aber Gott will unser Friede sein, weil er Gedanken des Friedens und nicht des Unheils über uns hat (Jer 29,11).

Eine neutestamentliche Entsprechung hierfür finden wir im 2. Kapitel des Epheser-Briefes:

> „Jetzt aber, in Christus Jesus, seid ihr, die ihr einst fern wart, durch das Blut des Christus nahe geworden. Denn er ist unser Friede. Er hat aus beiden eins gemacht und die Zwischenwand der Umzäunung abgebrochen. In seinem Fleisch hat er die Feindschaft, das Gesetz der Gebote in Satzungen, beseitigt, um die zwei – Frieden stiftend – in sich selbst zu einem neuen Menschen zu schaffen und die beiden in einem Leib mit Gott zu versöhnen durch das Kreuz, durch das er die Feindschaft getötet hat. Und er kam und hat Frieden verkündigt euch, den Fernen, und Frieden den Nahen. Denn durch ihn haben wir beide durch einen Geist den Zu-

gang zum Vater. So seid ihr nun nicht mehr Fremde und Nichtbürger, sondern ihr seid Mitbürger der Heiligen und Gottes Hausgenossen" (Eph 2,13–19).

An die Stelle der Furcht vor der heiligen Gegenwart Gottes tritt ein tiefer Friede, nach Hause gekommen zu sein!

Jahwe Roí – dein Hirte

„Der HERR ist mein Hirte, mir wird nichts mangeln. Er lagert mich auf grünen Auen, er führt mich zu stillen Wassern. Er erquickt meine Seele. Er leitet mich in Pfaden der Gerechtigkeit um seines Namens willen. Auch wenn ich wandere im Tal des Todesschattens, fürchte ich kein Unheil, denn du bist bei mir; dein Stecken und dein Stab, sie trösten mich. Du bereitest vor mir einen Tisch angesichts meiner Feinde; du hast mein Haupt mit Öl gesalbt, mein Becher fließt über. Nur Güte und Gnade werden mir folgen alle Tage meines Lebens; und ich kehre zurück ins Haus des HERRN lebenslang" (Ps 23).

In einer Zeit voller Irrlichter, gesellschaftlichem Pluralismus, schwindender Wertsysteme, moralischen Zerfalls immer neuer Lebensphilosophien (hier seien nur die *Baby Boomer*, die Hippies, die Punks und die Generation X als vier gesellschaftliche Gruppen unterschiedlichster Prägungen in der jüngsten Vergangenheit genannt) und einer ständigen Verkürzung der „Wissens-Halbwertzeit" schreit unsere Seele geradezu nach Leitung durch den Dschungel von Überzeugungen, Geisteshaltungen und Gesinnungen.

Der Herr will gerne *der* Hirte sein, der uns Orientierung gibt. Er lässt uns nicht aus pädagogischen Gründen in die Irre laufen, wenn wir nach seiner Wegweisung schreien, damit wir erst einmal die Frucht unseres Ungehorsams schmecken. Er führt in keine Sackgassen, und er kennt alle Zubringerstraßen zum schmalen Pfad des Lebens, wenn wir den richtigen Weg verloren haben. Er will nicht, dass wir auch nur in einem Bereich unseres Lebens Mangel leiden. Er baut unsere Seele auf, wenn wir niedergeschlagen sind, nimmt die Angst vor dem Tod, versorgt bis zum Überfluss, überströmt uns mit Geschenken seiner Gnade. Er lässt uns nicht im Unklaren über die Berufung unseres Lebens, er hat die einzelnen Abschnitte unseres Lebens bereits vorgezeichnet. Er macht keine Fehler! All dies ist in seinem Wesen begründet. Er ist ein guter Leiter, der unermüdlich unser Bestes will!

Jahwe Zidkénu – deine Gerechtigkeit

Ebenfalls in Psalm 23 wird uns ein weiterer Name Gottes gezeigt:

„Er leitet mich in Pfaden der Gerechtigkeit um seines Namens willen" (Ps 23,3).

Gerechtigkeit hat in unserer Gesellschaft einen sehr hohen Stellenwert. Wir wollen gerecht behandelt werden (nur dann nicht, wenn wir Strafe verdient haben). Aber dies gilt nicht nur bei uns, sondern auch bei Gott. Nach seinem Verständnis von Gerechtigkeit, nach seinem Maßstab absoluter Reinheit und Heiligkeit könnte kein Mensch vor dem Gericht bestehen; die Bilanz, die Paulus in Römer 3 zieht, ist eindeutig und vernichtend zugleich:

> „Da ist kein Gerechter, auch nicht einer; da ist keiner, der verständig ist; da ist keiner, der Gott sucht. Alle sind abgewichen, sie sind allesamt untauglich geworden; da ist keiner, der Gutes tut, da ist auch nicht einer. [...] Den Weg des Friedens haben sie nicht erkannt. Es ist keine Furcht Gottes vor ihren Augen" (Röm 3,10–18).

Aber weil die Liebe zu den Menschen Gott noch wichtiger ist als sein unfehlbarer Gerechtigkeitssinn, bleibt seine Gerechtigkeit nicht beim Gericht stehen. In den Versen 21ff. heißt es weiter:

> „Jetzt aber ist ohne Gesetz Gottes Gerechtigkeit geoffenbart worden, bezeugt durch das Gesetz und die Propheten: Gottes Gerechtigkeit aber durch Glauben an Jesus Christus für alle, die glauben. Denn es ist kein Unterschied, denn alle haben gesündigt und erlangen nicht die Herrlichkeit Gottes und werden umsonst gerechtfertigt durch seine Gnade, durch die Erlösung, die in Christus Jesus ist."

Kein Staat dieser Erde würde mit einem Gerechtigkeitsverständnis funktionieren, dem zufolge Menschen, die das Gesetz brechen, ungestraft davonkommen. Im Reich Gottes aber ist diese Vorgehensweise der Normalzustand, weil Jesus ein für alle Mal für die Sünden aller Menschen hingerichtet wurde. Seine Gnade rechtfertigt uns ohne unser Zutun, und seine Barmherzigkeit triumphiert über das Gericht (Jak 2,13)! Jesus ist unsere Gerechtigkeit geworden: Er hat selbst mit seinem Leib unsere Sünde ans Kreuz hinaufgetragen, damit wir, den Sünden abgestorben, der Gerechtigkeit leben (1 Petr 2,24, vgl. 2 Kor 5,21). Und in allem hat er nur getan, was er den Vater tun sieht (Joh 5,19).

Gottes Gerechtigkeit ist Teil seines Wesens und steht unverrückbar fest. Er kann sein Wesen nicht verleugnen. Aber um seiner Liebe willen vollstreckt er das mit der Gerechtigkeit einhergehende Gericht nicht an uns, die es verdient hätten, sondern an seinem eigenen Sohn.

Die Erkenntnis von Gottes Wesen

Gott ist die begeisterndste Persönlichkeit des ganzen Universums. Es gibt nichts und niemanden, das oder den wir mit ihm vergleichen könnten. Was für ein ungeheures Vorrecht ist es doch, Gott zu kennen und eine Beziehung zu ihm zu haben! Warum aber läuft das Leben so vieler Menschen an Gott vorbei? Für weite Teile der Bevölkerung – und gerade Jugendliche – ist Gott und alles, was mit ihm zusammenhängt, unbedeutend, langweilig, ohne jede Konsequenz für ihr Leben. Dafür gibt es mehrere Gründe: Zum einen leben sie als Sünder ohne die Vergebung Gottes und sind daher von ihm getrennt; ihre geistlichen Augen sind blind. Zum anderen haben viele Menschen nie vermittelt bekommen, wie Gott wirklich ist; andere haben sich bewusst entschieden, eine gleichgültige Haltung einzunehmen.

Wir Christen sind daran oft nicht unschuldig. Wir haben nicht selten ein falsches Bild von Gott gezeichnet. Nicht von ungefähr haben Generationen von Menschen einen erhabenen und mächtigen, aber auch entfernten und richtenden Gott vermittelt bekommen. Die Kirche hat vielfach versagt, ein wahres Bild von unserem Gott weiterzugeben. Das, was so viele sehen, sind altmodische Traditionen, festgefahrene Strukturen oder eine kraftlose Institution „Kirche"; oft sind sie nur eine Gruppe von netten, lieben Leuten ohne Biss und Radikalität. Und auch „charismatische" Gruppen erliegen nicht selten der Versuchung, sich in ihren Gruppen einzuigeln, kleine Subkulturen zu bilden, zu der Außenstehende nur schwer Zugang finden, und ihre Frömmigkeit in gut eingeübte Phrasen und einen für Nichtchristen nicht verständlichen Jargon zu packen.

Eine wichtige Ursache dafür scheint mir darin zu liegen, dass wir uns selbst viel zu wenig bemüht haben, Gott zu ergründen und zu erkennen. Anstatt von seinen Anliegen getrieben zu werden, bilden häufig gruppendynamische Faktoren den Mittelpunkt unseres Interesses, getreu dem Motto: „Wie bauen wir uns eine kuschelige schöne Gemeinde, die *unsere* Bedürfnisse stillt?"

Eine Umkehr von diesem egoistischen Insidertum hin zum Wesentlichen kann nur dann geschehen, wenn wir unser Bemühen bewusst neu darauf ausrichten, Gottes Wesen zu erkennen und uns davon prägen zu lassen. Zuerst wird diese wachsende Erkenntnis Gottes unser eigenes Leben verändern; später kann sie dann die ganze Gemeinde in eine Erneuerung ihrer Motive und Handlungsweisen führen.

„Lasset uns streben, Jahwe zu erkennen. Sein Aufgang ist sicher wie die Morgenröte. Er wird zu uns kommen wie der Regenguss, wie der Frühlingsregen, der die Ernte tränkt. [...] denn Liebe will ich, nicht Opfer, Gotteserkenntnis, nicht Brandopfer" (Hos 6,3).

„Der Weise rühme sich nicht seiner Weisheit, und der Starke rühme sich nicht seiner Kraft, sondern dessen soll sich rühmen, wer sich rühmen will – Einsicht zu haben und mich zu erkennen. Denn ich bin Jahwe, der Gnade und Recht und Gerechtigkeit walten lässt auf Erden. Ja, an solchem habe ich Wohlgefallen" (Jer 9,22).

„Das ist aber das ewige Leben, dass sie dich erkennen, den allein wahren Gott, und den, den du gesandt hast" (Joh 17,3).

„Ihr sollt erfüllt werden mit der klaren Erkenntnis seines Willens in aller geistgewirkten Weisheit und Einsicht, damit ihr des Herrn würdig wandelt, ganz nach seinem Wohlgefallen, fruchtbar seid an allen guten Werken und wachst in der Erkenntnis Gottes, damit ihr mit aller Kraft gestärkt werdet" (Kol 1,9).

„Gnade sei mit euch und Friede in Fülle durch die Erkenntnis unseres Herrn. Alles hat seine göttliche Macht geschenkt, was zum Leben und zur Frömmigkeit dient, durch die Erkenntnis dessen, der uns berufen hat durch seine eigene Herrlichkeit und Kraft" (2 Petr 1,2).

„Wachset vielmehr in der Gnade und Erkenntnis unseres Herrn und Heilandes Jesus Christus" (2 Petr 3,18).

„Wir wissen aber, dass der Sohn Gottes gekommen ist und uns den Sinn gegeben hat, den Wahrhaftigen zu erkennen" (1 Joh 5,20).

Wir können Gott nur dann richtig lieben und ihm vertrauen, wenn wir sein Wesen kennen gelernt haben. Wenn dies geschehen ist, fällt es nicht mehr schwer, ihm nachzufolgen, denn die Erkenntnis von Gottes Charakter bietet die beste Vertrauensgrundlage. Wenn man die eigene Art und Weise, Gott gedanklich einzuordnen, einmal in Ruhe überdenkt, wird man ähnliche Mechanismen entdecken wie bei der Einordnung von Menschen. Da gibt es die Ebene der Grobeinschätzung, ähnlich wie bei Menschen, die man noch nicht so lange kennt, aber auf Grund ihres Aussehens, ihres Auftretens oder ihrer Körperhaltung schon einmal in einer bestimmten Rubrik eingeordnet hat. Zu dieser Ebene gehören auch Vorurteile, die auf Grund der eigenen Geschichte und der Prägung durch das soziale Umfeld entstehen.

Um das oben genannte Beispiel noch einmal aufzugreifen: Viele Menschen können in Gott nur den strengen, richtenden und herrschsüchtigen Tyrannen sehen, weil sie in ihrem eigenen Elternhaus Vaterschaft nie anders erlebt haben. Daher werden sie Gott viel eher ablehnen, als dass sie versuchen würden, eine Liebesbeziehung zu ihm aufzubauen. Vorurteile müssen gar nicht gewollt sein. Sie liegen oft tief in der eigenen Prägung und Leidensgeschichte verwurzelt. Trotzdem prägen sie nicht nur die Grobeinschätzung von Menschen, sondern auch die von Gott.

Natürlich gibt es auch noch eine andere Ebene: Wenn wir uns bewusst Gottes Gegenwart über längere Zeit aussetzen und uns seinem Handeln öffnen, werden wir – vergleichbar mit unserer Beziehung zu Menschen – erleben, dass wir unsere erste Einschätzung Gottes nicht beibehalten; dass sich Konturen in unserem Bild von ihm verändern und vorher nicht gesehene Nuancen abzeichnen. Diese „Erkenntnis Gottes" wird unser geistliches Leben radikal verändern. Wie aber kommt sie zustande? Können wir gezielte Schritte unternehmen?

Es gibt drei Bereiche, in denen wir Antwort auf die Frage finden können: im Gebet, in Gesprächen mit Menschen, die konkret von persönlichen Begegnungen mit Gott und seiner Kraft berichten, und im Studium der Heiligen Schrift. Persönliche Gebetserfahrungen und Begegnungen mit anderen Christen sind für jeden Menschen unterschiedlich. Die Bibel aber zeichnet ein eindeutiges Bild des Charakters Gottes.

Das Wesen Gottes in der Bibel

Wenn wir über die wesentlichen Charaktereigenschaften Gottes sprechen, so bleibt zunächst festzustellen, dass wir immer nur einen kleinen Ausschnitt vom ganzen Bild sehen werden und können. Wir werden niemals in der Lage sein, Gott in seiner Vollkommenheit angemessen zu beschreiben. Was uns bleibt, ist, so viel wie möglich in unserer Begrenztheit verstehen zu lernen. Schon dies wird aber Freude, Freiheit, Heilung und Ehrfurcht vor Gott hervorbringen. Gott, wie er wirklich ist, ist das Interessanteste und Aufregendste, das wir Nichtchristen überhaupt anbieten können. In der Erkenntnis Gottes liegt die Erfüllung unserer tiefsten Bedürfnisse, denn die Bibel sagt, alles wurde von ihm und zu ihm hin geschaffen.

Indem wir immer wieder im Vertrauen aussprechen, was die Bibel über Gottes Wesen sagt, werden die Worte Herzensgewissheit: Glaube, Liebe und Vertrauen zu Gott wachsen – und dies ist eine der schönsten Begleiterscheinungen von Lobpreis und Anbetung.

allgegenwärtig	Ps 139,7–19; Spr 15,3; Jer 23,24; Dan 3,24
allmächtig	1 Sam. 2,8b; Röm 1,20; Eph 1,21; 3,20; Kol 1,17; Hebr 1,3b; Offb 4,8; 15,3; 19,6
allwissend	1 Sam 2,3; Ps 44,21; 147,5; Hebr 4,13; 1 Joh 3,20
barmherzig	Ex 34,6; Ps 135,14; Jes 63,7; Mi 7,20; Lk 1,78; Eph 2,4; Hebr 2,17
ewig	Gen 21,33; Dtn 33,27; Ps 90,2; 1 Tim 1,17; Hebr 9,14
kann reumütig und enttäuscht sein	Gen 6,5.6; 1 Chr 21,15; Ps 78,38; Jo 3,10
kann traurig, eifersüchtig oder froh sein	Mk 8,12; Lk 19,41; Joh 11,33.35; 12,27; 13,21; Ex 34,14; Dtn 4,24; Jos 24,19; 1 Kön 14,24; 1 Kor 10,22; Zeph 3,16; Lk 10,21; 15,5; Joh 15,11; 17,13; Hebr 12,2
geduldig	Ps 78,38b.39; Jes 65,2; 1 Tim 1,16; Hebr 12,3
gerecht	Gen 18,25; Ps 97,2; 99,4; 135,14; Jes 45,19+21; Offb 15,3
gütig	Ps 106,45; 135,3; Jes 63,7; Nah 1,7
gnädig	Ex 34,6; Ps 136; 138,8; Neh 1,3; Eph 2,7.8; 1 Petr 5,5
groß	Ps 99,2; 111,2; 135,5; Röm 1,20; Offb 15,3
gut und freundlich	Ps 34,9; 100,5; 136,1; Mt 19,17
heilig	Ex 15,13.17; Jos 24,19; 1 Sam 2,2; 6,20; Ps 99,3.9; 108,8; 111,9; Jes 6,2; Hebr 7,26; Offb 4,8; 15,4
herrlich	Ex 15,11; Ps 96,4.6; 97,6; 138,5; Jes 6,2; Mt 16,27; Joh 17,22; Jud 24
hoch erhaben	Ps 99,2; 113,4; Eph 1,21; Hebr 1,3; 7,26
Liebe	Dtn 33,3; Joh 3,16–17; 1 Joh 4,9–10.16b
mitleidsvoll	Ex 3,7; 5. Mose 30,3; Ps 35,14; 103,13; 106,45; Hos 11,4; Mi 7,19; Mt 9,36–37; 14,14; 15,32; 20,34; 23,37; Lk 7,13; Joh 14,35
sanftmütig	Mt 11,28; 21,5; 2 Kor 10,1

schöpferisch	Gen 1,31; Ps 136,5; Jes 64,8; Kol 1,16; 1 Tim 4,4
stark	1 Chr 29,12; 2 Chr 25,8; Ps 62,11; 99,4; Jes 45,24
treu	Ex 34,6; Ps 100,5; 111,5.7; 118,5; 138,2; 1 Thess 5,24; 2 Tim 2,13; Hebr 2,17; Offb 19,11
unparteiisch	Gen 18,25; His 34,19; Ps 103,6; Apg 10,34+35; Röm 10,12
unveränderlich	Ps 102,26–27; Mal 3,6; Hebr 1,12; 13,8; Jak 1,17
vergebend	Ps 78,38; 99,8; 103,3; Jes 53,3; Zeph 3,16; Eph 2,4–6; Kol 1,14; 2,13–14; 1 Tim 2,4–6
wahrhaftig	Jes 45,19; Röm 3,4; Offb 15,3; 19,11
weise	Ps 104,24; Spr 3,19; Jes 11,2; 55,8–11; Mt 13,54; Lk 2,40; Röm 11,36; 16,27; 1 Kor 1,24–25; Kol 2,3
zornig	Joh 3,36; Röm 1,18; 2,8; Eph 5,6; 1 Thess 2,16; Offb 19,5

Jesu Namen in der Bibel

- aller Menschen Herr (Apg 10,36)
- allmächtiger Gott (Offb 15,3)
- das Alpha und das Omega – der Beginn und das Ende (Offb 1,8)
- das Brot des Lebens (Joh 6,48)
- das Lamm Gottes (Joh 1,29)
- das Licht der Welt (Joh 8,12) und das Horn des Heils (Lk 1,69)
- das Wort des Lebens (1 Joh 1,1)
- der Anfänger und Vollender des Glaubens (Hebr 12,2)
- der Aufgang aus der Höhe (Lk 1,78)
- der Eckstein (Eph 2,20), der Oberhirte (1 Petr 5,4)
- das Haupt der Gemeinde (Eph 1,22)
- der gerechte Richter (2 Tim 4,8)
- die Sonne der Gerechtigkeit (Mal 3,20
- der glänzende Morgenstern (Offb 22,16)
- der Heilige Gottes (Mk 1,24)
- der Hirte und Aufseher unserer Seelen (1 Petr 2,25)
- der König der Könige (Offb 19,16) und der Führer (Mt 2,6)

- der Löwe aus dem Stamme Juda (Offb 5,5)
- der Messias (Joh 1,41) und Erretter (2 Petr 2,20)
- der Sohn Gottes (Joh 1,34)
- der Weg, die Wahrheit und das Leben (Joh 14,6)
- die Auferstehung (Joh 11,25)
- der Fürst des Lebens (Apg 3,15)
- der Friedefürst (Jes 9,6)
- Jesus (Mt 1,21) und der Herr Jesus Christus (Apg 15,11)
- starker Gott (Jes 9,6)
- Vater der Ewigkeit (Jes 9,6)
- wunderbarer Ratgeber (Jes 9,6)
- der wahre Versöhnung bringende Hohepriester (Hebr 9,11)

Das Vaterherz Gottes

Das Erleben unseres irdischen Vaters, das wir einfach auf Gott projizieren, ist die häufigste Ursache für ein falsches Verständnis seines Wesens – ohne es zu wollen, denken wir oft in unserem Unterbewusstsein, dass Gott nur eine himmlische Kopie unseres durchaus nicht vollkommenen irdischen Vaters sei, mit dem wir genügend Zeit unseres Lebens verbracht haben, um Fehler und Charakterschwächen zur Genüge kennen zu lernen. Vor allem, wenn wir als Heranwachsende von unserem Vater sehr verletzt wurden, ist unser Wahrnehmungsvermögen Gott gegenüber oft sehr eingeschränkt.

Wir können damit nur umgehen lernen, wenn wir unserem leiblichen Vater vergeben und Gedanken, die Gott im falschen Licht erscheinen lassen, anhand der Bibel widerlegen. Dies bedarf oft einiger Anstrengung und Überwindung, aber es ist auf Dauer der einzige Weg zu einem gesunden Gottesbild. Unser himmlischer Vater ist vollkommen in seiner Liebe, und wir strafen sein Wort Lügen, wenn wir ihm schlechte Motive unterstellen und nicht zu glauben bereit sind, dass er wirklich nur das Beste für uns will und bereithält. Aber er ist nicht beleidigt, sondern um uns besorgt. Er will uns Heilung unserer verletzten Empfindungen schenken, damit das ursprüngliche, gute, göttliche Vaterbild in uns Raum gewinnen kann.

Hilfe zur Selbstüberprüfung

Vielleicht haben Sie in den vergangenen Absätzen entdeckt, dass die Schwierigkeiten, die Sie mit Ihrem leiblichen Vater haben, auch Einfluss auf Ihre Beziehung zum himmlischen Vater genommen haben. In diesem

Fall kann Ihnen die im Folgenden vorgeschlagene, ganz praktische Vorgehensweise helfen, einen neuen Schritt in die Freiheit zu gehen.

Listen Sie auf einem Blatt Papier bis zu 20 schlechte Eigenschaften auf, die Sie zeitweise oder regelmäßig im Leben Ihres Vaters gesehen haben, und schreiben Sie sie jeweils in die linke Spalte einer Tabelle. Stellen Sie nun auf der rechten Seite die Begriffe dagegen, mit denen die Bibel Gottes Wesen beschreibt. Vermutlich weichen die notierten Begriffe an einigen Stellen deutlich voneinander ab.

Bringen Sie Jesus danach im Gebet Ihre größten Vorbehalte gegen Ihren leiblichen Vater. Legen Sie Ihren Groll und Ihre noch vorhandene Bitterkeit bei Gott ab. Treffen Sie mit dem Verstand die Entscheidung, vergeben zu wollen, und ziehen Sie diese Entscheidung nicht zurück. Falls Ihnen das schwer fällt, dann lesen Sie doch einmal die Geschichte im Matthäus-Evangelium, Kapitel 18, Verse 23 bis 35. Jesu Vergebung ist unweit größer als alles, was wir jemals zu vergeben haben. Und er gibt Ihnen gerne die Kraft zum Vergeben, wenn Sie ihn ernsthaft darum bitten. Diese Vergebung ist Gott sehr wichtig; sie ist ihm so wichtig, dass er seine eigene Vergebung davon abhängig macht („[…] und vergib uns unsere Schuld, wie auch wir vergeben unseren Schuldigern"). Er tut dies, weil er die zerstörerische Kraft von Bitterkeit und Unversöhnlichkeit in unserem Leben kennt und von uns abwenden möchte. So ist Vergebung die beste Vorsorge, die wir für uns selbst treffen können.

Sie werden erleben, dass sich mit der Entscheidung zur Vergebung auch die Beziehung zu Ihrem himmlischen Vater verändern wird. Der Lobpreis wird Ihnen helfen, sich auf dem Weg in die Freiheit die Wahrheit über Gottes Wesen immer wieder ins Gedächtnis zu rufen.

Kapitel 5

Seelsorgerliche Aspekte von Dank, Lobpreis und Anbetung

Der Lobpreis und die Anbetung Gottes leben von Aussagen, die wir über Gott und sein Handeln machen. Manche davon beschreiben Erfahrungen; sie werden dann in erster Linie in Form von Dankgebeten ausgedrückt. Andere zitieren Wesensbeschreibungen Gottes aus der Heiligen Schrift. Woher wissen wir, dass Gott gut und zuverlässig, treu und liebevoll ist? Zuerst einmal finden wir diese Wahrheit in der Bibel. Dann fangen wir an, ihr zu vertrauen; vielleicht, weil jemand begeistert oder verändert ist oder weil wir etwas mit Gott erlebt haben. Wir ergreifen die Wahrheit über Gottes Wesen, und mit der Zeit können wir zurückblickend sagen: „Ich habe Gott selbst so erlebt." Die Worte der Bibel sind nicht erst nach dem persönlichen Erleben Wahrheit geworden, vielmehr hat durch unser Vertrauen die Wahrheit in unserem Leben Gestalt angenommen.

Lobpreis und Anbetung haben eine tief seelsorgerliche Komponente, weil wir mit der Wahrheit der Schrift den Lügen unserer eigenen Selbstgespräche und der Aussagen anderer Menschen konsequent entgegentreten können. Der Lobpreis orientiert sich an der Wahrheit von Gottes Wort, weil von dort Freiheit ausgeht. Aus diesem Grund sind Lobpreislieder auch in aller Regel vertonte Bibelstellen oder zumindest eng an Bibelstellen angelehnt.

Stellen Sie sich einmal die folgende Frage: „Mit wem rede ich jeden Tag am meisten?" Die Antwort ist ganz einfach. Nicht mit Familienmitgliedern, Berufskollegen, dem Ehepartner oder Gott reden wir am meisten, sondern mit uns selbst. Unzählig viele Aussagen und Glaubenssätze strömen in Form von Selbstgesprächen Tag für Tag ungefiltert auf uns ein: Sie können positiv, aber leider auch sehr zerstörerisch sein; in jedem Fall prägen sie unser Selbstbild und unsere Sicht der Menschen um uns herum.

Darüber hinaus spielt es in unserem Leben immer wieder eine wichtige Rolle, wie andere Menschen uns sehen: wie sie unser Verhalten bewerten und ob sie uns mit Sympathie oder Antipathie begegnen etc. Was wir also brauchen und wonach sich viele von uns sehnen, sind objektive Maßstäbe, die uns über unseren Wert Auskunft geben – die uns sagen, ob wir in Ordnung sind. Was wir brauchen, sind nicht gut gemeinte Meinungen oder freundschaftliche Ratschläge, sondern Prüfkriterien, deren Wahrheit unbestritten ist.

Einige Soziologen lehnen im Kern einen objektiven Wahrheitsbegriff ab; sie sprechen stattdessen von *subjektiver Objektivierung*. Dies bedeutet, dass durch die Übereinkunft einer Vielzahl von Menschen eine subjektive Meinung so lange zur Wahrheit erklärt wird, bis sie als solche empfunden wird. So bilden sich Übereinstimmungen im erwarteten Verhalten heraus, die zur Norm werden und dementsprechend abweichendes Verhalten verurteilen („die Etikette"). Wonach sich der Mensch aber im tiefsten Inneren sehnt, ist eine untrügliche objektive Wahrheit, nach deren Maßstäben er leben kann.

Jesus hat zur Existenz einer solch klaren und objektiven Wahrheit eindeutig Stellung bezogen: „Ich bin der Weg und *die Wahrheit* und das Leben. Niemand kommt zum Vater als nur durch mich" (Joh 14,6).

Jesus begegnet als Person dem Bedürfnis des Menschen, Wahrheit zu finden. Er formuliert nicht nur Thesen, die er auf dem Berg Sinai *ex cathedra* als Wahrheit verkündet, sondern weist unmissverständlich darauf hin, dass in seiner Person selbst die Wahrheit zu finden ist. Lobpreis und Anbetung haben zum Inhalt, der Wahrheit in der Person des Sohnes Gottes nachzuspüren und sich ihr bereitwillig zu unterstellen:

„Jesus sprach nun zu den Juden, die ihm geglaubt hatten: Wenn ihr in meinem Wort bleibt, so seid ihr wahrhaft meine Jünger; und ihr werdet die Wahrheit erkennen, und die Wahrheit wird euch frei machen" (Joh 8,31–32).

Auch für uns, die wir Jesus nicht zu seinen Lebzeiten begegnet sind, steht die Tür zur Wahrheit weit offen: zu seinem geoffenbarten Wort, der Bibel. Was beinhaltet nun diese Wahrheit, von der wir in seinem Wort lesen?

Die Wahrheit über unser Selbstbild

Unser Selbstbild wird durch unsere Sicht von uns selbst definiert, nicht mehr durch unsere Gefühle und Selbstgespräche oder die Sicht anderer Menschen. Zeit unseres Lebens existieren wir im Kontext unserer Umwelt. Was andere von uns denken, ist uns meist sehr wichtig, da wir nicht völlig losgelöst und individuell existieren, sondern immer in einem Netzwerk von Beziehungen: zur Familie, zu Freunden, Mitschülern und Lehrern, Nachbarn, später Arbeitskollegen, Kommilitonen, Professoren, Vorgesetzten und anderen. Dass uns unsere Sozialisation in der frühen Jugend sehr prägt, ist spätestens seit den Erkenntnissen Siegmund Freuds kein Geheimnis mehr. Aber auch in späteren Jahren hinterlässt die Sichtweise von nahe stehenden Bezugspersonen bei uns oft eine starke Prägung.

Ein Mensch, der von seinen Eltern in Teilbereichen oder generell als Versager hingestellt und mit Aussagesätzen konfrontiert wurde wie „Das schaffst du ja nie …", „Immer machst du das falsch", „Du bist einfach unfähig, dies und jenes zu tun", „Auf dich kann man sich einfach nicht verlassen" etc., wird diesen Sätzen aller Wahrscheinlichkeit nach irgendwann selbst Glauben schenken und genauso denken – er wird sich diese Sätze sogar selbst einreden.

Ein Mensch, dem stetig ein schlechtes Gewissen gemacht oder ein geringer Selbstwert vermittelt wurde, wird aller Wahrscheinlichkeit nach zum Perfektionismus neigen, sich insgeheim aber für jeden Fehler hassen und als unfähig empfinden; sein Selbstwert wird die Meinung der Bezugspersonen widerspiegeln. Jemand, der von Kindheit an verhätschelt wurde, dem alles in den Schoß gelegt wurde und der meist ohne große Anstrengungen bekommt, was er will, wird wahrscheinlich ein überzogenes Selbstbild haben und sich für etwas halten, das er nicht ist.

All diesen Menschen ist etwas gemein: Sie waren einer Prägung ausgesetzt, deren Einfluss sie sich über kurz oder lang nicht entziehen konnten, und irgendwann haben sie sich die Einstellungen der anderen zu Eigen gemacht. Wenn nun ein liebender Mensch kommt, der das Gegenteil sagt („Du bist kein Versager", „Du kannst dies und jenes schaffen" usw.), so wird er es schwer haben, durchzudringen, weil die jahrelange und massive Vorprägung dies fast unmöglich macht. Der Wahrheit Jesu zu begegnen und zu lernen, ihr mehr Autorität zuzugestehen als der eigenen Erfahrung, den eigenen Gefühlen oder Aussagen anderer Menschen, stellt die einzige Möglichkeit dar, aus dem alten Muster auszubrechen. Jesu liebevolle Sicht von uns kann dann unser krankes und selbstzerstörerisches Selbstbild korrigieren und unserem zerbrochenen Selbstwertgefühl Heilung und Wiederherstellung bringen. Die Meditation der Wahrheit Jesu wird langsam zu einem undurchdringbaren Schutz gegen die selbstzerstörerischen Lügen eines kranken Selbstbildes.

Paulus kannte diese Realität sehr gut und schreibt dementsprechend auch an die Korinther:

> „Denn obwohl wir im Fleisch wandeln, kämpfen wir nicht nach dem Fleisch; denn die Waffen unseres Kampfes sind nicht fleischlich, sondern mächtig für Gott zur Zerstörung von Festungen; so zerstören wir Vernünfteleien und jede Höhe, die sich gegen die Erkenntnis Gottes erhebt, und nehmen jeden Gedanken gefangen unter den Gehorsam Christi" (2 Kor 10,3–5).

Im Lobpreis und in der Anbetung Gottes bekennen wir, dass Gott wirklich dem Bild der Bibel entspricht: dass er seinen Bund einhält, die Schuld vergibt, bedingungslos liebt; dass er das Wollen und Vollbringen für Veränderung in uns bewirkt; dass ihm nichts unmöglich ist und wir damit auch nicht den Rest unseres Lebens auf bestimmte Verhaltensweisen, Charaktereigenschaften und Schwächen festzuschreiben sind, weil wir einen lebendigen Gott haben. Der Lobpreis dieser unverrückbaren Wahrheit Gottes gibt die Kraft zur Veränderung. Am Ende behalten Gottes Möglichkeiten die Oberhand, nicht die Begrenzungen und Verletzungen des Menschen.

Die Wahrheit über unser Menschenbild

Was in den vorangegangenen Abschnitten über den Umgang mit unserem Selbstbild gesagt wurde, ist natürlich genauso uneingeschränkt auch für unsere Wahrnehmung anderer Menschen und die daraus resultierenden Verhaltensweisen wahr. An die Stelle der begrenzten Sichtweise von Sympathie oder Antipathie tritt die Frage, wie Jesus den Menschen sieht. Von der Wahrheit Jesu begeistert zu werden und ihn wegen seiner Liebe, Güte und Versorgung zu verehren, beinhaltet auch, seinem Vorbild nachzueifern. Wer Jesus anschaut, wer einen Einblick bekommt, wie Gott fühlt und sich in seiner Liebe an uns verströmt, der wird selbst ermutigt und korrigiert. Das Licht der Heiligkeit Gottes fällt auf unser Leben und offenbart den Schmutz, aber seine Vergebung löscht das Alte aus. Im Geiste und in der Gesinnung Jesu anderen Menschen zu begegnen: dies ist der zur Welt hingewandte Aspekt von Lobpreis und Anbetung.

Die Maßstäbe der Bergpredigt sind heute so aktuell wie eh und je; sie sind bindend für das Leben eines Jüngers Jesu. Aber aus eigener Kraft können wir sie nicht erfüllen. Wir müssen erst von der Liebe Gottes angesteckt werden, sein Vorbild meditieren und lernen und erbitten, die Welt mit seinen Augen zu sehen. Erst dann kann die Gesinnung Christi so in uns Raum nehmen, dass wir wirklich bereit werden, unsere Nächsten zu lieben und unser Leben an andere zu verschenken. Machen wir Menschen Mut? Haben wir gelernt, anderen für offensichtliche Gaben und Stärken „Komplimente" zu machen? Haben wir eine positive Sicht des Lebens, die andere Leute ansteckt? Geht von uns echte Lebensfreude aus, die aus der Beziehung zu Gott und dem Anschauen seines Wesens geboren ist? Diese Fragen können uns helfen, eine Standortbestimmung vorzunehmen; aber auch, Gott zu suchen und Veränderung von ihm zu erwarten, während wir ihm beständig unseren Dank und unseren Lobpreis bringen.

Gottes Prioritäten zu unseren eigenen machen

Die Prioritäten, die ich für mein Leben setze, werden gemessen an der absoluten Priorität im Leben Jesu, für das Durchbrechen des Reiches Gottes zu leben. Wenn es ein vorherrschendes Thema in der Verkündigung Jesu gab, dann die Lehre vom Reich Gottes. Allein in den vier Evangelien ist 49-mal davon die Rede, im übrigen Neuen Testament noch weitere 15-mal. Anbetung nach dem Herzen Gottes liegt die Haltung zugrunde, in Wahrheit zuerst nach dem Reich Gottes zu trachten (Mt 6,33) und ein kindliches Vertrauen zu Gott zu haben (Mk 10,14–15, Lk 18,16–17). Wir sind, wie die Bibel sagt, dazu berufen, ein Botschafter an Christi statt zu sein (2 Kor 5,20).

Ein Botschafter ist ein ganz normaler Mensch, der irgendwann möglicherweise eine politische Karriere eingeschlagen hat, in deren Verlauf ihm vom Auswärtigen Amt eine Botschafter-Stelle angetragen worden ist. Nun hat er die Aufgabe, das eigene Land in einem fremden Staat zu repräsentieren. Mit seinen Worten und seinen Taten steht er für die Politik, die Staatsform, die Gesinnung und die Werte seines Landes ein. Er gleicht keinen dieser Bereiche an die Sicht des Staates an, in dem sich die Botschaft befindet. Und der Grund und Boden, auf dem sich die Botschaft befindet, gehört zu dem Hoheitsgebiet des Landes, das sie repräsentiert. Dort gelten demnach auch die Gesetze des eigenen Landes. Verlässt der Botschafter aber das Botschaftsgelände, so muss er sich den Gesetzen und Gesetzmäßigkeiten des Landes unterordnen, in dem er sich nun befindet. Er besitzt zwar bis zu einem gewissen Punkt diplomatische Immunität, aber er hat die Vollmacht verloren, die ihm auf dem Botschaftsgelände zusteht.

Das Bild des Botschafters greift genau unsere Stellung in dieser Welt auf. Solange wir Gott beim Wort nehmen, seinen Verheißungen vertrauen und seine Nähe suchen, befinden wir uns in seinem direkten Einflussbereich und sind vor der ungeistlichen, weltlichen Gesinnung gefeit, die uns nur unfrei macht. Entfernen wir uns aber von ihm durch Sünde oder ein sehr vernachlässigtes Gebetsleben, dann treten wir auch aus seinem Schutz heraus und haben einen Großteil unserer Stärke und damit auch einen Teil der Glaubwürdigkeit unseres Zeugnisses für Gott eingebüßt.

Um es mit einem anderen Bild zu beschreiben: Gottes Verheißungen an uns sind wie ein Vertrag. Ein Vertrag ist erst dann rechtskräftig, wenn ihn beide Parteien unterzeichnet haben. Steht erst eine Unterschrift auf dem Dokument, so ist es nicht mehr als die Absichtserklärung einer Partei und juristisch völlig wertlos. Gottes Versprechen für uns stehen fest; er hat in

Jesus seine Unterschrift längst unter den Vertrag seines Wortes gesetzt. Aber solange wir nicht in den alltäglichen Belangen unseres Lebens einwilligen, Gott bezüglich der Rechte, die er uns zugesteht, beim Wort nehmen und unsererseits auch die Pflichten erfüllen, zu denen uns sein Wort herausfordert, sind die Versprechen Gottes in der Bibel nichts weiter als seine Absichtserklärung und haben keinen spürbaren Einfluss auf unser Leben. Es bedarf aktiver Schritte des Glaubens, damit aus der allgemeinen Wahrheit im Wort Gottes lebensverändernde Erfahrungen seiner Güte und seines Handelns werden. Wir müssen Tag für Tag unsere Unterschrift unter den Vertrag setzen, den Gott uns in seinem Wort entgegenhält.

Um es mit Paulus zu sagen: Wir sind als Bürger des Königreiches Gottes in dieser Welt und doch nicht von dieser Welt (Joh 18,36). Unser Leben soll die Gesetzmäßigkeiten dieses Königreiches widerspiegeln, und da Gott der Gesinnung und dem Herzen eines Menschen eine große Bedeutung zumisst, sollen auch unsere Gedanken über andere Menschen die Sicht des Königreiches wiedergeben.

In den ersten Versen von Römer 12 wird diese Wahrheit zusammengefasst:

„Ich ermahne euch nun, Brüder, durch die Erbarmungen Gottes, eure Leiber darzustellen als ein lebendiges, heiliges, Gott wohlgefälliges Opfer, was euer vernünftiger Gottesdienst ist. Und seid nicht gleichförmig dieser Welt, sondern werdet verwandelt durch die Erneuerung des Sinnes, dass ihr prüfen mögt, was der Wille Gottes ist: das Gute und Wohlgefällige und Vollkommene."

Unser vernünftiger Gottesdienst oder unsere vernünftige Anbetung, wie andere Übersetzungen sagen, bestehen darin, bereit zu sein, dass unser Sinn von Gott verwandelt werden kann; nicht zu denken und zu handeln, wie die Welt das vorgibt, sondern das Gute und Gott Wohlgefällige zu suchen.

Die Wahrheit über meine Probleme

Die meisten Menschen – und Christen sind da leider keine Ausnahme – neigen dazu, in Zeiten großer Anspannung und Probleme den Kopf zu verlieren. Gedanken wie: „Das schaffe ich ja nie", „Ich krieg zu viel", „Warum muss es immer mich treffen" u. a. sind dann typisch und können uns ungemein lähmen. In solchen Momenten scheint es äußerst schwer zu sein, sich die richtigen Relationen vor Augen zu halten. Und doch hilft und entspannt uns nichts so sehr wie das Wissen, dass wir uns überhaupt keine

Sorgen machen müssen, weil Gott unendlich viel größer ist als unsere Problemberge. Satan liebt es, in unseren Gedanken die Probleme so aufzubauschen, dass es ganz unmöglich erscheint, glimpflich aus der Situation herauszukommen. Wie aber kann sich die Wahrheit Bahn brechen? Wir werden es in der Regel nicht in den größten Stress- und Krisenzeiten lernen, positiv zu denken, auf Gott zu schauen und ihm zu vertrauen. Aber wenn wir schon in Zeiten, in denen es uns gut geht, damit beginnen, eine dankbare und glaubensvolle Haltung Gott gegenüber zu entwickeln und zu pflegen, dann werden wir auch in den Situationen, in denen wir die Ausrichtung auf Gott dringend benötigen, dazu in der Lage sein: Es ist dann nämlich schon zu einer festen Angewohnheit geworden.

Eine Situation im Leben von Paulus bestätigt diese Wahrheit sehr eindrucksvoll (Apg 16,16–34): Als Paulus und Silas eines Tages in Philippi wieder einmal zu einer Gebetsstätte gingen, trafen sie eine Sklavin, die einen Wahrsagegeist hatte. Von jenem Moment an folgte diese Frau den beiden, während sie unentwegt rief: „Diese Männer sind Diener des höchsten Gottes, die euch den Weg zum Heil verkünden." Irgendwann war Paulus das andauernde Geschrei dermaßen leid, dass er sich umdrehte und den Wahrsagegeist mit einem Satz austrieb.

Nun wäre das eigentlich eine ganz schöne Geschichte, wäre da nicht der Umstand, dass die Besitzer der Sklavin mit deren hellseherischen Fähigkeiten gute Umsätze gemacht hatten, die ihnen jetzt natürlich flöten gingen. Sie schworen auf Rache, und gegen die ohnehin seitens der Regierung recht ungeliebten Prediger ein paar bösartige Anschuldigungen zu erfinden und die Volksmenge aufzuwiegeln war ihnen ein Leichtes.

Die Sitten waren damals rauer. Die Soldaten rissen Paulus und Silas die Kleider vom Leib, so dass sie völlig unbekleidet waren, peitschten sie aus und gaben Befehl, sie in das innerste Gefängnis zu werfen.

Da lagen sie nun: nackt, blutend und unter großen Schmerzen im Schmutz. Niemand hatte ihnen die Wunden verbunden, und ihre Füße waren in einen Block eingeschlossen, sodass sie bewegungslos auf ihrem offenen Rücken liegen mussten. Der Raum war erfüllt von Gestank (der Abort befand sich in derselben Zelle und auf gründliche Reinigung wurde damals kein Wert gelegt). Kein Licht drang an ihre Augen, und in dem undurchdringbaren Dunkel, das sie umgab, krabbelte allerlei Ungeziefer herum. Ihre römischen Bürgerrechte waren mit Füßen getreten worden und eine Aussicht auf einen gerechten Prozess bestand nicht.

Und so wandelt sich die charismatische Erfolgsstory in eines der düstersten Bilder neutestamentlicher Realität, das uns überliefert ist. Sicher, Paulus hatte auf Grund seines Glaubens schon eine Vielzahl von Entbehrungen, Qualen, Schmerzen und Situationen akuter Lebensgefahr überstanden. In seinem 2. Brief an die Korinther fasst er das ganz anschaulich zusammen:

„Von den Juden habe ich fünfmal vierzig Streiche weniger einen bekommen. Dreimal bin ich mit Ruten geschlagen, einmal gesteinigt worden; dreimal habe ich Schiffbruch erlitten; einen Tag und eine Nacht habe ich in Seenot zugebracht; oft auf Reisen, in Gefahren von Flüssen, in Gefahren von Räubern, in Gefahren von meinem Volk, in Gefahren von den Nationen, in Gefahren in der Stadt, in Gefahren in der Wüste, in Gefahren auf dem Meer, in Gefahren unter falschen Brüdern; in Mühe und Beschwerde, in Wachen oft, in Hunger und Durst, in Fasten oft, in Kälte und Blöße; außer dem Übrigen noch das, was täglich auf mich eindringt: die Sorge um alle Gemeinden. Wer ist schwach, und ich bin nicht schwach? Wer leidet Ärgernis, und ich brenne nicht? Wenn gerühmt werden muss, so will ich mich der Zeichen meiner Schwachheit rühmen" (2 Kor 11).

Wir würden es als normal empfinden, wenn ein Mann mit einer solchen Geschichte längst seine Lebensfreude verloren hätte oder zumindest zu Depressionen neigen würde. Einem Menschen mit dieser Biografie dazu zu raten, seine Stärke im Lobpreis zu finden, erscheint geradezu grotesk. Wer sind wir, einem Menschen mit diesem Schicksal Ratschläge geben zu wollen? Und doch ist es erstaunlich, mit welcher Selbstverständlichkeit Paulus und Silas auf ihre Situation mit Lobpreis reagieren. Nach der Schilderung ihrer Inhaftierung heißt es in Vers 25: „Um Mitternacht aber beteten Paulus und Silas und lobsangen Gott; und die Gefangenen hörten ihnen zu."

Vielleicht waren noch einige andere Gefangene in derselben Zelle; wahrscheinlicher aber ist, dass die anderen Häftlinge sie hörten, weil sie Gott nicht nur verhalten und unter einigen Seufzern lobten, sondern kräftig und voller Überzeugung. Die anderen sollten hören, dass der Herr nicht zu schwach oder zu weit weg war, um ihnen auch aus dieser scheinbar aussichtslosen Situation herauszuhelfen.

Woher hatten die beiden die Kraft zu Lobpreis und Zeugnis? Sie kannten den lebendigen Gott! In all den Jahren ihres Glaubens hatten sie erlebt, dass ihr Gottvertrauen belohnt wurde. Sie hatten Christus schon oft als den Retter in ihrem Leben erlebt. An Paulus war das Wunder geschehen, von einem der Gesetzestreuesten, der alle Christen hasste und mit unbarmherziger Härte verfolgte, in einen Jünger Jesu verwandelt zu werden, der vielleicht so sehr wie niemand sonst für die Verkündigung des Evangeliums brannte. Seit dieser Zeit hatte er gelernt, den Verheißungen Gottes Glauben zu schenken. In ihm war eine tiefe Dankbarkeit gewachsen. E. stand beständig in der Verbindung zu seinem Herrn. In seinem 1. Brief an die Korinther schreibt er, dass er mehr als alle anderen in neuen Zungen betet (1 Kor 14). Dieses ständige Zwiegespräch mit Gott wurde zu seiner Stärke: Der, der die Gemeinde dazu aufforderte, für alles dankbar zu sein und Gott ohne Unterlass im Gebet zu suchen, war selbst ein Mann des Gebetes und Lobpreises.

Und noch etwas gab ihm im Moment der größten Not die innere Stärke, mit Lobpreis zu reagieren: Paulus hatte die Lebensperspektive, das Reich Gottes auszubreiten. Das war seine große Leidenschaft. Sie bedeutete ihm mehr als seine eigenen Rechte. Für ihn war „Christus sein Leben und Sterben sein Gewinn" (Phil 1,21), und im Brief an die Galater schreibt er:

„Denn rede ich jetzt Menschen zuliebe oder Gott? Oder suche ich Menschen zu gefallen? Wenn ich noch Menschen gefiele, so wäre ich Christi Knecht nicht" (Gal 1,10).

Paulus war ein besonderer Mann im Reich Gottes. Und vielleicht werden wir in der westlichen Welt zu unseren Lebzeiten nicht annähernd so viel Verfolgung erleben, wie für ihn an der Tagesordnung war. Aber trotzdem gelten dieselben Gesetzmäßigkeiten auch für uns. Eine regelmäßige, intensive und vertraute Begegnung mit Gott im Gebet, eine wachsende Haltung der Dankbarkeit und die Perspektive von Gottes Reich vor Augen werden uns die Stärke geben, selbst in den größten Problemsituationen unseres Lebens nicht zu verzweifeln, sondern unser Vertrauen auf Gottes Fürsorge zu setzen und ihn dafür zu preisen – im sicheren Bewusstsein, dass Gottes Arm nicht zu kurz ist, um zu helfen (Num 11,23; Jes 50,2; Jes 59,1), und er uns zur richtigen Zeit seine Hilfe bringt (Ps 37,39).

Paulus und Silas loben Gott auch im innersten Gefängnis – und die Folgen sind gewaltig: Gott greift übernatürlich ein, Fesseln (Fußblöcke aus Eisen) lösen sich, Türen werden geöffnet, der Gefängnisaufseher und seine Familie kommen zum Glauben und ganz zum Schluss verschafft Gott Paulus und Silas auch öffentlich Recht.

Eine Haltung des Lobpreises wird auch von Nichtchristen wahrgenommen. Sie wünschen sich ja selbst in Problemzeiten innere wie äußere Stärke, und nichts wirkt anziehender als ein positiver, hoffnungsvoller Mensch. Wer eine Haltung des Lobpreises entwickelt hat, der ist meist auch ein fröhlicher Zeuge, weil er seinen guten Gott Tag für Tag selbst erlebt – nicht aus der Theorie kommt seine Überzeugungskraft, sondern aus der Begegnung mit Jesus.

Den Zusagen Gottes für die Vergangenheit Glauben schenken

Es ist wunderbar, in einer stabilen, christlichen Familie aufgewachsen zu sein und eine unbeschwerte Kindheit erlebt zu haben. Aber in einer Generation, in der es so viele Scheidungen und Trennungen gibt wie niemals zuvor in der Geschichte der Menschheit, ist es nicht verwunderlich, dass ein Großteil der Bevölkerung solche heilen Familienverhältnisse niemals erlebt hat. Viele haben als Jugendliche die Trennung ihrer Eltern sehr bewusst miterlebt und sind nur mit einem Elternteil aufgewachsen. Ihre Kindheit war u. U. geprägt von Einsamkeit und allerlei Ersatzbefriedigungen.

Menschen mit einer solchen Biografie, die mit einer lebendigen Gemeinde in Kontakt kommen, sind oft fasziniert von der Wärme und Herzlichkeit, die dort im Umgang miteinander herrscht. Sie finden ein Zuhause, was sie sich als Kinder immer gewünscht haben. Und doch gehört ihre Vergangenheit immer noch zu den dunklen Kapiteln in ihrem Leben.

Andere haben Krieg miterlebt, Flucht, große Armut, sexuellen Missbrauch oder den plötzlichen oder gar gewaltsamen Tod eines geliebten Menschen. Wenn sie Christen werden, kehrt neue Hoffnung in ihr Leben ein. Aber trotzdem ist die Vergangenheit oft wie eine offene oder vernarbte Wunde – Zorn, Hass, Bitterkeit oder eine tiefe Traurigkeit bestehen oft noch viele Jahre weiter.

Diese Erlebnisse können es sehr erschweren, Gott als liebenden Vater kennen zu lernen. „Wo war er denn, als mir all das passiert ist?", lautet eine oft gestellte Frage. Gott wird in die Gegenwart eingelassen, er wird Bestandteil des Lebens, aber viele klammern die Vergangenheit aus. Unbewältigte Verletzungen gehören jedoch zu den größten Hypotheken, die wir uns aufladen können!

Es kann zu einer großen Befreiung in Ihrem Leben kommen, wenn Sie beginnen, Gott auch für die Vergangenheit zu preisen und ihm das Vertrauen auszusprechen, dass er Sie niemals allein gelassen, sondern seine Hand immer schützend über Sie gehalten hat. Die Meditation von Psalm 139 und anderer Bibelworte könnte dabei eine große Hilfe sein. In Jeremia 31, Vers 3 heißt es: „Ja, mit ewiger Liebe habe ich dich geliebt; darum habe ich dir meine Güte bewahrt."

Diese Liebe, die im alten Bund dem Volk Israel galt, hat auch Sie durch Jesus an allen Tagen Ihres Lebens begleitet:

„Ich war zu erfragen für die, die nicht nach mir fragten; ich war zu finden für die, die mich nicht suchten. Ich sprach: Hier bin ich, hier bin ich! zu einer Nation, die meinen Namen nicht anrief. Ich habe den ganzen Tag meine Hände ausgebreitet zu einem widerspenstigen Volk, zu solchen, die auf dem Weg, der nicht gut ist, ihren eigenen Gedanken nachlaufen" (Jes 65,1–2).

Im Grunde hat jemand, der die Nähe Gottes *nicht* sucht, es auch nicht verdient, ihn zu finden. Und doch hat Gott auf Sie gewartet. Tag für Tag hat er seine Hände nach Ihnen ausgestreckt, bereit, sich von Ihnen finden zu lassen und Sie in seine Arme der Liebe einzuschließen. Er ist kein gewaltsamer Gott und darum hat er sich niemals aufgedrängt. Er hat nur durch seinen guten Heiligen Geist sanft geworben, bis Sie in Ihrer Not seine Güte entdeckt haben. Im Gleichnis vom verlorenen Sohn (oder besser von den beiden verlorenen Söhnen) beschreibt Jesus Gott als einen Vater, der Tag für Tag nach dem Verlorenen Ausschau hält, bis dieser zurückkommt:

„Und er machte sich auf und ging zu seinem Vater. Als er aber noch fern war, sah ihn sein Vater und wurde innerlich bewegt und lief hin und fiel ihm um seinen Hals und küsste ihn zärtlich. […] Der Vater aber sprach zu seinen Sklaven: Bringt das beste Kleid her und zieht es ihm an und tut einen Ring an seine Hand und Sandalen an seine Füße; und bringt das gemästete Kalb her und schlachtet es, und lasst uns essen und fröhlich sein! Denn dieser mein Sohn war tot und ist wieder lebendig geworden, war verloren und ist gefunden worden. Und sie fingen an, fröhlich zu sein" (Lk 15,20–24).

Der Vater hat jede Minute Ihres Lebens mit Ihnen durchlebt. Und er hat auch die Macht, in Ihr Leben hineinzusprechen, dass alles neu wird (Jes 43,18–21). Jesu Auftrag war es, „die Gefangenen zu befreien, die Blinden sehend zu machen und die Zerschlagenen in die Freiheit hinzusenden" (Lk 4,18), und dies bedeutet nicht, dass er sich vor Ihrer Umkehr nicht um Sie gekümmert hätte. Sie waren keine Sekunde Ihres Lebens von ihm allein gelassen.

Es kann also ein wichtiger Meilenstein auf dem Weg Ihrer Wiederherstellung und bei der Gewinnung eines gesunden Vaterbildes sein, wenn Sie beginnen, Gott auch für die dunklen Stellen Ihrer Vergangenheit zu danken und ihn für seine Liebe zu loben, die Sie hindurchgetragen hat und Ihre Wunden heilt.

Den Zusagen Gottes für die Gegenwart und die Zukunft vertrauen

Lobpreis und Anbetung als Lebensstil beinhalten nicht nur, darauf zu vertrauen, dass Gott in der Vergangenheit seine liebevolle und schützende Hand über Sie gehalten hat. Der Glaube lebt von der Erfahrung des täglich neuen Vertrauens, nicht nur von Erlebnissen in der Vergangenheit, obwohl er den einzig gangbaren Weg darstellt, diese wirklich und umfassend zu bewältigen.

Zukunftsangst ist ein weit verbreiteter Zustand in unserer Gesellschaft: Angst vor Kriegen, vor Krankheiten wie Krebs oder Aids, vor dem Verlust des Arbeitsplatzes, Angst vor einer unsicheren Zukunft im Rentenalter oder Angst vor dem Tod. Christ zu werden bedeutet nicht automatisch, dass wir diese Ängste ablegen. Vielmehr bedarf es einer sehr bewussten Entscheidung, das Vertrauen auf Gottes Wort zu setzen.

Paulus hatte keine Angst vor dem Tod; er erachtete ihn sogar als Gewinn und als erstrebenswertes Ziel. Sein Vertrauen war über Jahre im Lobpreis und in der Erfahrung des Wirkens Gottes gewachsen. Er kannte Gott als *Jahwe Jireh*, den Versorger, und auch als *Jahwe Rapha*, seinen Arzt. Er kannte Gott als *Jahwe Rohi*, den guten Hirten, der ihn niemals in die Irre führen würde, sondern vielmehr an Orte, die gut und richtig für ihn waren. Er hatte keine Furcht mehr, weil er es gelernt hatte, Gott in seinem Wesen ernst zu nehmen und seinem Wort mehr Vertrauen zu schenken als den eigenen Gefühlen.

Im 1. Brief des Johannes, Kapitel 4, Vers 18 heißt es: „Furcht ist nicht in der Liebe, sondern die vollkommene Liebe treibt die Furcht aus, denn die Furcht hat Pein. Wer sich aber fürchtet, ist nicht vollendet in der Liebe."

Diese Stelle, die sich ursprünglich auf die Angst vor dem Gericht Gottes bezog, enthält eine tiefe Ermutigung. Mit Jesus, der personifizierten Liebe Gottes, in Berührung zu sein, ihm nachzueifern und seinem Wort Vertrauen zu schenken, nimmt dem Tod den Stachel (1 Kor 15,55) und jeder Furcht ihr Gewicht. Gott selbst vertreibt alle Schatten und trägt uns bis ins hohe Alter durch die schwierigen (und dadurch oft fruchtbarsten) Zeiten unseres Lebens (Jes 46,4–5). Er sät in uns die Hoffnung auf eine Ewigkeit, in der Gott alle Tränen abwischen und es kein Leid, keinen Schmerz und kein Geschrei mehr geben wird (Offb 21,4).

Angst kann einer der hemmendsten Faktoren in unserem Leben sein. Im Lobpreis aber verinnerlichen wir immer mehr, dass wir uns nicht mehr zu fürchten brauchen. Jesus selbst durchbricht unsere Angst, sobald wir sie bei ihm ablegen. Im 1. Petrus-Brief heißt es dann auch:

„Demütigt euch nun unter die mächtige Hand Gottes, damit er euch erhöhe zur rechten Zeit, indem ihr alle eure Sorge auf ihn werft; denn er ist besorgt für euch. Seid nüchtern, wacht! Euer Widersacher, der Teufel, geht umher wie ein brüllender Löwe und sucht, wen er verschlingen könne. Dem widersteht standhaft durch den Glauben […]."

Ich finde es sehr interessant, dass Paulus es als Demütigung sieht, alle Sorge auf Jesus zu werfen, denn hierin findet sich eine wichtige Wahrheit. Wir fühlen uns immer berechtigt, die Empfindungen zu haben, die wir haben. Wenn wir uns sorgen, dann wird das schon einen plausiblen Grund haben. Es bedarf aber einer gewissen Demut, in solchen Situationen immer wieder anzuerkennen: „Ich habe Angst, weil ich zu wenig vertraue. Ich rechne noch zu wenig mit der Hilfe und dem Eingreifen Gottes."

Auffällig ist auch Vers 8. Eine der Methoden, mit der uns der Teufel „zu verschlingen" sucht, ist die in uns aufkeimende Sorge, die keinen Blick mehr für das Eingreifen Gottes lässt. Indem wir uns aber im Glauben auf die Wahrheit berufen, widerstehen wir den Lügen des Feindes und finden Frieden in der Geborgenheit der mächtigen Hand Gottes.

Der Lobpreis, der sich so einseitig mit Gottes Möglichkeiten und seinem ureigenen Wesen beschäftigt, hilft ungemein auf dem Weg zu einer solchen Standhaftigkeit des Glaubens. Wir lernen, Gottes Verheißungen für das Heute und Morgen zu vertrauen: für den Partner, den Gott für uns vorgesehen hat, für Beruf, Familie, Gemeinde, Gesundheit, in veränderten Lebenslagen und schließlich auch am Sterbebett. Das Vertrauen des Lobpreises eliminiert die Macht der Sorgen und stärkt den Blick auf Gottes Souveränität.

Teil II

Modelle,
Vorgehensweisen
und Anleitungen
für die Praxis

Kapitel 6

Lobpreismodelle

Nachdem wir uns in den letzten Kapiteln stärker mit den Grundlagen beschäftigt haben, soll es im Folgenden um die praktische Umsetzung gehen. Dabei fällt auf, dass sich in unseren Gemeinden hinter den Begriffen „Lobpreiszeit" oder „Anbetungszeit" ganz unterschiedliche Auffassungen verbergen. Ich möchte aus meiner Erfahrung zuerst einmal skizzieren, welche Vorgehensweise mir als weniger hilfreich erscheint, um dann zu einigen Gestaltungsvorschlägen zu kommen, die sich in der Praxis vieler Gemeinden bewährt haben.

„Seekranker Lobpreis"

In der Einleitung habe ich ja bereits erwähnt, dass die Lobpreiszeiten in der frühen Phase charismatischer Gottesdienste in der Hauptkirche St. Petri einer Art „Wunschkonzert" ähnelten. Dies hatte durchaus einen guten Einfluss auf das Gemeinschaftsgefühl im Gottesdienst, aber es entsprach nicht annähernd der Erfahrung der Nähe Gottes, die wir später während intensiver Lobpreiszeiten immer wieder gemacht haben. In der Beobachtung ganz unterschiedlicher Gemeinden, in denen Lobpreis eine wichtige Rolle spielt, haben sich mir einige Gestaltungsformen für den Lobpreis weniger hilfreich dargestellt.

In Anlehnung an David Evans' Wortgebrauch möchte ich diese nun mit dem Begriff „seekranker Lobpreis" charakterisieren: Es werden einige Lieder gesungen. Der Fluss der Songs wird durch die Ansage der Liednummern und das Rascheln der Textblätter unterbrochen, während alle eifrig nach dem nächsten Chorus suchen. Die Texte sind oft ellenlang und unmöglich auswendig zu behalten – die Gruppe ist von den Liedzetteln abhängig. Der Leiter hält zu jedem zweiten Lied einen theologischen Vorspann oder eine inhaltstiefe Anekdote parat. Wenn Chorusse gesungen werden, dann in loser Reihenfolge, ohne besondere Aufmerksamkeit darauf zu legen, ob sie zu Dank auffordern, Liebe oder Hingabe zu Jesus ausdrücken oder Attribute des Wesens Gottes proklamieren.

Als Folge wird die Gemeinde hin- und hergerissen zwischen dem Bemühen, sich auf Gott zu konzentrieren, und dem Hören auf den Leiter bzw. der Beachtung technischer Äußerlichkeiten: Das Bestreben, sich als ganze Gemeinde Gott zu nähern und sich dabei selbst zu vergessen, wird quasi *ad absurdum* geführt. Es ist keine thematische Zielstrebigkeit im Lobpreis zu finden: Die Lieder unterstützen nicht die Richtung des Gebetes, falls dies überhaupt vorkommt. Auch wird keine Starthilfe gegeben – in der Konsequenz werden viele inhaltstiefe Lieder schon deswegen nicht bewusst gesungen, weil die Einzelnen noch viel zu sehr in Gedanken den Alltagsumständen nachhängen und nicht zu der Willensentscheidung ermutigt werden, alles hinter sich zu lassen und Gott zu suchen.

Warum ein Modell für den Lobpreis anstreben und die Lobpreiszeit planen?

Gerade in charismatischen Kreisen bin ich immer wieder auf Vorbehalte gestoßen, wenn ich mich dafür ausgesprochen habe, dass es sinnvoll ist, den Ablauf einer Lobpreiszeit systematisch zu planen. Der Lobpreis werde zu sehr schematisiert und das freie Wirken des Heiligen Geistes (der ja bekanntlich weht, wo er will …) dadurch eingeschränkt.

Ich kann die Einwände sehr gut verstehen, dass Gottes Geist nicht durch eine völlig durchorganisierte Lobpreiszeit die Möglichkeit genommen werden soll, souverän und unverwechselbar an der versammelten Gruppe von Gläubigen (und vielleicht ja auch Nichtchristen) zu wirken. Darum geht es mir auch nicht. Mein Anliegen ist, einen sinnvollen Rahmen zu schaffen, der es der Gruppe erleichtert, sich auf Gott auszurichten und damit das Fundament dafür zu legen, dass Gott auf die Art und Weise wirken kann, die seinem Willen entspricht. Hierzu sei kurz erwähnt, dass die „Modellgegner" in aller Regel auch eine eigene Schematik oder Liturgie entwickeln – sie machen sich dies nur nicht bewusst.

Mein Merksatz, der versucht, beide Seiten – die gezielte Vorbereitung und die spontane Führung des Heiligen Geistes – mit einzubeziehen, lautet: *„Nimm dir so viel Zeit für die Vorbereitung, als ob dich der Heilige Geist nicht führen würde; wenn du dann aber Lobpreis leitest, höre so gut auf den Heiligen Geist, als ob du nicht vorbereitet wärest."*

Ein Modell für Lobpreis und Anbetung und die Planung einer Lobpreiszeit hilft dabei, sich auf das Wesentliche zu konzentrieren und zielstrebig vorzugehen. Ein roter Faden, der sich durch die Lobpreiszeit hindurchzieht, hilft, die Gruppe im Gebet zu sammeln. Der Leiter einer Gebetszeit wird ja in der Regel auch bemüht sein, so klare Akzente zu setzen, dass in vier Gebetsäußerungen nicht fünf voneinander völlig unabhängige Themen angesprochen werden. Bei den gesungenen Gebeten dagegen scheinen viele aber nicht so sehr auf inhaltliche Übereinstimmung zu achten. Wir sollten uns nicht so sehr von der Schönheit der Melodien fesseln lassen, dass grundlegende Verhaltensregeln für das gemeinsame Gebet missachtet werden.

Eine gezielte Vorbereitung wird dem Leiter helfen, sich unter Gebet darüber bewusst zu werden, welche Themen im Lobpreis gerade hilfreich für die Gruppe sind. Wenn sie durch eine Krise geht, kann es beispielsweise richtig sein, bewusst die fürsorgende und liebevolle Seite Gottes zu betrachten und zu besingen, anstatt vollmundige Siegeslieder zu schmettern. Wenn die Gemeinde gerade eine Zeit starken Wachstums und reicher Segnung erlebt, ist es vielleicht angemessener, voller Begeisterung die Größe Gottes zu feiern und seine Herrschaft auszurufen. Wenn die Lieder sensibel ausgesucht werden, passen sie zum Inhalt der Gebetszeit und geben eine Richtung vor, ohne dass der Lobpreisleiter dies mit eigenen Worten untermauern müsste.

Hinzu kommt das psychologische Moment: Wenn die Einzelnen ungefähr wissen, was sie erwartet, wird ihnen das in der Regel helfen, sich wohl und zu Hause zu fühlen. Die meisten Menschen sind konservativ. Zu viele Veränderungen geben ihnen oft das Gefühl von Unsicherheit – sie können sich dann nicht so gut fallen lassen. Der Leiter steht daher in dem Spannungsfeld, der Gruppe auf der einen Seite genügend „Wiedererkennungseffekte" zu bieten, sie aber andererseits auch regelmäßig herauszufordern, damit sich keine starren und letztlich unauflöslichen Traditionen herausbilden.

Das folgende Modell ist nur eine von vielen Möglichkeiten, Lobpreiszeiten in großen wie auch kleinen Gruppen in der Gemeinde zu strukturieren. Ich empfehle aber, damit zu beginnen, weil es die Grundelemente des gemeinschaftlichen Lobpreises enthält.

Leitungsstil

Die gesamte Lobpreiszeit sollte nach Möglichkeit überhaupt nicht durch Eingriffe des Leiters unterbrochen werden: Er kann die Gruppe durch sein Gebet und die Lieder leiten und auf diese Weise klare Akzente setzen. Alles andere ist meines Erachtens eher kontraproduktiv und erschwert es der Gruppe, sich ungeteilt auf Gott auszurichten. Moderation kann dann eine Hilfe sein, wenn die Versammelten aus unterschiedlichen Hintergründen kommen oder noch kein einheitliches Verständnis davon gegeben ist, was Lobpreis und Anbetung ausmacht. Alle Führung, die Unsicherheit bei den Beteiligten ausschaltet und es ihnen damit ermöglicht, stärker Zugang zum inneren Geschehen zu finden, kann eine Zeit lang hilfreich sein. Ist dieses

Fundament aber erst einmal gelegt, muss die Leitung nicht mehr durch Zwischenansagen erfolgen, sondern die Auswahl der Lieder und Bibeltexte, die in der Lobpreiszeit vorkommen, wird den Menschen ein sicheres Gerüst bieten, um das herum sie Gott loben können. Auch der erste Gebetsbeitrag durch den Leiter in einer Zeit freien Betens kann hilfreich sein, eine klare Linie in das Geschehen zu bringen, ohne die Gemeinde aus ihrer Gebetshaltung zu reißen.

Ein nach Liedanfängen alphabetisch geordnetes Heft oder besser noch ein gut organisiertes Folienkonzept werden dazu beitragen, die äußeren Voraussetzungen dafür zu schaffen, nicht mit Ansagen in das Geschehen eingreifen zu müssen.

In manchen Gruppen ist es üblich, dass in der gesamten Lobpreiszeit nur gesungen wird. Ich halte dies – und besonders in kleineren Gruppen wie Haus- oder Gebetskreisen – für keine optimale Lobpreispraxis, denn die Lieder drücken sprachlich nur sehr eingeschränkt aus, was die Einzelnen Gott gegenüber empfinden, und man kann bei dieser Praxis leicht die Fähigkeit verlieren, Gott auf individuelle und kreative Weise die eigene Wertschätzung auszudrücken. Auch spielen bei der Musik noch so viele andere Faktoren eine Rolle, dass dringend zu empfehlen ist, dem freien Gebet in den Lobpreiszeiten einen festen Platz einzuräumen. Dies wird in aller Regel eine große Bereicherung sein.

Der Lobpreisleiter hat eine ambivalente Aufgabe. Einerseits soll er während des Singens den Blick auf Gott nicht verlieren und den Menschen eine Haltung des Gebets vorleben, andererseits sollte er nicht aus den Augen verlieren, ob die Gruppe mitgeht und seine inhaltlichen Impulse aufnimmt oder nicht. In einigen Fällen kann es richtig sein, als Leiter seine Augen geschlossen zu halten; etwa dann, wenn die Leute ihn mit großen Augen betrachten und mehr die Rolle von Zuschauern einnehmen als von aktiv in den Lobpreis involvierten Christen. Wenig Dinge sind so langweilig, wie die ganze Zeit einen Lobpreisleiter zu beobachten, der mit geschlossenen Augen Gott lobt, und diese offensichtliche Geste des Gebetes wird die Menschen ermutigen, selbst in den Lobpreis einzutreten.

Auf der anderen Seite hat der Leiter aber auch die Aufgabe, auf Tuchfühlung mit der Gemeinde zu bleiben, und das kann er nur, wenn er ihre Reaktionen mitbekommt. Verliert der Lobpreis gerade durch das neuere Lied an Intensität? Ist die Gemeinde bereits so weit, Lieder der Anbetung zu singen, oder kämpfen sie noch immer damit, ihren Alltag hinter sich zu lassen, um Gott begegnen zu können? Dann ist es nötig, die Uhr nicht ganz aus den Augen zu verlieren, um die Lobpreiszeit gemäß den Vorgaben nicht zu überziehen. Auch ist es wichtig, an zentralen Stellen Blickkontakt mit den anderen Musikern zu halten, um wechselnde Dynamik oder Überleitungen zu kommunizieren. Und viele Leiter sind darüber hinaus noch von Hilfsmitteln wie Liedblätter oder Noten abhängig.

Die geforderte „Multitasking-Fähigkeit" wird von vielen Lobpreisleitern oft als frustrierend erlebt, weil sie Gott gerne genauso intensiv begegnen würden wie die „normalen" Gottesdienstbesucher. Grundsätzlich ist es daher wichtig, sich von vornherein bewusst zu machen, dass eine solche Leitungsaufgabe ein Dienst ist, der auch Einschränkungen mit sich bringt. Die wenigsten Lobpreisleiter werden in Ausübung ihrer Pflicht dieselbe Freiheit im Gebet empfinden wie ohne diese Aufgabe, aber ohne ihren Dienst würden vielleicht Dutzende oder Hunderte von Menschen Gott nicht so intensiv begegnen. Umso wichtiger ist es für den Leiter, nicht in jeder Gebetszeit Lobpreis leiten zu müssen, an der er teilnimmt, sondern regelmäßig die Möglichkeit zu haben, ohne Aufgabe und Verpflichtung in Gottes Gegenwart zu stehen.

Dies ist einer der Gründe, warum ich Lobpreisteams empfehle, als ganze Gruppe einen Hauskreis zu bilden. Verteilen sie sich auf unterschiedliche Hauskreise, werden sie meist dazu vereinnahmt, auch dort den Lobpreis leiten zu müssen, weil es in den Gemeinden oft nicht so viele Musiker gibt. Wer aber unentwegt Leitungsaufgaben wahrnehmen muss, hat keine Zeit zur eigenen geistlichen Regeneration, und dies führt nicht selten über kurz oder lang zum Burn-out. Wenn der Hauskreis aber zum Ort wird, an dem die Band und auch der Lobpreisleiter frei von Verantwortung sind und auftanken können, dann wird sich dieses Geben und Nehmen sehr positiv auf den gemeindlichen Lobpreis auswirken! Nur wer in seinem eigenen Gebetsleben Gott begegnet, kann die Gemeinde vollmächtig in die Gegenwart Gottes führen.

Ein Lobpreismodell

Einleitung

- Ermutigung, den Alltag hinter sich zu lassen und sich auf Gott auszurichten,
- evtl. Stille zum Einstieg,
- evtl. Lesung eines Bibeltextes zum Einstieg.

Dank

- Freude und Begeisterung über Geschenke, die uns Gott gemacht hat, und für Situationen, in die er uns gestellt hat, in Worte fassen.

Lobpreis

- Feiern der Gegenwart Gottes,
- Beschreibung seiner Wesensattribute,
- evtl. Sprachengebet/Sprachengesang,
- Ausdruck der eigenen Liebe zu Gott,
- Anerkennung der eigenen Schwäche und Abhängigkeit von Gott.

Anbetung [nicht planbar]

- Berührt- und Ergriffensein von Gottes Wesen,
- neu erlebte Ehrfurcht vor Gott,
- Hingabe, evtl. Umkehr und Buße als Antwort auf das Wirken Gottes.

Einleitung – „psychologische Starthilfe"

Am Anfang wird eine „psychologische Starthilfe" gegeben: die Ermutigung, den Alltag hinter sich zu lassen, zur Ruhe zu kommen und sich auf Gott auszurichten. Oft wird es dabei eine Hilfe sein, wenn der Leiter mit einigen einführenden Worten zum Lobpreis ermutigt; er kann auch durch eine Bibelstelle einen thematischen Akzent setzen. Besonders in kleineren Gruppen ist es hilfreich, mit einer kurzen Zeit der Stille zu beginnen, in der die Einzelnen die Lasten des Tages abladen, Schuld bekennen und sich auf Gott ausrichten können.

Um noch einmal den Vergleich mit einer Beziehung heranzuziehen: Menschen – auch Liebende – brauchen oft einige Zeit, um miteinander „warm" und zu Intimität bereit zu werden. Oft ist es für viele Beteiligte eine Überwindung, Gott zu loben – und unsere alte Natur sträubt sich beständig dagegen – ein Grund, warum uns die Bibel wiederholt auffordert, Gott ein Lobopfer zu bringen (z. B. Ps 27,6; 50,23a; 54,6; 56,12; 107,22; 116,17).

Dabei wird der natürlichen Reihenfolge entsprochen: Zuerst bewundert und liebt man jemanden für das, was er tut, und freut sich über seine Geschenke; dann fängt man an, den anderen um seiner selbst willen als ganze Person wertzuschätzen und zu lieben. Dies gilt auch für bereits gewachsene Liebesbeziehungen: Die täglichen „Aufmerksamkeiten" des anderen rechtfertigen und bestätigen immer wieder die eigene Zuneigung.

Eine vertraute Begegnung mit Gott wird dadurch sehr erleichtert, dass keine Unterbrechungen oder Ansagen die Konzentration der Gruppe von Gott abziehen und wieder auf den Leiter oder auf Äußerlichkeiten richten.

Die Lieder, die sich für diese erste Phase gut eignen, sind gleichermaßen Aufruf zum Lob Gottes wie Ermutigung zum Wegsehen von sich selbst:

„Kommt und preist den heilgen Namen Jesu", „Vater, ich komme jetzt zu
Dir", „Gepriesen sei der Herr", „Wir sind hier zusammen" sind nur einige
Beispiele hierfür, aber auch Lieder, die von uns und Gott handeln wie „Du
hast uns errettet", „Herr, von Dir kommt meine Hilfe" oder „Wer unter
Gottes Schutz lebt".

Lied-Wiederholungen

Es gibt nicht viele Randerscheinungen von Lobpreiszeiten, die so kontro-
vers diskutiert werden und dabei so unterschiedliche Reaktionen auslösen
wie die Frage, wie oft ein und dasselbe Lied wiederholt werden darf. Das
Wichtigste vorneweg: Sein schafft Bewusstsein. Wer seit seiner Umkehr gewohnt ist, jedes Lied in der Lobpreiszeit viermal zu singen, wird kaum An-
stoß daran nehmen, wenn es tatsächlich Woche für Woche geschieht. Dagegen würde es ihn befremden, nach einmaligem Singen zum nächsten
Lied überzugehen.

Wer hingegen mit der Gewohnheit groß geworden ist, jedes Lied nur
ein einziges Mal zu singen, neigt nun andererseits dazu, „Mehrfach-Wie-
derholern" Massensuggestion, intellektuelle Beschränktheit und Einfalls-
losigkeit zu unterstellen und erzürnt auszurufen, sie würden die Menschen
einlullen und sich selbst und andere in Trance singen. Wie so oft liegt die
Wahrheit irgendwo in der Mitte.

Die erste Frage, die bei der Überlegung, wie oft man Lieder in einer
Lobpreiszeit wiederholen sollte, gestellt werden muss, ist die, ob die Song-
liste eine gute Mischung von inhaltstiefen Liedern mit mehreren Strophen
und Chorussen mit wenigen Worten enthält. Sind zu viele Lieder mit vielen Strophen – und dementsprechend viel textlichem Input – dabei, dann
läuft die Lobpreiszeit Gefahr, zu kopflastig zu werden, was es den Betern
erschwert, sich im Gebet „fallen zu lassen" und auf Gott auszurichten. Sind
dagegen nur Songs dabei, die mit wenigen Sätzen die Liebe zu Gott be-
teuern, dann kann das dazu führen, dass die Lobpreiszeiten auf Dauer ein
bisschen zu emotional werden und Tiefgang einbüßen, obwohl sich die
Gemeinde nicht so sehr mit äußeren Umständen wie Liedfolien beschäftigen muss und von daher vielleicht leichter ins Gebet findet.

Ich glaube, dass ein guter Mix von Lobpreisliedern mit viel Input und
ganz einfachen Liebes- und Hingabeliedern für Gott dazu beitragen, dass
die gemeinsamen Zeiten gleichermaßen intensiv und tief sein werden. Mit
dieser Vorüberlegung im Hinterkopf ist bereits eine logische Unterscheidung getroffen. Ein Lied mit vier Strophen und jeweils wiederholtem Refrain hat beim einmaligen Singen wahrscheinlich schon eine Länge von drei
Minuten, und es gibt von daher wenig Anlass zu Wiederholungen. Ein

kurzer Chorus wie „Ich lieb dich, Herr" oder „Du bist der Höchste, o Herr" dagegen sind beim einmaligen Singen bereits nach spätestens einer Minute zu Ende, und wer einmal seine heimische CD-Sammlung nach Liedlängen durchforstet, wird nur schwerlich viele Lieder entdecken, die lediglich eine Minute Spielzeit haben! Hier trägt eine ein- oder zweimalige Wiederholung rein äußerlich also schon einmal dazu bei, das Lied zu verlängern und ihm dadurch etwas mehr Gewicht zu verleihen.

Darüber hinaus gibt es noch einige weitere Gründe dafür, Lobpreislieder in bestimmten Situationen mehr als einmal zu singen. So helfen Wiederholungen ganz natürlich dabei, ein neues Lied besser zu verinnerlichen. Stimmt ein Lobpreisleiter also ein Lied an, das die Gemeinde erst in der letzten Woche gelernt hat, so kann er nicht davon ausgehen, dass alle im Raum befindlichen Besucher das Lied bereits kennen. Darüber hinaus wird jede Wiederholung dazu beitragen, dass sich die Kenntnis des Liedes bei den Leuten festigt und sie es sich langsam, aber sicher zu Eigen machen. Denn wenn Menschen noch mit dem Erlernen eines Liedes beschäftigt sind und stärker in Beobachterrolle die Leinwand betrachten, auf die die Texte projiziert werden, als sie bereits betend zu singen, dann helfen die Wiederholungen dabei, langsam den Modus zu wechseln, die Aussagen zu verinnerlichen und durch das neue Lied angeregt ins Gebet zu finden.

Ein weiterer Grund, Lieder in der Lobpreiszeit zu wiederholen, ist der, dass es uns oft erst beim wiederholten Singen gelingt, den Inhalt des Liedes zu erfassen und konkret auf unseren Alltag zu beziehen. Dazu kann es sehr hilfreich sein, ab und zu einmal bei der Wiederholung eines Liedes auszusetzen und den Inhalt des Liedes in eigenen Worten und auf das eigene Leben abgestimmt zu beten. Die Lieder sind nur so gut, wie es mir gelingt, sie mit Inhalt aus meinem Alltagsleben zu füllen, und das gemeinsame Singen bietet einen Schutzraum, der es mir ermöglichen kann, im Gebet vor Gott zu stehen und die Aussage des Liedes zu konkretisieren. Dazu muss ich allerdings die Freiheit entdecken, nicht dem Herdentrieb folgen zu wollen und jedes Lied mitzusingen, das von vorne oder aus den Reihen der Gemeinde angestimmt wird, egal, wie oft es gesungen wird!

Jede Gemeinde wird über das Gesagte hinaus ihren eigenen Stil entwickeln, und der beinhaltet in der einen mehr und in der anderen weniger Wiederholungen. Ich selbst bin in einer Gemeinde groß geworden, in der Chorusse meist einmal wiederholt wurden, und finde es von daher leicht ein bisschen mühsam, wenn ich an einen Ort komme, wo fünf Durchgänge pro Song das Minimum bilden. Aber wie gesagt: Sein schafft Bewusstsein!

Wenn Lobpreisleiter allerdings Lieder wie „Ich will von deiner Liebe singen" in großer Regelmäßigkeit auf ein *Extended Play* von zehn Minuten bringen, und auf die Frage, warum sie das getan haben, nur antworten, Gott habe sie so geführt, bin auch ich in schlechten Momenten nach einem solchen gerade überstandenen Wiederholungs-Marathon versucht zu entgegnen: „Warum?! Hasst uns Gott denn so sehr???" An anderen Tagen kann dasselbe Geschehen jedoch in eine heilige Atmosphäre münden, in deren Prozess die Leute Gott intensiv begegnen. Fazit: Es gibt immer Ausnahmen von der Regel, und nicht selten sind unsere eingefleischten Verhaltensmuster auch der Grund dafür, an der einen oder anderen Stelle zu stagnieren.

Dank

Die allmähliche Ausrichtung auf das Gebet fällt uns im Dank am leichtesten, weil wir dort direkt und sehr greifbar vor Augen haben, was Gott in unserem Leben getan hat und was er uns schenkt. Daher ist es sehr hilfreich, wenn auf die Einleitungsphase eine Zeit des Dankens folgt, da man nicht sofort gezwungen ist, ganz von sich abzusehen und alles andere hinter sich zu lassen. Das Danken sollte bei den Einzelnen persönlich beginnen. Es dient dazu, die Brücke von der Alltagswirklichkeit zum Betrachten des Wesens Gottes zu schlagen. Dabei sollte man jedoch im Hinterkopf behalten, dass dieser Dank *Anlass,* jedoch nicht *der eigentliche Inhalt* des Lobpreises ist. Lieder, die in diese Kategorie gehören, sind: „Dankt unserm Gott", „Dank sei Dir, ja Dank sei Dir" u. a.; im Übergang zum Lobpreis auch „Ich will Dir danken, Herr".

Lobpreis

Im Betrachten der Geschenke Gottes wird den Einzelnen wieder neu vor Augen gestellt, wie gut und wie groß er ist. In einer dritten Phase schauen die Christen nun von den Geschenken auf den Geber und richten sich ganz auf Gottes Person aus, indem sie mit den Worten der Bibel oder eigenen Formulierungen sein Wesen beschreiben und ihre Liebe und Verehrung zum Ausdruck bringen. Hier gibt es, nach Themengruppen geordnet, eine Vielzahl ganz unterschiedlicher Lieder: Siegeslieder wie „Du gewannst für uns die Siegeskron'", Lieder, die Gottes Königsherrschaft feiern wie „Majestät", „Der König lebt", „Dein Name, Jesus, ist hoch erhöht!", Liebeslieder wie „Ich lieb' Dich, Herr" oder „Wir lieben und verehren Dich", Lieder über Seiten des Wesens Gottes wie „Die Größe Deiner Liebe", „Ewiger Vater", „Vater, Deine Liebe ist so unbegreiflich groß", „Herr, Du bist gut", „Vater, ich komme jetzt zu Dir", „Du bleibst an meiner Seite", oder Lieder der Sehnsucht wie „Voll Sehnsucht" und „Das Herz ist hungrig, die Seele matt" oder „Wir wollen Dich, den Vater, erkennen" – um nur einige Beispiele zu nennen.

Freies Gebet

In vielen Gemeinden ist das freie Gebet ein ganz normaler Bestandteil des Gottesdienstes. Andere wiederum tun sich damit sehr schwer. Der Grund für diese Scheu ist in aller Regel durch Angst motiviert. Angst davor, etwas Falsches oder theologisch Fragwürdiges zu beten. Angst, sich zu verhaspeln, beim Beten den Faden zu verlieren oder sich auf andere Weise zu blamieren. Oder Angst vor der Ablehnung anderer auf Grund ungeschickter Wortwahl oder der mangelnden Fähigkeit, wie andere Geschwister fünf Minuten am Stück ein sinnvolles, zusammenhängendes, euphorisches oder besonders frommes, wortgewaltiges Gebet von sich geben zu können.

Die Bibel fordert uns an vielen Stellen auf, Gott mit lauter Stimme zu preisen und zu erheben – und damit ist nicht nur hörbares Singen gemeint! Denn die z. T. sehr kurzen Lobpreislieder sind nur so lebendig, wie wir in der Lage sind, sie mit Alltagserfahrung unseres persönlichen Lebens mit Gott zu füllen. Daher ist es als Ergänzung sehr wertvoll, wenn die einzelnen Gemeindeglieder von Anfang an einüben, Gott auch mit ihren eigenen Worten und auf die ihnen gemäße Weise anzubeten; die Lieder werden ganz neu zu leben anfangen, während sie vorher vielleicht häufig nur heruntergesungen wurden. Der Lobpreisleiter kann – mit der Unterstützung des Pastors und der Gemeindeleitung – aber ein gewisses Maß an Hilfestellung leisten, damit die vorhandenen Ängste abgebaut werden und der Einzelne in die Freiheit, öffentlich beten zu können, hineinwächst. Er kann

• am Anfang der Lobpreis- und der gemeinsamen Gebetszeit immer wieder zum lauten Beten ermutigen und vor allem die Zurückhaltenden einladen, sich daran zu beteiligen;
• den Betern nahe legen, nur einfache und kurze prägnante Sätze zu beten, um die Schwelle für das Gebet möglichst niedrig zu halten. Fehlerfrei durch einen Satz ohne Komma durchzukommen ist wesentlich einfacher als ein langes, ausführliches Gebet zu sprechen;
• die „Viel- und Langbeter" anweisen, sich in den Gebetszeiten ein wenig zurückzuhalten. Er kann auf die Beter, die sich in der Länge nicht mäßigen können, durchaus auch einmal bewusst zugehen und sie darum bitten, sich einzuschränken, um es den Schüchternen leichter zu machen, ein „Wagnis einzugehen" und selbst laut zu beten;
• thematische Vorgaben für das Gebet machen. Je klarer der Gebetsrah-

men abgesteckt ist, desto leichter wird es zurückhaltenden Christen fallen, sich im Gebet einzubringen.

Sprachengesang

Der gemeinsame Sprachengesang kann im Lobpreis eine sehr wichtige Rolle einnehmen. Er ist oft eine große Hilfe dafür, dass das Lob Gottes nicht zu „verkopft" geschieht, weil die Betenden dieses Gebet nicht mit ihrem Verstand steuern, sondern dem Geist Gottes Freiraum geben, in ihnen zu beten. Entgegen der Ansicht einiger Theologen, die sich dem *Dispensationalismus* verpflichtet fühlen und davon ausgehen, dass die korinthischen Charismen mit der Fertigstellung der Bibel aufgehört haben (weshalb in der Folge Erfahrungen mit der Glossolalie oft überschnell in die okkulte Ecke abgeschoben werden), gehört das gemeindliche Beten und Singen in anderen Zungen heute zu der beglückenden Erfahrung unzähliger Gemeinden. Was kennzeichnet diese Geistesgabe nun im Besonderen?

„Sprachengebet", „Zungengebet" oder „Glossolalie" – Wörter, die alle dieselbe Sache beschreiben – gehören zu den geistlichen Grunderfahrungen der neutestamentlichen Kirche. Jesus kündigt die Gabe am Ende des Markus-Evangeliums in Kapitel 16, Vers 17 als eines der Zeichen für seine Nachfolger an (auch wenn manche Theologen hier von dem „unechten Markus-Schluss" reden und ihn auf eine spätere Zeit datieren als das übrige älteste, griechisch geschriebene Evangelium, scheint die Stelle doch darauf hinzudeuten, wie grundlegend die Erfahrung der Glossolalie für die frühe Kirche war).

In der Apostelgeschichte 2, Vers 4 wird davon berichtet, dass die Glossolalie zur Pfingsterfahrung dazugehörte. Dabei gerieten die Jünger nicht in einen ekstatischen Bewusstseinszustand, sondern blieben Herr ihrer Sinne. So ist Petrus sehr wohl in der Lage, wahrzunehmen, was um ihn herum geschieht – wie später in seiner Predigt deutlich wird (2 Apg,13–15). Paulus weist im 1. Brief an die Korinther darauf hin, dass diese Gabe von Gott kommt (1 Kor 12,10–11) und dass er sich wünsche, dass jeder in Sprachen bete (14,5). Er sagt von sich selbst, dass er öfter als jeder andere in Sprachen bete (14,18), und warnt lediglich vor einer Handhabung, die die gottesdienstliche Ordnung stört. Daher gibt er am Ende des 14. Kapitels einige Anweisungen für die Praxis.

Die Glossolalie kann das Reden in einer dem Betenden nicht bekannten Fremdsprache sein (Apg 2,4) oder auch eine geistliche Sprache („Sprache der Engel"; 1 Kor 13,1). Sie dient in erster Linie zur persönlichen Auferbauung (1 Kor 14,4), ist ein echtes Reden zu Gott und kann Lobpreis und Dank ausdrücken (1 Kor 14,2; 14,16–17). Sie kann vom Betenden in aller Regel gesteuert werden. Dies bedeutet, er ist dazu in der Lage, den Anfang, das Ende, die Lautstärke und die Dauer des Gebetes zu bestimmen. Obwohl diese Art des Betens nicht rational zu erklären ist, führt sie doch immer wieder dazu, dass sich der Beter zu Gott hingezogen fühlt.

Beim „Sprachengesang" oder dem „Gesang in anderen Zungen" handelt es sich um eine Spezialform der Glossolalie. Er wird im Neuen Testament nicht explizit erwähnt, unterliegt aber im Wesentlichen denselben Gesetzmäßigkeiten. Meiner Ansicht nach kann man aber die beiden folgenden Bibelstellen (hier als wörtliche Übersetzung aus dem Griechischen) auf den Sprachengesang hin deuten:

„[…] indem ihr zueinander redet mit Psalmen und Lobgesängen [„Hymnen"] und Liedern, wie sie der Geist eingibt, indem ihr in euren Herzen verzückt den Herrn lobsingend preist" (Eph 5,19).

„Wie soll es denn nun sein? Ich will beten mit dem Geist und will auch beten mit dem Verstand; ich will Psalmen singen mit dem Geist und will auch Psalmen singen mit dem Verstand. Wenn du Gott lobst im Geist, wie soll der, der als Unkundiger dabei steht, das Amen sagen auf dein Dankgebet, da er doch nicht weiß, was du sagst?" (1 Kor 14,15–16).

Der wesentliche Unterschied zur Glossolalie liegt wohl darin, dass es beim Sprachengesang in der Gruppe nicht möglich ist, das Gebet anschließend auszulegen (bei 100 Teilnehmern müssten sonst 100 Auslegungen gegeben werden), was bei Paulus normalerweise eine Bedingung für das „öffentliche" Sprachengebet darstellt. Der Sprachengesang führt das gemeinschaftliche Gebet oft in wenigen Momenten in eine dichte Atmosphäre der Gegenwart Gottes – dies ist geheimnisvoll, aber eine für unzählige Christen tiefe und beglückende Erfahrung.

Ich begegne ab und zu dem Vorbehalt, dass Außenstehende sich von dem Erlebnis einer in Sprachen singenden Gemeinde abgestoßen fühlen könnten. Damit wird die Entscheidung begründet, diese Geistesgabe nicht in das öffentliche Gemeindeleben zu integrieren. Aus der Erfahrung der letzten 15 Jahre kann ich diese Einschätzung jedoch nicht teilen. Im Gegenteil: Viele Menschen sind gerade durch transrationale Elemente des Gottesdienstes wie Sprachengebet oder Prophetie tief angerührt worden und zählen diese Erlebnisse zu Initialerfahrungen ihres Glaubenslebens. Wenn man noch am Anfang eines Lebens mit Gott steht, spielt die Erfahrung eine größere Rolle, und Jesus kommt diesem Bedürfnis des „geistlichen Babys" entgegen. Nicht selten wurde uns erzählt, dass das Erlebnis eines Sprachengesangs im gemeindlichen Lobpreis einen Außenstehenden tief bewegt hat: Sie beschreiben die Musik als „Engelsgesang", „Gesang vom Himmel" o. ä. Andere reagierten wiederum skeptischer. Eine sensible Erklärung von Seiten der Gemeindeglieder, die sich liebevoll der Besucher annehmen, wird helfen, auch diesen Menschen angemessen zu begegnen.

Darüber hinaus spielen religiöse Erfahrungen in einer Zeit drastisch zunehmender religiöser Suche eine immer größere Rolle. Dies sollte natürlich nicht dazu führen, ein „Erlebnis-Evangelium" zu predigen, das seine Wirkung verliert, sobald die Erfahrungen ausbleiben. Andererseits sehnen sich die Menschen nach einem Gott zum Anfassen, was Jesus dem „ungläubigen" Thomas, wie schon an anderen Stellen erwähnt, nach der Auferstehung mit den Worten zugesteht: „Reiche deinen Finger her und sieh meine Hände, und reiche deine Hand her und lege sie in meine Seite, und sei nicht ungläubig, sondern gläubig."

Für mich ist der Sprachengesang ein wirkliches Juwel in der gemeindlichen Lobpreiszeit, das ich nicht mehr missen möchte, und ich habe über die Jahre sehr viele Menschen kennen gelernt, die das genauso erleben. Manche Gemeinden sollten die Freiheit finden, einen solchen Gesang nicht liturgisch nach 20 Sekunden abzubrechen, sondern ruhig einmal minutenlang darin zu verharren. Die Atmosphäre ist danach oft sehr „dicht" und die Gegenwart Gottes zum Greifen nah.

Anbetung

Ob die Gemeinde Gott in der Tiefe begegnet, wird davon abhängen, wie souverän Gott handelt. Natürlich wird es auch davon abhängig sein, ob die Einzelnen langsam die Menschen um sich herum vergessen und sich in der Gegenwart Gottes fallen lassen können. Geschieht dies, so kann es zu einem tiefen Ergriffensein von Gott kommen, zu einem starken Empfinden seiner Liebe und einem tiefen Öffnen für sein Reden. Dies ist nicht planbar; es ist ein großes Geschenk, das in den Beteiligten die Sehnsucht erweckt, immer näher an Gott heranzutreten und immer tiefere Gemeinschaft mit ihm zu pflegen. Lieder, die hier hilfreich sind, sind oft sehr einfach und getragen; niemand soll durch Lautstärke oder Unruhe die besonderen Momente der Begegnung mit Gott stören (Menschen sind in solchen Zeiten oft für Unterbrechungen sehr sensibel und erleben sie als Eingriff in ihre Intimsphäre). Beispiele wären: „Dich zu ehrn, dich zu sehn", „Im Glanz deiner Heiligkeit", „Du umfängst mich", „Ich empfang Deine endlose Liebe", „Ich steh in Deiner Gegenwart und bete an" und andere Lieder der Sehnsucht und Liebe, wie sie auch schon im fortgeschrittenen Lobpreis gesungen werden können.

Auch wenn es eine wunderbare Erfahrung ist, wenn die gesamte Gemeinde die Gegenwart Gottes so intensiv erlebt, so möchte ich mit diesen Worten doch auf keinen Fall den Eindruck erwecken, als sei es die primäre Aufgabe des Lobpreisleiters, Menschen in die größtmögliche Nähe zu Gott zu führen. Diese Theorie hält der Sichtweise des Neuen Testamentes nicht stand, nach der eine Haltung der Dankbarkeit Gott gegenüber besonders dadurch gefestigt wird, dass wir ihm *regelmäßig* und *konkret* danken.

Selbst dann, wenn wir Gott überhaupt nicht spüren würden und „nichts davon hätten", ihn zu preisen, so wäre es doch unsere Aufgabe und Pflicht, dies um seines Namens willen zu tun. Und doch lässt sich Gott auch hier im Geben nicht übertreffen und beschenkt uns noch im Lobpreis, der eigentlich nur dazu dient, dass er die Ehre bekommt. Was für ein großzügiger und gütiger Gott!

Wie schon erwähnt, erscheint der Vergleich zu der Liebe von Mann und Frau in der Ehe sehr hilfreich zu sein, zumal Paulus die Ehe ja bereits in seinem Brief an die Epheser als Vergleichsfeld heranzieht (Eph 5,32). Die Sexualität kann zu den beglückendsten Erfahrungen in der Ehe gehören, aber selbst säkulare Eheberater beschreiben sie als eine Art Sahnehäubchen auf der Beziehung. Eine Ehe ist nicht erst dann erfüllt, wenn das Paar täglich miteinander schläft. Vielmehr sind intensive Kommunikation, gegenseitiges Verständnis, tägliche kleine Liebes- und Treuebeweise und ausgelassenes Lachen genauso bedeutende Elemente einer gesunden Beziehung wie die Sexualität. Und so verhält es sich auch mit unserer Beziehung zu Gott. Selbst wenn in tief empfundener Anbetung das stärkste emotionale Erlebnis unseres Glaubens liegen mag, so sind eine tiefe Dankbarkeit, das Ernstnehmen von Gottes Wort und das Vertrauen auf seine Verheißungen doch genauso wichtig.

Gebetszeiten, die nicht bis zu tief greifender Anbetung oder Begegnung mit Gott führen, sind dementsprechend nicht zwangsläufig minderwertig oder auf fehlende zeitliche Ausgiebigkeit oder eine falsche Herzenshaltung der zusammengekommenen Christen zurückzuführen.

Anbetung kann man nicht planen

Ich halte es für schwierig, wenn man in der Gemeinde allzu schnell von der sonntäglichen Anbetungszeit redet. Christen können sich vornehmen, Gott in Worten ihre Dankbarkeit auszudrücken oder die biblischen Beschreibungen von Gottes Charakter als Bekenntnis auszusprechen. Anbetung ist aber nichts, das man sich vornehmen kann. Man kann nicht planen, dass das eigene Herz von Gott berührt wird, sondern es ist ein Gnadengeschenk des Vaters, wenn dies geschieht. Nicht immer beten wir

Gott an, nur weil wir gerade in einem Lied singen: „Wir beten dich an!" Anbetung ist eine fast zwangsläufige Reaktion auf das Angerührtwerden von Gottes Liebe und seiner Einzigartigkeit, die eine Antwort unsererseits unumgänglich macht. Sie kann niemals aus reiner Routine oder bloßem Willensentschluss geschehen.

Ich bin fest davon überzeugt, dass es so etwas wie ein Fortschreiten von Dank über Lobpreis hin zur Anbetung Gottes geben kann. Dies ist aber nicht als ein starres Schema zu verstehen, sondern als ein organischer Verlauf, der sehr stark unserer menschlichen Veranlagung entspricht.

Es wird Gebetszeiten geben, in denen es genau richtig ist, die ganze Zeit über unsere Dankbarkeit zu Gott zu bringen, so als ob wir aus unserem Dank einen bunten Blumenstrauß zusammenstellen, den wir Gott als Dankeschön entgegenhalten. Dann wieder können Christen ganze Lobpreiszeiten dazu verwenden, die Größe Gottes zu proklamieren und zu besingen; und sicher wird es von großer Bedeutung für das Bild der Einzelnen vom himmlischen Vater sein, wenn immer wieder einmal über die gesamte Gebetszeit Lieder und Gebete vor Gott gebracht werden, die nur von seiner Liebe und Zuwendung handeln. Oft wird gar nicht in allen Lobpreiszeiten die Möglichkeit bestehen, sich ausreichend viel Zeit für Dank und Lobpreis zu nehmen, dann vor „den Thron Gottes" zu gelangen und sich danach in großer Ausführlichkeit in die Anbetung Gottes hineinzugeben.

Trotzdem sollte der gemeindliche Lobpreis immer wieder Ausdruck der wunderbaren Erfahrung der Vertrautheit mit Gott sein, die zum Zentrum der Anbetung gehört. Das Gottesdienstleben ist dabei zentral für die Gemeinde: Von hier gehen – in einer Gruppe von lebendigen Christen – die Hauptakzente aus, die dann in allen Hauskreisen und anderen Gruppen aufgenommen werden.

Jedoch ist bei der Entscheidung, welchen Schwerpunkt ich als Lobpreisleiter in der Lobpreiszeit setze, wichtig, immer im Auge zu behalten, dass eine gute Sache durch Überbetonung an Kraft und Segen verlieren kann. Zu viel Feiern führt leicht zur Abnutzung und geistlichen Aushöhlung. Zu viel meditativer Lobpreis verursacht leicht Langeweile und damit Ablenkung und Müdigkeit. Zu viel Spontaneität und Wechsel im Lobpreis führen leicht dazu, dass die Leute die Orientierung verlieren, und zu gleichförmige Strukturen führen leicht zu einem Gefühl des Eingeengtseins und zu Frustration.

Psalm 95 als Modell

> „Kommt, lasst uns dem HERRN zujubeln, lasst uns zujauchzen dem Fels unseres Heils! Lasst uns vor sein Angesicht treten mit Dank! Lasst uns mit Psalmen ihm zujauchzen! Denn ein großer Gott ist der HERR, ein großer König über alle Götter. In seiner Hand sind die Tiefen der Erde, und die Höhen der Berge sind auch sein. Sein ist das Meer; er hat es ja gemacht, und das Trockene, seine Hände haben es gebildet. Kommt, lasst uns anbeten und uns neigen, lasst uns niederknien vor dem HERRN, der uns gemacht hat! Denn er ist unser Gott, und wir sind das Volk seiner Weide und die Herde seiner Hand."

In diesem Psalm wird die Vorgehensweise beschrieben, von der im Vorfeld die Rede war, wobei sie von den Gläubigen des Neuen Bundes ganz anders gefüllt werden kann als in der Zeit des Alten Testamentes. Und doch gibt es 150 Psalmen und der Lobpreis folgt dort keinem gleich bleibenden Schema. Auf natürliche Weise werden vielmehr Alltags- und Leiderfahrungen mit Dank und Lobpreis verwoben. Zu keiner Zeit hat man den Eindruck, dass David sich Gott auf eine abgehobene und weltfremde Art näherte. Vielmehr gab er Gott beständig Raum: in Freude wie in Leid, in Sieg wie in Niederlage und in Stärke wie in Ohnmacht.

Im gottesdienstlichen Lobpreis wird es hilfreich sein, zumindest am Anfang das Gebet auf Dank und Lobpreis zu beschränken, weil wir als Christen dazu neigen, Gott zuerst mit unseren Sorgen, Problemen oder Fürbitteanliegen in den Ohren zu liegen. In kleineren Gruppen dagegen kann sich der Lobpreis ruhig mit dem Ausdruck eigener Bedürftigkeit mischen, solange am Ende das Vertrauen über die Sorge siegt und Gott in seinem Wort ernst genommen wird. So kann am Ende einer Lobpreiszeit – auch im Gottesdienst – gut eine „Ministry-Zeit" (d. h. eine Zeit des gemeinsamen Gebetes füreinander, oft unter Handauflegung) stehen, in der für die Anliegen einzelner Christen gebetet wird, denn oft hat der Lobpreis den Boden für neue Schritte des Vertrauens bereitet.

Auch die Gabe der Prophetie scheint sich in Verbindung mit Lobpreis und Anbetung besonders gut zu entfalten, weil die mit dieser Gabe beschenkten Christen sich in Zeiten intensiver Ausrichtung auf Jesus leichter dafür öffnen können, Worte von Gott zu empfangen. Der Umkehrschluss ist allerdings falsch. *Ministry*-Zeiten funktionieren nicht nur, wenn im Hintergrund Lobpreis-Musik läuft, und auch Prophetie bedarf nicht als zwingende Notwendigkeit des Lobpreises zur Animation. Beide Thesen sind in ihrer Ausschließlichkeit biblisch keinesfalls zu belegen und *entspringen lediglich der Erfahrung* einiger charismatischer Gruppen.

Viele Gemeinden legen ihre Lobpreiszeit direkt vor die Predigt. Die

Menschen sollen sich für Gott öffnen und zu ihm singen und beten, um dann für das Wort Gottes empfänglicher zu werden. Ist diese Vorgehensweise jedoch funktionalistisch, so birgt sie einige Gefahren in sich. Zum einen ist es für das Gemeindeleben ungemein wichtig, dass der Pastor sich selbst in den Lobpreis hineinbegibt (auch in dem Regelfall, dass er die Lobpreiszeit nicht leitet) und so ein positives Vorbild für die Gemeinde ist, sich mit ganzem Herzen in diese Zeit des Singens und Betens einzubringen. Sieht man ihn dagegen auf der Bank sitzen und die letzten Inhalte für die Predigt niederschreiben oder durchdenken, so hat es der Lobpreisleiter oft doppelt schwer, die Gemeinde zum gemeinsamen, hingebungsvollen Lobpreis zu ermutigen. Dasselbe gilt auch für den Fall, dass der Pastor oder Leiter während der Lobpreiszeit häufiger mit anderen Mitarbeitern technische Absprachen hält. Die andere Gefahr ist, dass der Lobpreis nur als Vorspiel für die Predigt, die dann den Höhepunkt bildet, dient, sozusagen als geistliches *Warm-up*. Hier wird die Bedeutung des Lobpreises für den Gottesdienst massiv unterschätzt. Nicht selten nämlich dient diese Zeit den Menschen genauso wie die Predigt. Im Anschauen Gottes liegt die wesentliche Grundlage für ein erfülltes geistliches Leben und die daraus erwachsende Bereitschaft, ein treuer Jünger Jesu zu sein.

Die Gefahr des Lippenbekenntnisses

In Matthäus 15,8 und 9a heißt es: „Dieses Volk ehrt mich nur mit Worten, sagt Gott, aber mit dem Herzen ist es weit weg von mir. Ihr ganzer Gottesdienst ist sinnlos […]."

An anderer Stelle habe ich ja bereits von dem Unterschied zwischen Lippenbekenntnis und einem Lobopfer gesprochen. Oft fühlen wir uns nicht danach, Gott zu loben, aber wir wissen in unserem Herzen, dass es die richtige und angemessene Haltung ihm gegenüber ist.

Nun ist es aber auch wichtig, einmal die andere Seite anzuschauen und zu betonen. Es ist angebracht – gerade wenn wir Gott ganz persönlich begegnen wollen –, unsere Herzenshaltung immer wieder zu überprüfen und ganz ehrlich zu uns zu sein: Stimmen unsere Gebete – und gerade die öffentlichen in der Gemeinde – mit unserem Leben überein? Gott will ja die zurüsten, die ihn in Geist und Wahrheit anbeten!

In Wahrheit anbeten bedeutet, dass ich mein geistliches Konto nicht überziehe. Es hat keinen Sinn, in der Gemeinde als besonders fromm und voll Gottvertrauen zu erscheinen, im Alltag aber von Sorge und Unmut übermannt zu werden und dann alles andere zu vergessen. Es macht keinen Sinn, im Lobpreis zu singen „Ich geb mich dir ganz hin", und doch genau zu wissen, dass es da einen Bereich in unserem Leben gibt, aus dem wir Gott ausklammern.

Es kann leicht passieren, dass wir im Lobpreis aus der Freude am Singen und dem Enthusiasmus, der aus der gemeinschaftlichen Atmosphäre erwächst, Dinge sagen und singen, hinter denen wir mit unserem Leben nicht stehen. Mündige Christen sollten selbstkritisch genug sein, um dies zu erkennen und im Gebet darauf zu antworten. Etwa, indem sie sagen: „Herr, du hast gehört, dass ich dieses Lied, das vollkommene Hingabe ausdrückt, eben voller Inbrunst mitgesungen habe. Jetzt merke ich aber, dass mein Leben mit den Worten nicht übereinstimmt. Es tut mir Leid, dass ich in dem und dem Bereich noch Kompromisse eingegangen bin. Ich bin nicht glücklich darüber und will von dir so verändert werden, dass ich dieses Lied bald mit voller Überzeugung und einem guten Gewissen mitsingen kann. Bitte verändere mich und gib mir, wie dein Wort sagt, *das Wollen und Vollbringen* dazu."

Gott ist unsere Ehrlichkeit wichtiger als das Aussprechen richtiger, aber mit unserem Leben nicht deckungsgleicher Worte. Kein Gruppenerlebnis oder geistlicher Druck sollte uns dazu verleiten, Dinge zu tun oder zu sagen, die unecht und damit geheuchelt sind. Übrigens auch nicht die Frage, wie andere Christen uns sehen und dass wir ihnen durch unsere Frömmigkeit gefallen wollen. Noch einmal zur Erinnerung Paulus' Aussage aus Galater 1, Vers 10: „Wenn ich noch Menschen gefallen wollte, so wäre ich nicht Christi Knecht."

Es ist ein Missbrauch der Beziehung zu Jesus, wenn ich Zeugnis, Gebet oder Lobpreis dazu benutzen würde, um mich selbst darzustellen oder Menschen zu gefallen. Wie könnte ich mit dieser Haltung reinen Gewissens Jesus entgegentreten? Steve Camp hat es in einem Lied folgendermaßen ausgedrückt:

„Es geht um viel mehr als nur darum, zum Chor zu predigen, am Altar zu knien oder unseren Zehnten zu bezahlen. Wir haben Gott nicht selten so behandelt, als wenn er Freude wäre, die wir mieten könnten, und spielen mit Diamanten Murmeln. Ist es nicht eine Schande, wie sein Name oft missbraucht wird! Wir klopfen Gott auf die Schulter, als ob er ein lieber Kumpel vom Lande wäre. Wir danken „dem Mann da oben" für die Dinge, für die uns die Leute preisen. Wir geben Gott die Ehre, aber sind gerne bereit, die Auszeichnung entgegenzunehmen [...]. Die Dinge Gottes sind kostbar, und wir müssen sie mit unserem Leben schützen wie die Träume eines ungeborenen Babys oder die Liebe eines Mannes zu seiner Frau. Möge die Hoffnung seiner Wiederkehr unseren Glauben reinigen und die Spreu weggeblasen werden, während wir an seinem heiligen Wort festhalten. Können wir jemals gemäß den Dingen leben, von denen wir sagen, dass wir an sie glauben? Denn die Welt sieht genau hin, und sie sucht nach Authentizität. Wir fahren mit Vollgas die sechsspurige Autobahn und gehen nicht den schmalen Weg. Wir haben die Leidenschaft für die Verlorenen in ein Geschäft verwandelt, Seelen zu gewinnen, und spielen mit Diamanten Murmeln."

Mich haben diese Worte nie losgelassen, weil sie unserer christlichen Gesellschaft recht schonungslos den Spiegel vorhalten. Im Zeugnis, im Gebet und vor allem im Lobpreis geht es darum, dass Gott zu seinem Recht kommt, dass wir ihn ernst nehmen, fühlen, wie er fühlt, und seine Anliegen zu unseren Anliegen machen. Prägt dies unser Gebetsleben, so brauchen wir keine Angst davor haben, dass wir mit unserem Lobpreis vor Gott nicht bestehen könnten, und die Zeiten unseres Lobes und unserer Anbetung werden zu tiefen Begegnungen mit unserem wunderbaren Erlöser. In jeder Lehreinheit über Lobpreis und Anbetung sollte diese Wahrheit ihren festen Platz haben!

Die Gefahr des Traditionalismus

Traditionen beginnen damit, dass jemand etwas Neues tut und andere Leute Gefallen daran finden und es nachahmen. Es hat Bedeutung und Gewicht, und diejenigen, die das genauso sehen, richten ihr Verhalten darauf aus. Sobald diese Praxis an die nächste Generation weitergegeben wird, entsteht eine Tradition. Die ursprünglich neue und frische Erfahrung hat für die folgende Generation jedoch selten noch dieselbe Bedeutung. Für viele ältere Christen bedeutet „zeitgenössisch" neu, und das mögen sie nicht. Für viele jüngere Christen dagegen bedeutet „zeitgenössisch" zeitgemäß, und deshalb lieben sie es. „Zeitgenössisch" bedeutet jedoch erst einmal nichts anderes, als dass etwas in der jetzigen Generation entstanden ist und nicht von einer vorherigen Generation vererbt wurde. Es ist nicht besser oder schlechter; es ist nur später entstanden.

Die erste Frage bei einer Tradition ist also: Erfüllt sie noch denselben Zweck, den sie ursprünglich hatte, oder hat sie ihren Sinn verloren? Wenn die Frage bejaht werden kann, ist es durchaus bereichernd, die Tradition beizubehalten und zu kultivieren. Ist die Antwort jedoch „Nein", so sollte die nächste Frage lauten: Gibt es eine zeitgenössische Ausdrucksform, die heute effektiver den ursprünglichen Zweck der Tradition erfüllt? Es ist nicht ratsam, nur um einer Neuerung willen Dinge aus der Praxis zu verbannen, die sich bewährt haben. Auf der anderen Seite ist es aber genauso unklug, Traditionen beizubehalten, die ihren ursprünglichen Charakter und ihre Wirkungskraft im Laufe der Zeit verloren haben. An dieser Stelle heißt das Stichwort „Sterbehilfe".

Wenn eine Musikgruppe die Lobpreiszeit in einer bestimmten Art und Weise gestaltet, *weil das schon immer so war,* ist es sehr wahrscheinlich, dass eine Tradition gepflegt wird, aber die Dynamik und die Auswirkungen der ursprünglichen Erfahrung längst eingebüßt worden sind.

In kaum einem Jahrhundert der Menschheitsgeschichte hat es so viele soziale und gesellschaftliche Umwälzungen gegeben wie im 20. Jahrhundert: verheerende Kriege, aufsteigende und dann wieder an Stoßkraft verlierende Ideologien und Religionen, bahnbrechende Forschungen und Erfindungen. Die Halbwertzeit des Wissens hat sich drastisch verkürzt. Es scheint, als ob sich der Weltuhrzeiger im Zeitraffer-Tempo bewegen würde. Und dasselbe gilt für die Entwicklungen in der Musik. Die letzten Jahrzehnte haben, bedingt durch neue technische Errungenschaften, die Kommerzialisierung und den Bedeutungsgewinn der Unterhaltungsmusik sowie eine Vielzahl unterschiedlicher Strömungen und Stile hervorgebracht. Auch wenn die christliche Musik dem Geschehen in der Welt immer ein wenig hinterherhinkt: Sie ist ein Kind ihrer Zeit und passt sich den gesellschaftlichen Gegebenheiten an. Denn, um es im Sinne des Missionswissenschaftlers Donald McGavran zu sagen: Christliche Verkündigung und Aktivität ist dann am effektivsten, wenn Menschen in der Gemeinde mit ihresgleichen zu tun bekommen und zur Eingliederung nicht erst kulturelle, ethnische, sprachliche oder schichtenspezifische Barrieren überspringen müssen.

So hat denn auch der Lobpreis als Musikform schon eine gewisse Entwicklung durchgemacht: Was am Anfang mit einfachen, vierzeiligen Chorussen anfing, hat im Laufe der Zeit komplexere Formen angenommen; heute kann man, einmal abgesehen vom Text, Lobpreismusik und sonstige Popularmusik stilistisch oft kaum unterscheiden. Dabei ist zu berücksichtigen, dass die Lobpreismusik, wie sie in den letzten Jahren die charismatische und zunehmend auch die evangelikale Szene beherrscht hat, noch gar nicht so alt ist – sie hat sich erst seit den 60er Jahren des vergangenen Jahrhunderts entwickelt und ist gerade dabei, ihren Kinderschuhen zu entwachsen und auch im künstlerischen Ausdruck an Format zu gewinnen.

Doch nicht nur die Musik ist im Wandel. Auch inhaltlich ist der Lobpreis kein starres Gebilde, sondern spiegelt unser Leben wider – das gesellschaftliche Umfeld, die Anforderungen, denen sich die Gemeinde heute stellen muss, und unsere wirkliche Beziehung zu Christus, nah und vertraut oder sporadisch und erneuerungsbedürftig. Die Psalmen geben auf sehr eindrucksvolle Weise Anschauungsmaterial, mit welcher Ehrlichkeit David sein Gottvertrauen inmitten ganz unterschiedlicher Lebenslagen und vieler Anfechtungen auslebte. Trauer, Schmerz, Leid und Enttäuschung haben in seinem Lobpreis Platz, weil David eine lebendige und keine ritualisierte Beziehung zu seinem Schöpfer lebte.

Lobpreis wird in unserem Leben keine großen Auswirkungen haben, wenn er sich darin erschöpft, dass wir im gemeindlichen Gottesdienst ein paar fromme Texte mit ansprechenden Melodien singen. Unser Leben muss die Liedtexte mit Inhalt füllen. Jeder einigermaßen sensible Mensch kann den Unterschied spüren zwischen einer geistlich verstaubten, rituellen Frömmigkeit, die keinen Bezug mehr zum Leben der Menschen hat, und einer natürlichen Begeisterung über Gott, die aus allen Knopflöchern quillt, selbst wenn sie sich nicht in traditionelle oder fromme Worte kleidet. Gott will uns Leben in Fülle geben, frisch, aktuell, zum Greifen nahe, natürlich und voller Kraft – kein Leben, das sich hinter einem Ritual verstecken muss, weil die Lebensflamme schon fast erloschen ist.

Ein gemeindlicher Lobpreis jedoch, der die aktuelle Erfahrung von Gottes Wirken wiedergibt, wird nie langweilig und auch nicht gleichförmig sein: Die Worte sind in der Tiefe mit Inhalt gefüllt und der Gesang fließt über vor Freude und Innigkeit Gott gegenüber. Es fällt oft schwer, den Traditionalismus im Lobpreis zu bekämpfen, aber Gott selbst kommt uns mit einer Erfrischung seines Geistes zu Hilfe, wenn wir ihn nur von Herzen darum bitten.

Back to the Heart of Worship – zum Herz der Anbetung zurückkehren

Ein Lied des englischen Songwriters Matt Redman hat in den letzten Jahren in der internationalen Lobpreisszene für Furore gesorgt: „The Heart of Worship".

Obwohl viele von dem Lied berührt worden sind, kennen nur wenige den Hintergrund der Geschichte, die Matt dazu veranlasst hat, das Lied zu schreiben. Die *Soul Survivor*-Gemeinde in Watford (Nordengland) unter der Leitung von Mike Pilavachi, in der Matt der führende Lobpreisleiter ist, hatte über viele Jahre auf einen modernen und jugendgemäßen Lobpreis Wert gelegt und erfreute sich dafür landesweit großer Beliebtheit. Nach einigen Jahren inneren und äußeren Wachstums stellten die Verantwortlichen jedoch fest, dass es um die geistliche Situation in der Gemeinde nicht gut bestellt war. Mike Pilavachi schreibt dazu in seinem Buch *For the Audience of One*:

„Um Ostern 1997 herum war unsere Gemeinde festgefahren und benötigte dringend unsere uneingeschränkte Aufmerksamkeit. Seit wir begonnen hatten, uns in Schulaulen zu treffen und den Raum mit einer PA zu beschallen, die wir in den

Kofferraum eines Kleintransporters packten, hatten wir immer viel Zeit damit verbracht, Gott mit unserer Musik anzubeten. Über die Jahre hatten die Leute diese Zeiten benutzt, um Gott ihr Herz auszuschütten, und als Folge hatten wir immer wieder erlebt, dass Menschen in den Lobpreiszeiten verändert, befreit und körperlich geheilt worden waren.

Anfang 1997 machte sich bei uns aber eine gewisse Verwirrung breit. Oberflächlich schien alles in Ordnung zu sein – viele der Musiker hatten mittlerweile rausbekommen, wie sie ihre Instrumente zu stimmen hatten, und die Tontechniker kamen pünktlich aus ihren Federn –, und jeder der Gottesdienste hatte einen Liedteil, der die Menschen auf das Kreuz ausrichtete und ihnen die Möglichkeit gab, mit Gott ins Reine zu kommen. Um diesen Prozess zu unterstützen, verwandten wir Musik, die (fast) zeitgemäß war, die Stühle waren aus dem Raum verbannt worden und das Licht gedämpft. Was hätte man besser machen können, um den Menschen eine Atmosphäre zu bieten, in der sie entspannen konnten?

Aber das war genau das Problem: Die Leute waren nicht entspannt. Anstatt sich in erster Linie auf Gott auszurichten, war die ganze Sache so mit Details überfrachtet worden, dass jeder in der Gemeinde – ob Leiter oder normaler Gottesdienstbesucher – von der Anbetung abgelenkt wurde. War das der Fehler von Redman? Ich hörte genauer hin ... er sang nicht mehr stümperhafte Noten als sonst auch. Doch dann machte es Klick bei mir. Wir waren Lobpreisfachleute geworden, anstatt einfach daran teilzuhaben. In unserem Inneren gaben wir den Lobpreiszeiten Noten von 1–10: „Nicht dieser Song schon wieder", „Ich kann den Bass nicht hören", „Ich mag die Art und Weise, wie sie singt" . . . Es war, als ob der Erfolg der Zusammenkunft davon abhängig war, wer auf der Bühne stand; als ob sie dafür die Verantwortung trugen, ob es eine gute oder eine schlechte Lobpreiszeit war. Obwohl das Ganze letztlich nicht solche Ausmaße annahm, fühlte es sich für mich zeitweise so an, als ob manche Leute oftmals nur deshalb abschalteten, weil irgendein Musiker etwas spielte, das sie nicht mochten.

Jeder war herausgefordert, sich die Frage zu stellen: ‚Was ist mein Beitrag zur Anbetung, wenn ich durch die Tür meiner Kirche komme?' Dann ging uns die Wahrheit auf: Anbetung ist kein Zuschauersport; sie ist kein Produkt, das durch den Geschmack der Konsumenten geformt wird. Es geht nicht darum, was wir aus den Lobpreiszeiten ziehen können. Es geht um Gott allein.

Wir mussten einige drastische Schritte unternehmen. Als Erstes verbannten wir die Band. Der große Versammlungsraum wurde abgeschlossen und die Lichter wieder angeschaltet. Für ein paar Monate verliefen die Gemeindegottesdienste vollkommen unterschiedlich: Niemand leitete den Lobpreis – wenn jemand ein Lied singen wollte, stimmte er es einfach an. Wenn nicht, verharrten wir in Stille. Wir kamen darin überein, dass wir das Treffen mit Schweigen verbringen würden, wenn niemand ein Lobpreisopfer brachte. Und das haben wir am Anfang tatsächlich getan! Es war ein sehr schmerzhafter Prozess! Wir mussten neu lernen, uns nicht auf die Musik zu verlassen. Nach einer Weile begannen wir dann, einige sehr berührende Zeiten der Anbetung zu haben. Jeder brachte seine Gebete, Schriftlesungen, Prophetien und Dankgebete, Lobpreis und Lieder mit. Irgendjemand fing an, einen Song a capella zu singen, und alle stimmten mit ein. Dann übernahm jemand anderer und stimmte ein anderes Lied an. Die Begeisterung kehrte zurück. Wir hatten wieder Begegnungen mit Gott. Nachdem ihnen der ganze Komfort genommen worden war, beteten die Einzelnen aus der Tiefe ihres Herzens an.

Nachdem wir unsere Lektion gelernt hatten, reaktivierten wir die Band. Und zu diesem Zeitpunkt sang Matt den Song zum ersten Mal öffentlich, den er aus der Erfahrung der vergangenen Monate heraus geschrieben hatte: The Heart Of Worship. Die Worte drücken exakt das aus, was passiert war:

,Wenn die Musik verhallt, wird mir alles genommen, und ich komme ganz einfach so, wie ich bin. Ich sehne mich danach, Dir etwas zu bringen, das Wert hat und Deinem Herzen Freude bereitet. Ich bringe Dir mehr als nur ein Lied, denn ein Lied an sich ist nicht das, was Du von mir verlangt hast. Du erforschst mich viel tiefer in meinem Inneren; Du schaust durch die Oberfläche direkt in mein Herz. Ich kehre zurück zum Herz der Anbetung, und es geht nur um Dich, es geht nur um Dich, Jesus! Es tut mir Leid, Herr, was ich daraus gemacht habe, wo es doch nur um Dich geht, um Dich, Jesus. König von ewigem Wert: Niemand könnte in Worte fassen, was Dir zusteht. Obwohl ich arm und schwach bin, bist Du alles, was ich habe, in jedem Moment meines Lebens. (Matt Redman, © 1997 Kingsway's Thankyou Music/MCPS)'"[1]

Die Symptome der Prioritätenverschiebung, die Mike Pilavachi so ehrlich und anschaulich beschreibt, werden den meisten Lobpreisleitern über kurz oder lang begegnen. Nicht selten fühlen sie sich in die Rolle von Animateuren gedrängt, von denen erwartet wird, dass sie die Gemeinde unterhalten. Das führt dazu, dass sie sich mehr Zuschauern als Anbetern gegenübersehen. Solange der Lobpreis in der Gemeinde von der Bühne gesteuert wird und es eine Frage der Tagesform ist, ob die Gottesdienstbesucher sich mit hineinnehmen lassen oder nicht, wird er immer zäh und mühsam sein. An einem solchen Lobpreis hat Gott kein Gefallen. Er möchte, dass die ganze Gemeinde von dem leidenschaftlichen Verlangen angesteckt wird, ihn zu preisen, und die Musiker lediglich das unterstützen, was in den Herzen aller bereits lebt und gedeiht.

Damit dies geschehen kann, ist es wichtig, dass die Leute immer wieder in der Wichtigkeit eines ganzheitlichen Lobpreises unterwiesen werden, der alle Teile der Gemeinde erfasst und durchdringt. Viele Christen nehmen zwar mehrfach in der Woche an Lobpreiszeiten teil, aber niemand hat ihnen bisher gesagt, dass diese Zeiten nicht in erster Linie ihrer Auferbauung dienen, sondern der Verehrung Gottes – dass es ausnahmsweise einmal nicht um sie geht! Sie lieben das Singen vielleicht wegen der schönen Melodien und dem immer wieder aufkommenden Gemeinschaftsgefühl, aber ihre eigene Beteiligung ist gefühlsabhängig und dient in erster Linie der Befriedigung eigener Bedürfnisse. Obwohl eine solche Haltung ausgesprochen menschlich erscheint, ist sie kein Kavaliersdelikt, sondern ein ernstes Alarmsignal, das ein Lobpreisleiter nicht ignorieren darf. Gott allein sollte das Zentrum unseres Lobpreises sein, und er wacht eifersüchtig darüber, dass wir ihn nicht für unsere Zwecke einspannen oder wie ein Konsumgut behandeln. Ein solches Verhalten ist letztlich Sünde und bedarf der Vergebung Christi.

Manchmal signalisiert uns unsere Selbstbezogenheit und Bequemlichkeit auch, dass wir die Freude an unserer Errettung verloren haben. Jesus sagte einmal, dass der viel liebt, dem viel vergeben ist. Wem aber wenig vergeben ist, der liebt auch wenig. Mit anderen Worten: Wenn wir verstehen, wie viel Vergebung wir benötigen und was Vergebung für uns bedeutet, dann wird unser Lobpreises geprägt sein von einer tiefen Dankbarkeit und Ehrfurcht Gott gegenüber. Aber unglücklicherweise neigen wir dazu, dies zu vergessen, und bilden uns nach einiger Zeit ein, doch nicht *so* schlecht zu sein. An den Ort zurückzukehren, der die Geschichte auf den Kopf stellte, und neu zu erfassen, dass es unsere Verfehlungen waren, die Jesus ans Kreuz gebracht haben, ist der erste Schritt zurück zum Herz der Anbetung.

Kapitel 7

Merkmale eines guten Lobpreisleiters

Wenn es Kriterien gibt, die eine erfüllte und segensreiche Lobpreiszeit ausmachen, so gilt dies auch für die Person, die den Lobpreis leitet. Denn wie ja in den letzten Kapiteln schon deutlich wurde, geht es dabei um mehr als nur um bloßes Singen.

Der gemeindliche Lobpreis sollte echt und sensibel sein; er sollte die aktuelle geistliche Situation der Gruppe aufgreifen und nicht übergehen. Er sollte den Menschen die Gelegenheit geben, die alltäglichen Ablenkungen erst einmal hinter sich zu lassen. Er sollte geistlicher Müdigkeit entgegenwirken und trotzdem keine unechten Gefühle produzieren. Er sollte kreativ bleiben, um nicht zum Ritual zu werden. Er sollte geleitet, aber nicht übergestülpt werden. Er sollte eine Struktur und einen erkennbaren roten Faden haben und trotzdem Raum für das spontane Wirken Gottes lassen. Er sollte den Rahmen einer Veranstaltung nicht sprengen und trotzdem nicht standardisiert wirken. Er sollte musikalisch anspruchsvoll sein, jedoch der Gemeinde nicht das Gefühl vermitteln, dass die Musiker ein Konzert geben. Er sollte in schwierigen Zeiten positiv herausfordern, das Vertrauen in Gott nicht zu verlieren, ohne aber in unnatürlicher Weise und fromm überhöht Probleme zu ignorieren. Er sollte den Menschen helfen, mit immer neuen Worten das auszudrücken, wofür es eigentlich keine Worte gibt ...

Die Liste ist lang, aber noch lange nicht vollständig, und dementsprechend ist die Aufgabe eines Lobpreisleiters sehr komplex. Jemand, der in einen Dienst hineinwächst, ist sicherlich nicht perfekt, nicht einmal, wenn er die Aufgabe schon viele Jahre innehat. Und doch ist es eine verantwortungsvolle Aufgabe, einen Lobpreisleiter zu benennen und in sein Amt einzusetzen. Dies ist auf Gemeindeebene die Aufgabe des Pastors oder der Gemeindeleitung, auf Kleingruppen-Ebene die des Hauskreisleiters, Jugendpastors, Zellgruppenleiters o. ä. Das folgende Kapitel soll einige Anhaltspunkte geben, nach welchen Kriterien ein Lobpreisleiter ausgewählt werden kann und für mein Empfinden auch ausgesucht werden sollte. Oftmals werden Christen zu Lobpreisleitern ernannt, weil niemand anderer da ist und dementsprechend händeringend nach einem neuen Leiter gesucht wird. Dass dies nach hinten losgehen kann, habe ich mehr als einmal in meinem eigenen Dienst erlebt.

Echte Hingabe und Freude an Gott

Das wichtigste Kriterium in der Auswahl eines Lobpreisleiters ist seine Beziehung zu Gott. Lobpreis ist streng genommen eigentlich ein Gebetsdienst, auch wenn verschiedenste andere Faktoren mit hineinspielen. Daher ist eine persönliche und herzliche Beziehung zu Gott die wichtigste Voraussetzung. Wie kann ich als Leiter nun aber herausfinden, ob „mein Kandidat" diese Auflage erfüllt? Schließlich ist die Aufgabe der Lobpreisleitung mit einer ausgesprochen exponierten Stellung verbunden. Ein Lobpreisleiter bekleidet neben dem Pastor nicht selten das wichtigste Leitungsamt im gesamten Gottesdienst. Und auch auf anderer Ebene prägt er das Geschehen in einer Gruppe, wenn dort dem Lobpreis Bedeutung zugemessen wird.

Sicher ist eine einstündige heilige Inquisition kein geeigneter Weg, um dem Lobpreisleiter *in spe* so richtig auf den Zahn zu fühlen. Vielmehr ist es ratsam, ihn erst einmal besser kennen zu lernen. Wie geht er mit seiner Frau um, mit seinen Kindern, mit seiner Arbeit, seinen Freunden? Wie verhält er sich, wenn er unter Stress steht? Redet er gerne über seinen Glauben? Macht er den Eindruck, geistlich gesättigt zu sein, oder spürt man ihm den Hunger ab, mehr von Jesus lernen und geprägt werden zu wollen? Beteiligt er sich an den gemeinsamen Lobpreiszeiten mit hörbaren Gebetsbeiträgen oder hält er sich vornehm zurück? Klingen seine Gebete frisch und begeistert, oder hat man den Eindruck, er wiederholt dieselben Gebete in fast liturgischer Form? Kennt er seine Bibel oder dauert es zwei Stunden, bis er während der Predigt das Matthäus-Evangelium aufgeschlagen hat? Besitzt er die Fähigkeit, Christen mitzureißen? Kenne ich jemand, der sagt, er habe von einem Gespräch mit ihm (über den Glauben oder eine praktische Lebensfrage) sehr profitiert?

Es gibt keinen Standard-Fragebogen, mit dem man den geistlichen Zustand eines Christen mit Sicherheit bestimmen könnte. Vieles ist auch abhängig von der Lebenssituation. Jemand kann ein hingegebener Christ sein, aber gerade durch ein Tief gehen, eine Glaubenskrise durchleben, eine Verletzung verwinden, eine Orientierungskrise durchmachen u. ä. m. Ihn auf Grund einer solchen Situation zu disqualifizieren, könnte Gott die Chance nehmen, mit ihm weiterzugehen. Aber trotzdem gibt es Anzeichen, die man nicht außer Acht lassen sollte. Hat der Kandidat ein starkes Geltungsbewusstsein? Vermittelt er den Eindruck, er sei mehr auf ein Amt aus (mit dem dazugehörigen Prestigegewinn) als auf einen Dienst? Hat es den Anschein, als ob ihm Musik an sich wichtiger ist als der Lobpreis selbst?

All diese Fragen können dabei helfen, sich ein Bild von der Person zu machen, der ich den Lobpreisdienst möglicherweise anvertrauen werde. Und ab und zu mag es richtig sein, mit ihm einmal ganz offen zu reden und ihn zu fragen, wie es ihm gerade mit seiner Stillen Zeit geht oder ob es ihm schwer fällt, in der Bibel zu lesen. Als Christen sind wir gerufen, uns liebevoll in das Leben unserer geistlichen Geschwister einzumischen, weil wir so gemeinsam im Glauben wachsen. Dafür ist Gemeinde da. Umso mehr sollte auch die Beziehung von Gesamtleiter und Lobpreisleiter von einer großen Offenheit geprägt sein, über das eigene Erleben des Glaubens reden zu können und sich gegenseitig zu ermutigen und herauszufordern. Dann sind geistliche Schwächeperioden nicht mehr peinlich, sondern ein weiterer Anlass, füreinander vor Gott einzutreten und geistliche Bruderschaft zu leben. Diese Bereitschaft zur Transparenz (die natürlich auch Grenzen hat, die man unbedingt akzeptieren muss, um das Vertrauen nicht zu gefährden) ist ein weiteres Indiz für die Tiefe der Hingabe an Gott.

Letztlich muss der Gesamtleiter im Gebet darauf vertrauen, dass Gott ihn bei der Einsetzung des Lobpreisleiters führt und ihm die geistliche Gabe der Unterscheidung der Geister gibt.

Das ausdauernde Suchen der Nähe Gottes

Während ich diese Zeilen über das Suchen nach Gottes Nähe schreibe, ist mir bewusst, dass dies einer der Bereiche in meinem Dienst ist, in dem Anspruch und Wirklichkeit phasenweise sehr weit auseinander klafften. Jeder Christ durchläuft in seinem Glaubensleben unterschiedliche Phasen. Es gab Zeiten, in denen ich die Bibel (vor allem das Neue Testament) verschlungen habe und nicht genug von Gott haben konnte. Eine solche Zeit war 1989, als ich, vermittelt durch Carl Nelson, einem Pastor der *Vineyard*-Bewegung, drei Monate lang in den USA von einer Gemeinde zur nächsten reiste. Ich wusste nicht, was mich erwartete, wo ich schlafen und wen ich treffen würde, und ich musste auch meinen Geldbeutel im Blick behalten, um über die Runden zu kommen. Trotzdem werden mir diese drei Monate immer als eine Zeit in Erinnerung bleiben, in der ich Gott so sehr gesucht habe wie selten davor oder danach. Die Bibel war voller Leben, der Lobpreis voller Inhalt und ich hatte nichts zu verlieren. Alles sollte Gott gehören und ich meinte das auch so!

In anderen Zeiten hat nur Disziplin meinen Dienst aufrechterhalten. Das Gebet war mühselig und nicht selten verstummt, die Bibel schwieg mich an, bis ich nicht mehr hineinschaute, und im Lobpreis konzentrierte ich mich ganz auf die Musik, weil die Texte mich in jener Zeit nicht ansprachen. Zumindest mir selbst konnte ich nichts vormachen: Ich wusste, dass ich die wichtigste Grundlage meines Dienstes fast verloren hatte.

Von einem guten Konzertpianisten sagt man, dass nur er selbst es hört, wenn er zwei Tage nicht geübt hat. Übt er drei oder vier Tage nicht, so nimmt es bereits sein Lehrer wahr. Nach fünf Tagen kann er den Konzertkritiker nicht mehr täuschen, und nach einer Woche merkt es jeder Konzertbesucher. Um dieses Bild auf den Glauben zu übertragen: Geistlich sensible Menschen können einem geistlichen Leiter nach einiger Zeit abspüren, ob seine Beziehung zu Gott voller Leben oder eher mühselig oder gar eingeschlafen ist. Und ich habe es sicher als Erstes an mir selbst gemerkt, selbst wenn nach außen alles scheinbar noch in Ordnung war. Für einen Lobpreisleiter ist die innige Beziehung zu Jesus durch nichts anderes zu ersetzen. Wenn sein Gebetsleben erfüllt ist, dann kann er als Leiter einer Gruppe auch die Lieder und Gebete mit Leben füllen, die für ihn sonst möglicherweise sehr abgedroschen oder bedeutungslos gewirkt hätten. Sein Feuer wird andere Menschen anstecken und für Jesus begeistern.

Ich bin ein leidenschaftlicher Verfechter der These, dass gute Musik im Lobpreis eine sehr wichtige Rolle spielt, worauf ich im Folgenden auch noch zu sprechen kommen werde. Aber noch viel entscheidender ist, dass das geistliche Leben des Lobpreisleiters pulsiert und in Bewegung bleibt. Dieses Leben wird durch die Musik und das persönliche Auftreten hindurchscheinen. Nicht immer fühle ich mich nahe bei Jesus. Das muss auch nicht sein. Wenn ich jedes Mal meine Leitung niedergelegt hätte, weil ich mich gerade nicht nach Leiten oder nahe bei Jesus gefühlt habe, hätte sich die Gemeindeleitung irgendwann sicher einen anderen Leiter gesucht. Das eigene Gefühl ist nicht ausschlaggebend, sondern der Entschluss, in solchen Zeiten nicht lockerzulassen, bis die Nähe zu Jesus wiederhergestellt ist. Auf diesem Entschluss liegt mit Sicherheit sein voller Segen. Dasselbe Prinzip gilt natürlich für alle Mitglieder der Lobpreis-Band. Wichtiger als jedes musikalische Können ist immer die Haltung Gott gegenüber. Führe ein gottgefälliges Leben! Strahle die Liebe Jesu aus!

Wir können und dürfen nicht von den geistlichen Erfahrungen von gestern zehren, wenn wir das Maß an Erfüllung erleben wollen, das Gott für uns bereithält! Vielleicht illustriert keine Geschichte in der Bibel diese Wahrheit so anschaulich wie das 16. Kapitel des Buches Exodus. Als die Israeliten von Mose aus Ägypten herausgeführt wurden und durch die Wüste wandern mussten, wo weit und breit keine Lebensmittel zu finden waren, waren sie vollkommen davon abhängig, dass Gott zu seinem Wort stand und sie mit allem, was zum Leben notwendig war, versorgte.

Gott stand zu seiner Verheißung, aber er verband damit eine klare Aufforderung:

„Siehe, ich will euch Brot vom Himmel regnen lassen, und das Volk soll hinausgehen und täglich sammeln, was es für den Tag bedarf, dass ich's prüfe, ob es in meinem Gesetz wandele oder nicht" (Ex 16,4).

Dem Volk erschien Manna, das Brot vom Himmel, als einzige Nahrung auf Dauer zu einseitig, und Gott ließ sich erweichen und erweiterte den Speiseplan morgens noch um Wachteln, die ebenfalls vom Himmel fielen. Einige gehorchten Gott jedoch nicht und ließen einige Reste für den nächsten Tag übrig –als zusätzliche Sicherheit. Doch am nächsten Morgen waren die Reste von Würmern zerfressen und völlig ungenießbar. Und wenn die Sonne zu heiß schien, schmolz die Nahrung.

Gott wollte sein Volk lehren, in täglicher Abhängigkeit von ihm und seiner Versorgung zu leben. Sie sollten kein doppeltes Netz und keine weiteren Sicherheiten haben, damit der Kontakt zwischen ihm und seinem Volk nicht einen Tag lang abreißen konnte. Verging auch nur ein Tag, an dem sie nicht darauf vertrauten, dass er ihnen die benötigte Versorgung wieder zuteil werden lassen würde, bestrafte er dies sofort. Der Segen von gestern war im Heute völlig ungenießbar und bei Verzehr sogar äußerst schädlich geworden.

Wir sollten Tag für Tag darauf vertrauen, dass Gott uns versorgt und neue Zeichen seiner Barmherzigkeit und Führung setzt. Die Erfahrungen von gestern können die Blockaden von morgen sein, wenn wir ihn in eine Schublade stecken und erwarten, dass er auf dieselbe Weise wirken und uns begegnen muss, wie wir das früher schon erlebt haben. Im Glauben gibt es keine Automatismen! Gott reagiert auch nicht auf den Einsatz der richtigen Mittel mit derselben Dosis an Segen. Er ist souverän, und er will, dass die Verhältnisse geklärt sind: Er ist Gott, und wir sind seine unvollkommenen Geschöpfe, die von seiner Gnade abhängig sind und von jedem Wort leben, das aus seinem Munde kommt.

Natürlich sollen wir uns dankbar an sein Handeln zurückerinnern, denn der Glaube wächst ja im Erleben seiner Güte. So gab Mose dem Volk dann auch die Anweisung (Ex 16,32), einen Krug mit Manna zu füllen und für seine Nachkommen aufzubewahren, damit diese das Brot sehen würden, mit dem sie auf dem Weg durch die Wüste ernährt wurden. Aber sie sollten keine Sicherheit daraus ziehen, dass die Erfahrung mit Gott von gestern auch noch für das Heute ausreiche.

Es gibt Zeiten in unserem Leben, in denen wir Gott oft besonders ernsthaft und beständig suchen und währenddessen wir oft intensive Erfahrungen mit ihm machen. Danach glauben wir aber häufig, wir wüssten, wie er ist und handelt, und auch unser Lobpreis läuft nach dem erfolgreichen Schema dieser Zeit ab. Anstatt immer mehr von Gott zu entdecken, geben wir uns allzu leicht mit wenig zufrieden und meinen auch noch, wir wüssten, wie Gott ist.

Ich will dies einmal mit einem Bild aus der Computerwelt illustrieren. Die meisten Graphik- und Bildbearbeitungsprogramme haben eine Zoomfunktion – meist durch eine Lupe symbolisiert –, mit der man frei zu wählende Ausschnitte eines Bildes vergrößern kann, bis man zwar die kleinsten Einzelheiten dieses Ausschnittes wahrnimmt, aber der Blick für das Gesamtbild verloren geht. Wenn man die maximale Vergrößerungsstufe einstellt, ist nur noch ein Pixel, der kleinste auf dem Bildschirm darstellbare Punkt, in Form eines verschwommenen Quadrates zu sehen. Man stelle sich einen Benutzer dieser Software vor, der lange auf dieses Gebilde starrt und ausruft: „O wie schön du bist mit deinem Pixel. Wie schön ist die Unschärfe deiner Kanten. Wie ebenmäßig sind die Linien, die dich umhüllen. Tag für Tag will ich dein Rechteck preisen und deine schwarze Füllung besingen."

Wenn dann ein Außenstehender hinter diese Person tritt und ihr eine Weile zuhört, wird er vermutlich einen Lachkrampf bekommen oder ihr gleich stationäre Behandlung nahe legen. Oder er wird nur lakonisch feststellen: „Hast du einmal darüber nachgedacht, dass du gar nicht das Bild siehst? Du hast keine Ahnung, wie das Bild aussieht. Du starrst nur auf den kleinstmöglichen Ausschnitt und behandelst ihn, als ob er das Bild wäre. Versuch doch mal, deinen Horizont zu erweitern und die Minus-Zoom-Taste zu drücken! Du könntest erstaunliche Details entdecken, von denen du keine Ahnung hast. Du wirst kein verschwommenes graues Quadrat sehen, sondern eine Landschaft, die farbenfroh und weit ist."

Unsere Annäherung an Gott ist mit dieser Geschichte vergleichbar. Im Moment sehen wir ihn nur wie durch einen verklärten Spiegel, und erst, wenn wir ihm von Angesicht zu Angesicht gegenüberstehen, werden wir ihn deutlich erkennen. Und dann werden wir eine ganze Ewigkeit damit zubringen, zu erkennen, wie er wirklich ist. Und diese Ewigkeit wird mit einer Beschäftigung gefüllt sein: ihn anzubeten.

Wir haben nur eine unfassbar begrenzte Vorstellung von Gott und seinem Wesen. Seine Wege sind viel höher als unsere Wege und seine Gedanken übersteigen unsere Gedanken. Die Ewigkeit wird nötig sein, um die Tiefen der Anbetung auszuloten. Wie können wir uns im Heute anmaßen, zu wissen, wie Gott ist und wie Lobpreis und Anbetung abzulaufen haben, wenn die Ewigkeit gerade ausreicht, um sein Wesen zu erkennen?

„[…] sie hatten keine Ruhe Tag und Nacht und sprachen: Heilig, heilig, heilig ist Gott der Herr, der Allmächtige, der war und der da ist und der da kommt. Und wenn die Gestalten Preis und Ehre und Dank gaben dem, der auf dem Thron saß, der da lebt von Ewigkeit zu Ewigkeit, fielen die vierundzwanzig Ältesten nieder vor dem, der auf dem Thron saß, und beteten den an, der da lebt von Ewigkeit zu Ewigkeit, und legten ihre Kronen nieder vor dem Thron und sprachen: Herr, unser Gott, du bist würdig zu nehmen Preis und Ehre und Kraft; denn du hast alle Dinge geschaffen, und durch deinen Willen waren sie und wurden sie geschaffen" (Offb 4,8–11).

„[…] die, die aus der großen Trübsal gekommen sind, haben ihre Kleider gewaschen und hell gemacht im Blut des Lammes. Darum sind sie vor dem Thron Gottes und dienen ihm Tag und Nacht in seinem Tempel; und der auf dem Thron sitzt, wird über ihnen wohnen. Sie werden nicht mehr hungern noch dürsten; es wird auch nicht auf ihnen lasten die Sonne oder irgendeine Hitze; denn das Lamm mitten auf dem Thron wird sie weiden und leiten zu den Quellen des lebendigen Wassers, und Gott wird alle Tränen von ihren Augen abwischen" (Offb 7, 14–17).

Jemand hat einmal das folgende Bild der Ewigkeit geprägt, in der er die Zeit mit einem riesigen Berg vergleicht, der so hoch wie der Mount Everest ist und aus reinem Diamant (dem härtesten Mineral, das es gibt) besteht. Alle tausend Jahre kommt ein Vogel geflogen und pickt einmal gegen den Berg. Wenn dieser ganz abgetragen ist, ist gerade eine Sekunde der Ewigkeit vergangen!

Wir wissen nicht, wie viel Zeit bis zum Ende der Welt noch vor uns liegt. Wir können ihre Dimensionen nicht ausloten und den Gott momentan nicht einmal im Entferntesten begreifen, für den tausend Jahre wie ein Tag sind. Der ungebrochene Kreislauf des Lebens, der in der Mathematik durch zwei ineinander verwobene Kreise symbolisiert wird, bleibt unserem begrenzten Verstand verborgen, weil wir seine Bedeutung nicht fassen können. Aber er wird mit einer einzigen Tätigkeit gefüllt sein: Gott anzubeten. Unsere begrenzte Zeit auf dieser Erde kann nicht besser gefüllt werden als mit dem Versuch, so viele Blicke wie möglich durch den verklärten Spiegel zu werfen, um uns auf den großen Tag vorzubereiten, an dem es kein Leid und kein Geschrei mehr geben wird, weil Gott bei uns wohnt und wir in letzter Konsequenz sein Volk sind (Offb 21,3–4).

Ein grundlegendes Verständnis
von Lobpreis und Anbetung

Nicht selten werden Lobpreisleiter stärker nach ihren musikalischen Fähigkeiten ausgesucht als nach ihrem inhaltlichen Verständnis von Lobpreis und Anbetung. Dies ist manchmal dadurch zu erklären, dass der Gesamtleiter selbst keine fundierte, präzise Vorstellung davon hat, welche Bedeutung der Lobpreis im Lebensvollzug der Gemeinde haben sollte. Oft liegt der Grund aber auch in der banalen Tatsache, dass kein besser geeigneter Leiter vorhanden zu sein scheint. In einem solchen Fall liegt es in der Verantwortung des Gemeindeleiters, die inhaltliche Komponente zu verstärken. Er kann dem Musiker gewisse Auflagen machen, ohne deren Erfüllung er ihn nicht in das Leitungsamt einsetzt. Hierzu könnte der Besuch eines Lobpreisseminares gehören, die Lektüre eines fundierten Buches über die Grundlagen von Lobpreis und Anbetung (vielleicht ja dieses Buches ...), der ein- oder mehrmalige Besuch einer Gemeinde, die einen vorbildlichen Lobpreisdienst hat, oder das Anhören von guten Lehrkassetten zum Thema, um nur einige Möglichkeiten zu nennen. Oft werden solche Eindrücke in dem zukünftigen Lobpreisleiter eine Vision wecken, wie die Arbeit in der eigenen Gemeinde aussehen könnte, und damit den Motivationslevel deutlich erhöhen. Außerdem kann in ihm dadurch die Haltung reifen, einmal öfter über den eigenen Tellerrand zu schauen und beständig von Christen anderer oder ähnlicher Prägung zu lernen.

In jedem Fall sollte der Leiter wissen, dass es beim Lobpreis in erster Linie darum geht, Gott Freude zu bereiten und ihm seinen rechtmäßigen Platz zuzugestehen, jedoch nicht um die Erfüllung eigener geistlicher Bedürfnisse. Er sollte wissen, dass die Musik im Lobpreis nicht im Vordergrund steht, sondern lediglich ein wunderbares Werkzeug dazu ist, um eine Gruppe in die Gegenwart Gottes zu führen. Er sollte Dank von Lobpreis unterscheiden können. Er sollte verinnerlicht haben, dass der wichtigste Teil des Lobpreises im Alltag stattfindet und nicht in der gemeindlichen Lobpreiszeit. Und er sollte verstanden haben, dass ein Stil niemals so wichtig ist wie der Inhalt.

Eine positive Haltung zu Menschen, zu den Umständen, zur Gemeinde und ganz allgemein zum Leben

Lobpreis ist geprägt von der Freude und Hoffnung, die von einem erfüllten Leben mit Gott ausgehen. Und ein Leiter hat immer Vorbildfunktion. Wenn sich sein Leben nicht mit dem deckt, was er in der Lobpreiszeit proklamiert, wird er keine Autorität haben, Menschen für Gott zu begeistern. Im Gegenteil: Seine Unglaubwürdigkeit wird ihnen im Wege stehen und das Gefühl vermitteln, dass es sich beim Lobpreis nur um ein weiteres spirituelles Ritual handelt.

Glaubwürdigkeit ist eines der wichtigsten Kriterien für einen Lobpreisleiter. Grund dafür ist, dass Musik an sich bereits große Kraft hat, um Menschen zu begeistern. Vielen Gemeindegliedern reicht es zwar schon aus, in der Gruppe aus voller Lunge schöne Lieder mitzuschmettern und sich an dem Gemeinschaftsgefühl und den eingängigen Melodien zu erfreuen. Aber dies wird dem eigentlichen Sinn von Lobpreis und Anbetung nicht gerecht. Der gemeindliche Lobpreis sollte nur ein Ausdruck einer Freude und Dankbarkeit Gott gegenüber sein, *die bereits den Alltag prägt,* die eigene Gefühlswelt verändert und eine positive Haltung zum Leben hervorbringt. Ein Christ, mit dem man gern zusammen ist, der Lebensfreude versprüht, der die Gabe hat, Menschen aufzumuntern, jemand, der das Positive betont, wenn die meisten eher das Negative vor Augen haben würden – ein solcher Christ hat wichtige Charakterzüge, die das Wesen eines Lobpreisleiters ausmachen sollten. Wer dagegen öfter das Wort mit Sch… am Anfang im Munde führt als Hoffnung und Freude über Gott im Herzen hat, der sollte den Lobpreis erst noch als verändernde Realität in seinem eigenen Leben mit Gott erleben, bevor er andere darin anleitet.

Ein Lobpreisleiter hat viel mit Menschen zu tun. Vielleicht macht er mit einer Band zusammen Musik. Dann gehört es zu seinen Aufgaben, gut vorbereitet in ein solches Treffen zu gehen, die Musiker geistlich und musikalisch zu motivieren und ab und zu auch zu korrigieren. Er hat eine Gruppe oder ganze Gemeinde vor sich, der er dienen und nicht seine eigenen Ideen und Wunschvorstellungen aufdrücken soll. Er sollte Menschen in ihren Nöten und Begrenzungen und ab und zu auch in ihrer Ablehnung und ihren Vorbehalten begegnen. Dazu braucht er eine positive Ausstrahlung, die Menschen gewinnen kann, Feingefühl im Umgang mit Problemen, die Fähigkeit, eigene Fehler zugeben zu können, und eine demütige Haltung, die sich nicht über die anderen stellt („Ich muss die ja erst noch in die von mir gepflegte hohe Kunst des Lobpreises einführen"), sondern durch eigene Begeisterung und positives Vorbild überzeugt.

Menschen folgen gerne einem kompetenten Leiter, wenn er sich für sie interessiert, ihre Bedürfnisse ernst nimmt und sie dort abholt, wo sie gerade stehen. Ungern jedoch lassen sie sich zu etwas manipulieren, was sie nicht wollen. Ein Hirte hat seinen Schafen ja in der Regel etwas voraus, und er sollte sie auf neue Weiden führen, wenn die alten abgegrast sind. Dazu müssen sie ihm jedoch vertrauen können. Wenn sie unsicher sind, ob er sie nicht vielleicht doch auf Brachland führt, folgen sie ihm vermutlich nicht, sondern verharren lieber auf dem abgegrasten Land, weil es dort sicher und vertraut ist – selbst auf die Gefahr hin, irgendwann nur noch von der Erinnerung an frisches Gras zu leben oder schlimmstenfalls sogar zu verhungern.

Mit anderen Worten: Die meisten Gemeindemitglieder sind erfahrungsgemäß konservativ. Sie haben es gerne so, wie es schon immer war, weil dies Vertrautheit und Sicherheit mit sich bringt. Und doch muss ein Christ im Glauben vorangehen oder sein Glaube geht irgendwann ein oder erstarrt zu einer leblosen Tradition. Daher ist es die Aufgabe eines jeden Leiters, seine Gruppe herauszufordern und vor diesem Erstarren zu bewahren. Mit Druck und Forderungen wird ihm dies aber nicht gelingen, sondern einzig und allein mit seinem gewinnenden Vorbild. Wenn er schon in dem neuen geistlichen Land gewesen ist und die Menschen ihm seine Veränderung und Begeisterung abspüren, werden sie ihre Vorbehalte gegen das Neue leichter überwinden und ihm in das neue Land folgen. Wenn er das Neue noch nicht erfahren hat, ihm aber abzuspüren ist, dass er eine tiefe, erwartungsvolle Sehnsucht verspürt, gemeinsam mit der Gruppe in eine tiefere Erfahrung Gottes einzutreten, dann werden sie ihm vermutlich auch folgen. Und der Grund dafür wird darin liegen, dass er nichts vorgibt, was er nicht lebt, sein Leben aber augenscheinlich mit Gottes Wirken rechnet und ihn sucht.

Ein guter Leiter muss nicht immer stark sein. Aber er muss überzeugend vorleben, dass er an einen starken Gott glaubt. Er muss die Schwäche von Menschen verstehen können, die noch nicht da sind, wo er jetzt steht. Er muss anerkennen, dass sein Stand im Glauben auf Gnade und nicht auf eigener Leistung oder Anstrengung beruht. Und er sollte immer vor Augen haben und ehrlich ausstrahlen, dass es für Gott keine aussichtslosen Situationen gibt, auch wenn die Umstände oft ganz anders aussehen.

Einverständnis mit den Werten, den Prioritäten, dem Stil und der Dienstphilosophie der Gemeinde

Ein Lobpreisleiter kann Feuer und Flamme für den Lobpreis sein, eine lebendige Beziehung zu Gott haben und trotzdem ein Fremdkörper im Gemeindegeschehen sein. Etwa dann, wenn er stilistisch eine ganz andere Prägung hat als der Gemeindeleiter und versucht, der Gemeinde seine Prägung aufzudrücken, obwohl dort schon andere, im Laufe der Zeit gewachsene Strukturen entstanden sind. Deswegen ist es ganz wichtig, dass der Gemeindeleiter vor der Rekrutierung des neuen Lobpreisleiters deutlich genug kommuniziert, wie er sich dessen Leitungsstil und Lobpreispraxis vorstellt.

Marc Shaw, der ehemalige Pastor meiner derzeitigen Gemeinde, erzählte mir diesbezüglich einmal eine sehr interessante Geschichte. Er hatte als junger Pastor innerhalb der USA die Gemeinde gewechselt und die Stelle des Co-Pastors in einer Gegend angenommen, in der das Wetter zumeist sehr trübe und unerfreulich war. Da er selbst ein erfahrener Lobpreisleiter war, bekam er in den ersten Wochen seines neuen Pastorates erst einmal einen Kulturschock, als er sich mit dem dortigen Lobpreis vertraut machte. Die Gemeinde sang die Lieder, die er gefühlvoll und getragen kannte, häufig fast im doppelten Tempo. Der Lobpreis war sehr energiegeladen und betont *upbeat*, und ihm fiel die Umgewöhnung so schwer, dass er nach einiger Zeit beschloss, darüber mit dem leitenden Pastor der Gemeinde zu sprechen. Er schilderte ihm sein Unbehagen und die Schwierigkeit, sich an den dort verwendeten Stil zu gewöhnen, und bekam eine ungewöhnliche Antwort.

„Schau mal", sagte der leitende Pastor, „wir leben hier auf einem Fleckchen Erde, in dem das harte Alltagsleben und das raue Klima eine positive Lebenseinstellung und ein dankbares Herz nicht gerade begünstigen, sondern eher erschweren. Wir haben deswegen bewusst einen Lobpreisstil gewählt, der die Menschen mit seiner Dynamik aus dem Alltagsgrau herausreißt und dafür öffnet, trotz der widrigen Umstände Gott zu vertrauen und ihm von Herzen dankbar zu sein." Nach diesem Gespräch verstand Marc, dass der spezielle Lobpreisstil der Gemeinde für die einzelnen Mitglieder eine große Bedeutung hatte. Hätte er ihnen den Lobpreisstil aufgezwungen, bei dem er sich wohl fühlte, so wäre viel von der ursprünglichen Dynamik verloren gegangen. Er hätte der Gemeinde mehr geschadet als genützt.

Diese Geschichte verdeutlicht einige grundlegende Aspekte des gemeindlichen Lobpreises. Auch wenn ich als Lobpreisleiter eine bestimmte Prägung habe und mich mit einem bestimmten Stil besonders wohl fühle, so sollte meine erste Frage doch die sein, mit welcher Vorgehensweise ich der Gemeinde am besten diene. Dies ist vor allem dann wichtig, wenn ich als erfahrener Lobpreisleiter in eine bereits bestehende Arbeit mit eigener Prägung hineinkomme. Es ist für mich leichter, mich auf ihren Stil einzustellen, als für die Gemeinde, sich an meinen zu gewöhnen.

Natürlich gibt es hier Ausnahmen. Wenn der Lobpreisstil einer Gemeinde sehr antiquiert ist und für die meisten Mitglieder jegliche Bedeutung verloren hat, dann kann es richtig sein, etwas völlig Neuartiges zu wagen und damit die Weichen für eine ganzheitliche Erneuerung zu stellen. Besteht aber bereits eine lebendige Lobpreisarbeit, so ist es von entscheidender Bedeutung, auf dem Bestehenden aufzubauen und so einen sanften Wandel zu ermöglichen, der es den Menschen erleichtert, sich auf Neues einzulassen.

Gerade deswegen ist es sehr wichtig, dass der Gemeindeleiter seine Vorstellungen, wie er sich den Lobpreis wünscht, sehr genau vermittelt. Wichtige Fragen sind dabei: Soll der Lobpreis eher dynamisch oder meditativ/kontemplativ sein? Welchen Stellenwert nimmt er im Geschehen der Gemeinde ein? Wie viel Zeit steht in den Veranstaltungen dafür zur Verfügung? Welcher Musikstil entspricht den Wünschen der Gemeinde und/oder der Gemeindeleitung? Wie viel Geld ist im Gemeindebudget für ein vernünftiges Lautsprechersystem, Musikinstrumente und Materialien wie Noten, Tonträger etc. eingeplant? Sollen die Geistesgaben oder freie Gebetszeiten im Lobpreis Platz haben oder nicht? Bestimmt der Gemeindepastor oder der Lobpreisleiter das Ende? Sollen eigene Lieder, die in der Gemeinde entstanden sind, in den Lobpreis einfließen?

Solche und viele andere Fragen sollten bereits im Vorfeld beantwortet werden, weil sie dem Lobpreisleiter deutlich machen, woran er ist und was von ihm erwartet wird. Er hat dann auch die Möglichkeit, die Aufgabe abzulehnen, wenn ihm die Auflagen als zu einengend erscheinen oder er das Gefühl hat, mit seinem Gabenspektrum den Anforderungen nicht angemessen gerecht werden zu können.

Dies sieht jedoch in der Praxis oftmals völlig anders aus. Am Anfang wird den Lobpreisleitern freie Hand gelassen, bis es zu einer Situation kommt, die der Gemeindeleitung nicht passt. Danach wird der Lobpreisleiter zurückgepfiffen und reglementiert, was ihn wiederum sehr frustriert, weil er die Arbeit unter anderen Voraussetzungen angetreten hatte. Fehlende Absprachen und mangelnde Kommunikation zwischen dem Gesamt- und dem Lobpreisleiter sind die verbreitetsten Störfaktoren. Gibt es dagegen klare Absprachen und akzeptiert der Lobpreisleiter von vornherein die Vorgaben der Gesamtleitung, dann wird es auch im Konfliktfall leichter fallen, die anstehenden Probleme zu lösen.

Voraussetzung dafür ist, dass der Lobpreisleiter niemals versucht, die Richtlinien der Gesamtleitung zu boykottieren. Dies geschieht leider nicht selten, vor allem dann, wenn die Vorstellungen in Bezug auf Länge, Stil, Freiheiten des Lobpreisleiters u. ä. voneinander abweichen. Das Gebet des Lobpreisleiters sollte nicht allein lauten: „Herr, zeige mir, was du in dieser Lobpreiszeit tun willst", sondern vielmehr: „Herr, mein Pastor hat mir zwanzig Minuten gegeben. Was möchtest du in diesen zwanzig Minuten tun?" Mangelnde Akzeptanz der pastoralen Vorgaben hat in aller Regel Vertrauensverluste und gegenseitige Frustration zur Folge. Stattdessen sollte der Lobpreisleiter immer die Möglichkeit haben, mit dem Gesamtleiter über die Bereiche und Vorgehensweisen zu reden, die ihm Schwierigkeiten bereiten. Dieser darf wiederum dem Lobpreisleiter nicht das Gefühl vermitteln, er sitze mit der Stoppuhr in der Lobpreiszeit und laure nur auf die erste Übertretung des gesetzten Zeit-Limits.

Nimmt sich der Gesamtleiter ausreichend Zeit, in regelmäßigen Abständen mit dem Lobpreisleiter zu reden, so kann er damit Alleingänge verhindern. Dabei sollte der Lobpreisleiter als Partner behandelt werden, dem nicht nur Entscheidungen vorgesetzt werden, die er zu schlucken hat. Er braucht das Gefühl, gehört und in seinen Ansichten ernst genommen zu werden, auch wenn das Gespräch nicht immer zu einer veränderten Marschroute in der Lobpreisarbeit führt. Wichtig ist in diesem Zusammenhang außerdem, dass dem Lobpreisleiter nicht nur Kritik, sondern auf Grund seiner Arbeit mindestens ebenso große Wertschätzung entgegengebracht wird.

Der Wunsch, sich beständig fortzubilden und zu lernen

Was schon vor der Einsetzung eines Lobpreisleiters für diesen von Bedeutung ist, ist auch danach noch genauso wichtig. Wie in jedem anderen Dienstzweig läuft ein Lobpreisleiter Gefahr, irgendwann nicht mehr dazuzulernen, sondern sich „auf seinen Lorbeeren auszuruhen". Zum Beispiel, indem er nicht mehr an seinen musikalischen Fähigkeiten arbeitet, keine neuen Lieder mehr lernt und einbringt oder aber den Lobpreis immer auf dieselbe stereotype Art und Weise gestaltet. Das kann fatale Auswirkungen haben, denn was gestern noch bedeutsam und wirkungsvoll war, kann sich heute bereits abgenutzt haben und bedeutungslos geworden sein.

Die nächste Generation wird Gott vermutlich auf eine andere Weise loben als diese Generation, und das ist auch gut so. Gott hat durch die Jahrhunderte immer im Kontext der zeitgenössischen Kultur gewirkt. Ihm liegt am Herz, dass möglichst viele Menschen für sein Königreich gewonnen werden, unabhängig davon, durch welche Verkündigungsform oder welchen Musikstil das geschieht. Er ist der Schöpfer aller Kreativität, und er hat seiner Kirche in Zeiten der Erneuerung immer wieder neue Ausdrucksformen ihres Dankes und Lobpreises gegeben, die für den Kulturkreis relevant waren und es den Menschen erleichtert haben, in sein Königreich einzutreten. Warum sollte er jetzt plötzlich seine Strategie ändern? Wir sind gerufen, mit Gottes Strom zu fließen, nicht mit dem der Gesellschaft. Aber oft nutzt Gott gesellschaftliche Entwicklungen in Poesie, Musik und darstellender und bildender Kunst, um sich in der Sprache der Zeit durch Christen wieder neu Gehör zu verschaffen. Wir sollten als Lobpreisleiter, Musiker, Künstler und Gemeinden daher für diese Entwicklungen sehr offen sein, wenn sie dabei helfen, Menschen dem Reich der Dunkelheit zu entreißen.

Und dies gilt nicht nur für die musikalischen, sondern auch für die inhaltlichen Schwerpunkte im Lobpreis, die Gott im Laufe einer Gemeindegeschichte oder sogar in einem Land setzt. Er ist nicht an den Stil von gestern gebunden, und wir sollten es auch nicht sein.

Die Fähigkeit, neue Leiter heranzubilden

John Wimber hat einmal gesagt: „Der ist ein guter Leiter, der es in einem überschaubaren Zeitrahmen geschafft hat, einem anderen Menschen zu helfen, dieselbe Aufgabe besser zu erfüllen als er selbst." Diese Aussage lebt ein wenig von der Überspitzung, aber sie macht ein wichtiges Prinzip deutlich, das Paulus schon vor Hunderten von Jahren an Timotheus weitergegeben hat:

> „Du nun, mein Kind, sei stark in der Gnade, die in Christus Jesus ist; und was du von mir in Gegenwart vieler Zeugen gehört hast, das vertraue treuen Menschen an, die tüchtig sein werden, auch andere zu lehren" (2 Tim 2,1–2).

Diese Bibelstelle bezieht sich in erster Linie auf die Lehrvermittlung, aber sie kann ohne weiteres auch auf jeden anderen Dienstbereich in der Gemeinde übertragen werden. Das biblische Wachstum funktioniert nach dem Multiplikations- und nicht nach dem Additionsprinzip. Ein starker Leiter, und hat er noch so ausgeprägte Fähigkeiten, wird nur in den allerseltensten Fällen das bewegen können, was mehrere Leiter bewirken – vor allem dann, wenn sie liebevolle Vorbilder hatten, die sich nicht zu schade waren, auch langfristig und mit ihrem persönlichen Leben in die potenziellen Leiter von morgen zu investieren. Gott hat uns unsere Begabungen nicht gegeben, damit wir sie für uns behalten oder als diejenigen im Rampenlicht stehen, denen so schnell keiner das Wasser reichen kann. Er möchte, dass wir verschenken, was wir haben. Jede einzelne Gabe ist ein Geschenk Gottes. Wir haben sie uns nicht selbst erarbeitet oder verdient, sondern Gott hat sie in uns gelegt – nicht, damit wir irdische Trophäen sammeln, sondern damit wir uns mit der Gesinnung Christi nun an andere verschenken.

Es gibt nur zwei Gründe, eine Gabe für sich behalten zu wollen: den Stolz, mehr zu können als andere, oder die Sorge, nicht mehr so viel wert zu sein oder so wertgeachtet zu werden, wenn in dem Bereich der größten *eigenen* Stärken andere Leute genauso viel können oder Beachtung finden. Aber unser Wert hängt nicht von unseren Begabungen oder Leistungen ab, sondern von Gottes bedingungsloser Liebe. Und wenn andere den Job besser machen als wir, dann wird uns Gott vielleicht einen neuen Platz zeigen, an dem wir ihm dienen und seine Gaben an andere weiterschenken können.

Dies gilt auch für den Dienst der Lobpreisleitung. Als Leiter sollte es von Anfang an unser Ziel sein, potenzielle zukünftige Leiter zu finden, zu begeistern, zu schulen, zu begleiten und ihnen Raum zu geben, ihre Gabe zu entfalten. Und wenn sie einmal leiten, sollten wir ihnen ermutigend, aber auch herausfordernd Feedback geben. Eine Gemeinde geht oft durch ganz unterschiedliche Phasen. In dem einen Moment scheint es, als seien genügend Musiker vorhanden; dann plötzlich, von heute auf morgen und bedingt durch eine Verquickung von persönlichen, beruflichen und geistlichen Motiven, kommt es zu einer größeren Fluktuation in der Lobpreis-Band.

Als Leiter mit einem Jahrzehnt an Erfahrung in diesem Bereich habe ich dies bereits oft erlebt. Ich habe nicht gezählt, wie viele Musiker im Laufe meiner Leitung gekommen und gegangen sind, aber es waren bestimmt 100 oder 150. Die vielleicht schwierigste Situation dieser Art, die ich überwinden musste, ereignete sich Anfang der 90er Jahre. Damals verantwortete ich eine Lobpreisarbeit mit drei Teams und etwa 30–35 Mitgliedern, als die Gemeindeleitung bekannt gab, dass nicht weit entfernt in einem anderen Stadtteil innerhalb eines guten halben Jahres eine Tochtergemeinde gegründet werden sollte. Die Zeit schien rasend schnell zu vergehen, und am Ende stellte sich heraus, dass die Altersstruktur dieser neu gegründeten Gemeinde fast exakt der unserer Lobpreisarbeit entsprach. Beinahe 60 %

unserer Musiker, darunter die bei weitem erfahrensten, schlossen sich der neuen Gemeinde an. Dies war ausgesprochen einschüchternd, zumal meine Frau und ich ein halbes Jahr später für sechs Monate zur *University of the Nations* von „Jugend mit einer Mission" (JmeM) nach Hawaii gehen wollten. Daher machte ich mir als verbliebenem Leiter der dezimierten Schar große Sorgen, und ich habe in jener Zeit die beiden Lieblingsgebete John Wimbers sehr zu schätzen gelernt: „Oh Gott, oh Gott, oh Gott" und „Hilfe!!!"

Wir beteten in dieser Situation sehr intensiv darum, dass Gott uns erfahrene Musiker in die Gemeinde schicken würde, die nicht erst jahrelang geschult werden mussten, sondern schnell in die Arbeit integriert werden konnten. Und er erhörte unser Gebet: Im Verlauf der folgenden sechs Monate rückten mehr als zehn Musiker nach, unter anderem zwei Teamleiter. Gott versorgt uns, wenn wir ihn an seine Verheißungen erinnern! Ein Teil des Nachwuchses war aber auch darauf zurückzuführen, dass wir potenzielle Leiter sehr ermutigten, in eine solche Aufgabe hineinzuwachsen. Hätte ich mit Argusaugen meine Position bewacht, wäre die Arbeit zusammengebrochen.

Ein neuer Leiter hat natürlich nicht die Erfahrung, die der alte mitbringt. Aber der alte „Hase" war auch einmal ein junger potenzieller Leiter, der nur durch Fehler, Pannen und viele Erfahrungen, die ihm niemand ersparen konnte, zu dem geworden ist, der er heute ist. Erfahrene Leiter verlieren dies leicht aus den Augen, aber sie sollten die Ermutiger sein, die die Leiter von morgen liebevoll an ihre Berufung heranführen.

Handwerkliche Grundvoraussetzungen

Bis jetzt wurde zum Thema „Musik" noch nicht viel gesagt. Dies hängt damit zusammen, dass diese im Lobpreis eine untergeordnete Bedeutung hat. Damit meine ich keineswegs, dass sie unbedeutend ist. Im Gegenteil, in unseren gemeindlichen Lobpreiszeiten wird überwiegend gesungen. Gesang ist schließlich neben der Liturgie die einzige Möglichkeit, dass eine große Gruppe von Menschen sich eins machen und im selben Moment dasselbe Gebet vor Gott bringen kann. Aber die Musik hat von sich aus eine sehr große Macht. Rhythmus, Melodien, ein voller Sound und der gemeinsame Gesang können tiefe Emotionen wecken, fesseln und das Herz berühren, ohne den Umweg über den Verstand zu nehmen. Nichts von alledem hat notwendigerweise mit einem geistlichen Geschehen zu tun. Der eine bedankt sich hinterher für den tiefen Lobpreis, weil die Musik die richtige Lautstärke hatte, der andere, weil seine beiden Lieblingslieder, die er sich so gewünscht hatte, gesungen wurden, und der dritte bemängelt, dass es keinen Sprachengesang gegeben hat. Dieses sind aber tendenziell eher psychologische und menschliche Faktoren.

Erst, wenn der Letzte begriffen hat, dass Lobpreis unendlich viel mehr ist als das gemeinsame Singen von eingängigen Liedern in der Gemeinde, macht es Sinn, sich mit der Musik als wichtigster Ausdrucksform des Lobpreises zu beschäftigen – dann jedoch richtig!

Mein Äußerstes für sein Höchstes

Viele Lobpreismusiker, die ich im Laufe der Jahre getroffen habe, haben sich eine eigene Strategie zurechtgelegt, die in etwa so aussieht: „Der Inhalt ist das Entscheidende am Lobpreis, nicht die Musik. Deswegen tue ich nur das Nötigste, bis ich mein Instrument einigermaßen beherrsche, nicht mehr. Die Zeit ist besser investiert, wenn ich bete oder mich vorbereite. Warum sich also auf meinem Instrument fortbilden?"

Was auf den ersten Blick eine sehr geistliche Haltung zu sein scheint, entpuppt sich aus verschiedenen Blickwinkeln bald als gefährlicher und folgenreicher Trugschluss. Da wäre zuerst einmal die begrenzte Freiheit des Lobpreisleiters zu nennen, auf das spontane Wirken des Heiligen Geistes einzugehen. Wenn er nur die wichtigsten Akkorde auf seinem Instrument beherrscht, wird er in aller Regel nicht dazu in der Lage sein, ein spontanes Lied einzufügen.

Stattdessen kostet ihn die Vorbereitung große Mühe; um die Lieder flüssig hintereinander spielen zu können, muss er alle Noten griffbereit und so organisiert haben, dass er schnellen Zugriff darauf hat. Sich außerhalb der notierten Tonart zu bewegen, zu transponieren, um die Spannung zu steigern, u. ä. ist ihm nicht möglich. Durch seine Abhängigkeit von Noten und einem exakten Ablaufplan wird er einen großen Teil seiner Konzentration darauf verwenden, nicht zu viele Fehler zu machen. Würde der Lobpreisleiter den Gewinn an Freiheit und Ausstrahlung erahnen, den ihm eine fundierte Harmonielehre und erweiterte Akkord- und Rhythmuskenntnisse brächten: Er würde seine Berührungsängste und geistlich überhöhten Entschuldigungen sehr schnell überwinden.

Für die Gemeinde oder Gruppe wird der Lobpreis leicht eintönig, da sich bei sehr limitierten instrumentalen Fähigkeiten fast immer ein Einheitsrhythmus breit macht, der durchgängig seine Anwendung findet, egal, ob es sich um eine Ballade, eine Hymne, ein schnelles oder ein rockiges Lied handelt. Diese ästhetische Beobachtung erschwert es vielen, sich ganz auf den Lobpreis einzulassen, vor allem, wenn der Musiker dann zusätzlich nicht ganz sauber singt oder nicht allzu viel Aufmerksamkeit auf die Stimmung seines Instrumentes verwendet.

Und auch aus missionarischer Perspektive ist die geschilderte Haltung fatal: Schlechte oder äußerst dürftige Musik im Lobpreis bestätigt Nichtchristen nur noch in dem weit verbreiteten Vorurteil, dass musikalisch von Christen ohnehin nichts Besseres zu erwarten ist. Und manche Christen schämen sich so sehr wegen der schlechten Musikqualität im Gottesdienst, dass sie schon aus diesem Grund niemanden in den Gottesdienst mitnehmen. Musik nimmt im Leben der meisten Menschen einen großen und wachsenden Stellenwert ein, da Musik in Verbindung mit visuellen Medien seit geraumer Zeit die Sprache als führende Kommunikationsform abgelöst hat. Und die Menschen sind auch, beeinflusst durch die Revolution in der Aufnahme-Technik, die im letzten Jahrzehnt stattfand, einen immer professionelleren Sound von CD, Radio, Fernsehen und Live-Konzerten gewohnt. Würden sie in der Kirche ein positives Beispiel finden, das ihren Vorurteilen entgegenstände, könnten sich manche durch die Musik und die Atmosphäre für den Glauben öffnen. Es ist ein Irrtum zu glauben, dass Nichtchristen mit Lobpreis wenig anfangen könnten. Das Gegenteil trifft zu. Viele werden vom hingebungsvollen Gesang einer lebendigen Gemeinde sehr angerührt, weil sie diese Art von Musik noch nie gehört haben, und öffnen sich anschließend für den Glauben. So habe ich im Laufe der Zeit mit einigen Neubekehrten gesprochen, die erzählten, dass die Musik in der Gemeinde anfangs ein wichtiger Faktor gewesen sei, um wieder zu kommen und schließlich Christ zu werden.

Ich möchte mit dem Gesagten niemandem Angst machen, in den Lobpreisdienst hineinzuwachsen. Kein Profi fällt vom Himmel, und schon gar nicht im Bereich von Musik. Aber, um es mit dem Prinzip von Oswald Chambers in „Mein Äußerstes für sein Höchstes" zu sagen: Es ist nicht zu viel verlangt, in dem Bereich, der für mich im Gemeindedienst das Wichtigste ist – auch wenn ich noch ein blutiger Anfänger bin –, das Äußerste zu geben, was ich guten Gewissens an Zeit und Energie aufwenden kann, um zu lernen, besser zu werden und meine Aufgabe besser ausfüllen zu können. Heißt die Priorität nun „Lobpreisleitung", so könnten Gitarrenunterricht, Klavierunterricht, Gesangsstunden, der Kauf eines besseren, verstimmungsfreien Instrumentes oder eine Viertelstunde regelmäßigen Übens am Tag bei der Erfüllung meiner Aufgabe solche Schritte des Gehorsams und der Treue sein.

Die Fähigkeit, eine Gruppe musikalisch anzuleiten

Theoretisch könnte jeder irgendwie den Gesang im Lobpreis anleiten, der einigermaßen sicher singt und genügend Lobpreislieder kennt. Aber damit ist natürlich niemandem gedient, vor allem dann nicht, wenn der- oder diejenige eine größere Gruppe von Menschen anleiten soll. Deswegen gibt es einige Grundvoraussetzungen, die so weit wie möglich erfüllt werden sollten. Die wichtigste ist die, dass der Leiter eine klare und präzise Stimme hat, das heißt, sauber intoniert und beim Singen für alle halbwegs musikalischen Menschen nachvollziehbar den Rhythmus hält. Leiter, für die diese Kriterien nicht oder nur teilweise zutreffen, können nur eine Notlösung sein. Zwar könnte der Leiter auch mit Musikern zusammenarbeiten, aber es bedarf eines sehr hohen Kommunikationsniveaus und klarer Absprachen, wenn diese Handhabung nicht auf Kosten des Flusses im Lobpreis gehen soll. Daher sollte jede Gruppe für einen Leiter beten, der sie nicht nur im Wort und Gebet, sondern auch im Gesang anleiten kann.

Mit Keyboard oder Gitarre

Die einfachste Weise, den Lobpreis zu leiten, ist die von einem Harmonieinstrument aus, insbesondere Gitarre oder Keyboard. Dabei besteht ein wichtiger Unterschied zwischen einer Ein-Mann-Kapelle und einer ganzen Band. Ist der Leiter der einzige Instrumentalist, hat sein Instrument unterschiedliche Funktionen. Es gibt Tempo, Rhythmus, Tonart, Harmonien, Dynamik und manchmal auch noch die Melodie an und ist daher durchgehend präsent. Der häufigste Fehler von Lobpreisleitern, die häufig alleine geleitet haben, jetzt aber mit Band arbeiten, ist der, dass sie meinen, mit ihrem Instrument immer noch alle genannten Funktionen übernehmen zu müssen. Dies führt oft dazu, dass die Musik zu überladen ist und ein großer, undurchsichtiger „Klangmatsch" entsteht. Daher ist es wichtig, die genannten musikalischen Funktionen klar aufzuteilen, und auch der Leiter hat keinen Freibrief, sich über solche Absprachen hinwegzusetzen!

Die Vorteile der Leitung von Gitarre oder Keyboard aus liegen auf der Hand: Der Leiter muss nicht jedes Mal stoppen, bevor er das nächste Lied ansagt. Da er sich oft allein begleitet, kann er jederzeit die Tonart wechseln, das Tempo anziehen oder zurücknehmen oder Lieder als Medley ineinander fließen lassen. Es kann keine Kommunikationsschwierigkeiten zwischen geistlichem und musikalischem Leiter geben, weil er ja beides in einer Person ist. In manchen Situationen wirkt sich eine meditative Pause im Lobpreis mit reiner Instrumentalmusik sehr positiv aus. Dann ist es leichter, dieses Zwischenlied selbst zu gestalten, als musikalische Anweisungen im Flüsterton an andere Musiker weitergeben zu müssen.

Außerdem sei erwähnt, dass ein Lobpreisleiter hinter seinem Instrument nicht so sehr den Blicken ausgesetzt ist wie ein Sänger, der nichts vor sich hat: Da es sich beim Lobpreis ja in erster Linie um Gebet handelt, kann es nur im Sinne des Leiters sein, wenn ihn während der Lobpreiszeit nicht alle anschauen, sondern die Blicke und die Aufmerksamkeit möglichst ungeteilt auf Gott gerichtet sind. Der Leiter sollte für alle sicht- und hörbar sein, sodass der gemeindliche Gesang zusammengehalten wird, aber er sollte im Laufe der Zeit auch immer weniger im Mittelpunkt des Interesses stehen, sodass Menschen frei werden, ihren Blick auf Jesus zu richten. Daher ist es wichtig, alle außergebetlichen Aktivitäten so dezent wie möglich zu handhaben; ob es sich dabei nun um musikalische Absprachen, erforderliche Zwischenansagen oder das Schniefen ins Taschentuch handelt.

Die beste Art, zu leiten und doch in den Hintergrund zu treten, ist die, mit ganzem Herzen selbst in den Lobpreis einzutreten und Gott zu vertrauen, dass er die Leitung der Lobpreiszeit übernimmt. Gott spricht konkret: Er führt auch die Gedanken, die den Ablauf oder die Lieder betreffen. Von Zeit zu Zeit ist aber Blickkontakt mit der Gemeinde sehr wichtig, um zu sehen, ob sich die Einzelnen bis jetzt im Lobpreis öffnen konnten oder nicht. Auch diese „geistliche Bestandsaufnahme" kann dazu führen, den Ablauf leicht zu verändern, wenn dies der Gemeinde erleichtert, in die Gegenwart Gottes einzutauchen.

Natürlich ist es wichtig, dass ein guter Musiker, der Lobpreis leitet, die Menschen mit seiner Musik nicht erschlägt. Brillante, konzertante Elemente einzustreuen kann auch kontraproduktiv wirken: dann nämlich, wenn die Leute mehr zuhören, als sich selbst im Lobpreis einzubringen. Die musikalische Aufgabe, eine große Gruppe im Gesang anzuleiten, unterscheidet sich eben deutlich von der, einen brillanten Auftritt hinzulegen. Aber sie muss deswegen noch lange nicht weniger anspruchsvoll sein. Das Geheimnis liegt u. a. darin, dass solistische Elemente in der Begleitung stärker melodiebezogen sind und die Musik vergleichsweise eher die Funktion hat, rhythmisch, harmonisch und melodisch einen Klangteppich zu legen, auf dem sich die Gemeinde frei bewegen kann.

Dabei dient die Musik als Inspiration, nicht als Manipulation. Der Lobpreisleiter ist kein Cheerleader oder Animateur, sondern ein Ermutiger, in die Gegenwart Gottes einzutreten. Der Enthusiasmus (obwohl das im Griechischen wörtlich von *en théo* = *in Gott sein* kommt) oder die Lautstärke des Gesanges sind nicht die maßgebenden Kriterien für eine gesegnete Lobpreiszeit; viel eher schon die Ehrlichkeit und die Freiheit, mit der sich die Gemeinde im Lobpreis für Gott öffnet und einen eigenständigen Ausdruck der Freude und Dankbarkeit ihm gegenüber findet.

Eine entspannte Haltung gegenüber Pannen und unvorhersehbaren Ereignissen

Ich werde vermutlich mein Leben lang nicht die folgende Situation vergessen, die sich während eines unserer Abendgottesdienste abspielte. Es war an einem jener Abende, an dem das Wetter schön, aber nicht zu heiß, und der Raum mit 400 Menschen dicht gefüllt war. Die Lobpreiszeit war schon eine Weile im Gange – die Lieder hatten einen meditativen, anbetenden Charakter angenommen, und mein Freund Michael Neff, der den Lobpreis leitete, gab mir an einer bestimmten Stelle das verabredete Zeichen. Ich sollte als Zwischenspiel ein melodisches E-Gitarrensolo über den Akkorden des Refrains spielen. Das Solo war komponiert: Ich hatte es schon auf einer früher aufgenommenen Lobpreis-CD gespielt und kannte es daher in- und auswendig.

Doch auf Grund meiner Routine übersah ich zwei Dinge. Zum einen, dass mein Solo-Sound im Gitarrenverstärker noch auf Konzert-, anstatt Gottesdienst-Lautstärke programmiert war. Zum anderen, dass das Solo auf der CD in F-Dur war, wir das Stück aber jetzt in E-Dur spielten. Und so erklang in brüllender Lautstärke, die an sich schon jeden vom Lobpreis abgelenkt hätte, ein Gitarrensolo mit den schiefsten Tönen, die man sich für das Stück vorstellen konnte. Ich weiß nicht mehr, nach wie vielen Tönen ich das Solo abbrach (waren es drei oder vier?) und zu dem cleanen Begleitsound umschaltete. Aber es erschien mir wie eine Ewigkeit. Aus der Jesus-Freak-Reihe am anderen Ende des Raums war lautes Klatschen zu hören, und als ich aufsah, merkte ich, dass sie mir für das „spektakuläre Solo" Standingovations gaben. Wo war bloß das Loch im Boden, in das ich hätte versinken können?

An jenem Abend dachte ich viel darüber nach, welche Pannen mir im Lobpreis in früheren Jahren schon passiert waren und ob irgendeine von ihnen mit dieser vergleichbar war. Da waren Dutzende von gerissenen Gitarrensaiten, die zum Teil die gesamte Stimmung der Gitarre verdorben hatten, während diese oft das einzige Begleitinstrument war. Dann natürlich Ausfälle der Verstärkeranlage, Wechsel in eine andere Tonart, die die Gemeinde nicht mitbekam und dementsprechend munter in der alten Tonart weitersang, Lieder im 3/4-Takt, die ich zu Liedern im 4/4-Takt gemacht hatte, vergessene Melodien von Liedanfängen, falsche Anfangstonarten von fast vergessenen Liedern, die den Gesang in schier unerreichbare Höhen schraubten, defekte Kabel und all die peinlichen Missverständnisse mit den Begleitbands, die ich wegen ihrer Vielzahl längst vergessen habe. Dann war da noch die Geschichte, bei der ein Gottesdienstbesucher aus einer anderen Stadt jede Pause im Lobpreis nutzen musste, um seine Privatprophetie an die Gemeinde loszuwerden, und die Notwendigkeit einer Entscheidung, ihn gewähren zu lassen, verbal zu unterbrechen oder einfach mit einem neuen Lied anzufangen, wohl wissend, dass er auch in der nächsten Pause seinen Einsatz nicht verpassen würde.

Doch mir wurde noch eine weitere Sache bewusst. Im Laufe der Jahre hatte sich meine Einstellung zu Pannen und unvorhersehbaren Ereignissen verändert. Früher beschäftigten sie mich zum Teil noch tagelang, und die darauf folgende Lobpreiszeit war von der bangen Frage getrübt, ob die Gemeinde wohl noch daran dachte oder vielleicht nur darauf wartete, dass der nächste Fehler passierte. Doch mit der Zeit wurde ich entspannter und nahm mich selbst weniger wichtig. Heute habe ich akzeptiert, dass Fehler und Pannen zum Leben und damit auch zu jeder Form von Leitung dazugehören. Perfekt zu sein hieße, nicht mehr Mensch zu sein. Das bedeutet natürlich nicht, dass ich nicht daran arbeiten würde, solche Fehler nicht ein zweites Mal zu machen. Wem häufig Gitarrensaiten reißen, der sollte eine 12-saitige Gitarre benutzen oder eine Ersatzgitarre parat haben. Und wessen Anlage nur unter flehentlichem Gebet und mit geistlicher Kampfführung funktioniert, der sollte lieber nicht hinter jeder Ecke eine Anfechtung vom Baby-Dämon „Sound & Technik" vermuten, sondern lieber besseres Equipment kaufen, auf das Verlass ist.

Es geht also nicht darum, Fehler schönzureden oder alles auf die Begleitumstände zu schieben. Einen reifen Leiter erkennt man u. a. daran, dass er selbst ganz gut einschätzen kann, wo der Fehler liegt, dann aber vorsorgt, dass der Fehler möglichst nicht noch einmal passiert. Mit individuellen Fehlern ist die Lobpreiszeit für uns Leiter manchmal schon gelaufen. Die Gemeinde erlebt das aber ganz anders. Viele bemerken die Fehler erst gar nicht oder sie sind so viele Unvollkommenheiten im Hauskreisgesang gewöhnt, dass die gottesdienstliche Musik vergleichsweise immer noch der Himmel auf Erden ist.

Fazit: Fehler gehören dazu. Sie disqualifizieren den Leiter nicht. Er sollte aber daran arbeiten, dieselben Fehler nicht zu oft zu wiederholen. Der Lobpreis ist auch nach einem kapitalen Fehler nicht gestorben, es sei denn, der Leiter gibt auf. Dies kann er verhindern, indem er Gott immer wieder um eine entspannte Haltung bittet – auch für die Fälle, in denen eine Begebenheit so peinlich erscheint wie meine Geschichte zu Beginn.

Unterschiede zwischen Lobpreisleitung in kleineren und größeren Gruppen

Unterschiedliche Gruppen unterliegen unterschiedlichen Gesetzmäßigkeiten. Dies ist eine generell gültige Aussage und sie gilt auch für die Lobpreisleitung. Es macht einen erheblichen Unterschied, ob man eine Gruppe von fünf oder hundert Personen in den Lobpreis leitet. Da wäre zuerst einmal der *Einsatz von Technik* zu nennen. In erstgenannter Gruppe eine Verstärkeranlage einzusetzen würde geradezu grotesk wirken, in der zweiten Gruppe dagegen ist sie erforderlich, damit der Leiter Akzente setzen und sein Amt effektiv ausüben kann.

Viel wichtiger scheint mir jedoch zu sein, dass die Gruppengröße auch den *Charakter der Lobpreiszeit* mit beeinflusst. Natürlich sind nicht alle Menschen gleich und für eine äußerst musikalische und stimmstarke Gruppe mag die folgende Aussage nur mit Einschränkungen gelten. Aber generell habe ich die Erfahrung gemacht, dass es in einer kleinen Gruppe in der Regel sehr viel leichter ist, einen ruhigen, meditativen Lobpreis zu gestalten als einen lauten und lebendigen mit vielen schnellen Liedern.

Dies hat zuerst einmal psychologische Gründe. Wenn Christen sich zum traditionellen Hauskreisabend zusammenfinden, kommen sie direkt aus dem Alltag. Sie sind oft müde, ihnen hängen noch die Geschehnisse des Tages nach, und es dauert eine Weile, bis sie sich von all diesen Gedanken lösen können und bereit sind, auf Gott zu schauen. In der großen Gruppe kann diese Anwärmphase leicht dadurch überbrückt werden, dass man leidenschaftliche, feurige und rhythmische Lieder singt, die einerseits ein starkes Gemeinschaftsgefühl vermitteln und andererseits deutlich machen, dass man mit seinem Christsein nicht allein steht und gemeinsam den Sieg des Glaubens proklamiert.

In der kleinen Gruppe hingegen wirken solche Bemühungen leicht befremdend, denn anstelle des feurigen Gesanges aus hundert Kehlen hört man hier nur das mühsame Singen einer Hand voll Christen, die häufig musikalisch nicht so geschult sind oder mit dem Rhythmus mancher Lieder auf Kriegsfuß stehen. Upbeat-Songs verlieren dann leicht ihre anfeuernde, dynamische Wirkung und wirken eher müde und unmotiviert. Um diesem Problem vorzubeugen, kann es hilfreich sein, mit eher langsamen, zur Ruhe führenden Liedern in die Lobpreiszeit einzusteigen. Das hilft den Einzelnen, sich zu sammeln, und erleichtert es auch den Unmusikalischen, mitzusingen, weil ruhige Lieder mit länger gehaltenen Tönen nun einmal leichter zu singen sind als schnelle Songs mit vielen Synkopen und vielfältigen Phrasierungen. Ist die Gruppe erst einmal auf Gott ausgerichtet und das Gebet lebendig, kann man die Lobpreiszeit mit ein oder zwei Up-

Tempo-Songs abschließen. Jetzt sind diese Lieder Ausdruck der aktuellen Erfahrung und haben keine Warm-Up-Funktion mehr. Daher macht es auch nichts, wenn sie in der künstlerischen Gestalt nicht so attraktiv sind. Die Begeisterung steht nun im Vordergrund.

Einen weiteren wesentlichen Unterschied zwischen Lobpreisleitung in größeren und der in kleineren Gruppen sehe ich in dem *Anteil des freien Gebetes* an der Lobpreiszeit. In einer großen Gruppe ist es oft nicht möglich, viele freie Gebete zuzulassen, weil die Gemeindeglieder oft nicht gewöhnt sind, vor vielen Menschen zu sprechen und sich ihre Stimme nicht genügend durchsetzt. Das gemeinschaftliche Gebet kann sehr mühsam werden, wenn man sich bei jedem zweiten Gebetsbeitrag im Raum angestrengt bemühen muss, den Inhalt zu verstehen, weil der Beter zu leise spricht. Hier haben die Lieder vor allem die Funktion, Sprachrohr für das Gebet der ganzen Gruppe zu sein. Auch sollte der Leiter die Sensibilität besitzen, in seinen Gebeten das zum Ausdruck zu bringen, was die Gemeinde bewegt.

Im Haus-, Gebets- oder Jugendkreis dagegen gibt es dieses Problem nicht. Sie sind ein wunderbarer Ort, um gemeinsames Gebet einzuüben. Die meisten modernen Lobpreislieder sind auf Grund ihrer Struktur, die sehr einfach gehalten ist und die sich auch wegen ihrer geringeren Textfülle stark von den traditionellen, mehrstrophigen Kirchenliedern unterscheiden, nur dazu in der Lage, Themen anzureißen. Dies ist gleichzeitig ihre Stärke und ihre Begrenzung.

Wenn die einzelnen Christen es gelernt haben, die Aussagen der Lieder mit eigenen Erfahrungen zu füllen, und dies auch auf individuelle und kreative Weise im Gebet zum Ausdruck bringen, erfüllen die Lieder ihren Zweck optimal. Geschieht dies jedoch nicht, wird das Gebetsleben auf Dauer verkümmern und einer Rezitation vorhandener Liedtexte gleichen. In diesem Fall hat sich die Beschränkung in den Lobpreisliedern auf die Kreativität im Gebet übertragen und das ist sehr bedauerlich.

Gerade aus diesem Grund ist es mir so wichtig, dass in jeder lebendigen Gemeinde neue Lieder entstehen, die ein Ausdruck aktueller Erfahrungen sind und ein Bewusstsein dafür schaffen, dass Gebet ehrliches und lebendiges Gespräch mit Gott ist.

Generell würde ich keiner Gemeinde empfehlen, einen Lobpreisstil zu pflegen, der einzig und allein aus Liedern besteht. Zum einen bietet ein solcher Stil zu wenig Raum für spontane Äußerungen der Gemeinde und kann so einen übertrieben liturgischen Charakter bekommen, zum anderen verkümmert das Gebetsleben der Christen, weil sie es nicht mehr gewohnt sind oder nie gelernt haben, Lobpreis auch in freien Gebeten auszudrücken. Besonders in kleinen Gruppen ist das freie Gebet im Lobpreis oft wichtiger als das gesungene Gebet. Eine gesunde Mischung von Stille, Musik und freiem Gebet und das Eingehen auf die musikalischen Möglichkeiten und Begrenzungen der Gruppe werden einer intensiven Lobpreiserfahrung sehr förderlich sein.

Checkliste der charakterlichen Anforderungen an einen Lobpreisleiter

- Eine aufrichtige Liebe zu Jesus, die in regelmäßigem Lobpreis, Meditation über der Bibel und im Gebet zum Ausdruck kommt (Ps 1,4–6; 18,1–3);
- deutlich erkennbares Erfülltsein mit dem Heiligen Geist, Glauben und Weisheit (Apg 6,3);
- ein Verständnis von Leiterschaft, dem es nicht um eine bestimmte Position, einen bestimmten Titel, Macht, Anerkennung oder bestimmte Privilegien geht, sondern sich zu demütigem Dienst und Selbstaufopferung verpflichtet (Mk 10,37.42–45; Joh 13,12–16; Phil 2,5–9; 1 Petr 5,1–5);
- Transparenz und Loyalität in Beziehung zum Gemeinde- bzw. zum übergeordneten Leiter und zu den Menschen, die der eigenen Leitung unterstellt sind; Unterordnung unter höhere Autorität (Mk 3,14–15);
- Glaubwürdigkeit und Charakterstärke, sich nicht von Menschen diktieren oder „kaufen" zu lassen (Ex 18,21);
- Verpflichtung zu einem offenen, liebevollen Gesprächsstil, zur Auseinandersetzung mit Beziehungsproblemen, zur konstruktiven Verarbeitung von Zorn und Ärger, zum Ermutigen und Aufbauen von anderen Menschen und zur absoluten Verschwiegenheit, wenn die Situation dies verlangt bzw. darum gebeten wird (Apg 4,36–37; Eph 4,25–32);
- Bereitschaft zur Teamarbeit und zum Aufbau anderer, kommender Leiter (Phil 2,3–4);
- konsequente Unterstellung des eigenen Lebens unter die moralischen und ethischen Maßstäbe der Schrift – insbesondere in der Beziehung der Geschlechter;
- befähigt und geachtet, reif im Glauben und mit bewährter Diensterfahrung (1 Tim 3,2–7);
- Bereitschaft, nach strengen Maßstäben beurteilt zu werden, und Akzeptanz von Überprüfung durch übergeordnete Personen (Jak 3,1);
- Liebe für Menschen und zu Jesus, ohne dazu zu neigen, auf Kosten der anvertrauten Menschen aus Situationen oder Geschehnissen einen per-

sönlichen Vorteil herausschlagen zu wollen (Joh 21,17; Hes 34,1; 1 Petr 5,1–5);
- Verpflichtung, andere durch Einbeziehung, Training, Freiheit zur Entfaltung, Ermahnung und Erziehung für den Dienst auszurüsten (Mk 3,13–15);
- Verpflichtung zu guter, bodenständiger Arbeit auf der Grundlage einer hohen Motivation, des Ernstnehmens von Verantwortlichkeiten, eines ausreichenden zeitlichen Einsatzes und gründlicher Planung und Ausführung des Programms (Esra 5,1–2);
- ein verpflichteter, fröhlicher Geber, der regelmäßig den Zehnten für den Aufbau von Gottes Reich gibt (Mal 3,8–10).

Fragebogen zur Klärung der eigenen Position

- Wann hatten Sie zum ersten Mal den Eindruck, dass Gott Sie in die Aufgabe der Lobpreisleitung stellt?
- Welche Leiter haben das wann bestätigt?
- Wenn Sie den Lobpreis bereits leiten: Welche positiven Auswirkungen werden sichtbar?
- Worin liegen diese wohl Ihrer Meinung nach?
- Welche Bereiche in Ihrer eigenen Leitung bedürfen der Verbesserung?
- Nennen Sie mindestens fünf Dinge, die Sie in den nächsten drei Monaten konkret tun wollen, um Verbesserungen zu erreichen.
- Wie viel Zeit verbringen Sie für Ihre konkrete Leitungsaufgabe im Gebet? Legen Sie sich möglichst auf eine konkrete und realistische Zeitspanne fest.
- Welche Dinge müsste Ihre Gruppe noch über Lobpreis und Anbetung lernen, um Gott freudiger und tiefer suchen zu können?
- Welche Möglichkeiten gibt es, um diese Dinge lehrmäßig zu vermitteln?
- In welchen konkreten Bereichen wollen Sie sich fortbilden?

Kapitel 8

Die Vorbereitung einer Lobpreiszeit

Wie eine gute Predigt braucht auch die Leitung einer Lobpreiszeit Vorbereitung im Studium und Gebet. Da gibt es erst einmal ganz technische Fragen: Sollen an alle Liedblätter verteilt werden oder sind Folien vorbereitet? Wer legt diese auf den Overhead-Projektor? Funktioniert dieser? Für den Fall, dass eine Band und Technik eingesetzt werden: Wissen Musiker und Techniker Bescheid, wann sie zur Probe und zum Soundcheck kommen müssen? Befindet sich die Anlage in einem einwandfreien Zustand? Kennen die Musiker die Lieder bzw. haben sie dafür Notenmaterial?

Diese und viele andere Fragen sind für den Ablauf einer Lobpreiszeit von großer Bedeutung. Aber die Vorbereitung setzt beim Leiter natürlich schon viel früher an. Zuerst einmal muss er sich über den Rahmen im Klaren sein, der ihm für die Lobpreiszeit gesteckt ist. Wenn er 20 Minuten zur Verfügung hat und der Gesamtleiter auf ein bestimmtes Thema abzielt, das auch im Lobpreis anklingen soll, dann ist eine andere Ausgangsposition vorhanden, als wenn er selbst die Letztverantwortung trägt. Grundsätzlich heißt das Gebet – wie schon erwähnt – im Falle von gewissen Auflagen nicht: „Herr, der Prediger hat mir für die Lobpreiszeit 20 Minuten zugestanden. Aber nicht sein, sondern dein Wille geschehe. Er will über die Liebe Gottes predigen. Aber das soll dir nicht im Wege stehen. Zeige du mir, Herr, was du mit dieser Lobpreiszeit ausrichten möchtest."

Dieses Gebet offenbart eine geistlich sehr unreife, unabhängige bis rebellische Grundhaltung, obwohl es scheinbar fromm klingt. Lobpreisleitung funktioniert unter Einordnung in ein gemeindliches Geschehen. Es gehört nicht zu den Aufgaben eines Lobpreisleiters, seine eigene Privatoffenbarung von Gott durchzuboxen, sondern ihn innerhalb des gesteckten Rahmens um Führung zu bitten. Der Machtkampf zwischen Lobpreis- und Gesamtleiter kann sehr ermüdend sein und letzterer wird ihn sicher nicht lange hinnehmen.

Ein angemesseneres Gebet würde lauten: „Herr, du weißt, ich habe 20 Minuten zur Verfügung, um den Lobpreis zu leiten, und das Thema soll deine Liebe zu uns sein. Bitte zeige mir, mit welchen Liedern und Elementen ich die Lobpreiszeit füllen soll, damit jeder Einzelne am Ende etwas mehr von deiner wunderbaren Liebe verstanden und ergriffen hat."

Bevor ich zu Details der Vorbereitung von einzelnen Treffen komme, möchte ich noch einmal betonen, dass unser ganzes Leben eine Vorbereitung für den Dienst der Leitung in den Lobpreis sein sollte. Je mehr der Dank, das Lob und die Anbetung Gottes Teil unseres Alltags sind, desto schneller werden wir uns für die Pläne Gottes öffnen können; die Vorbereitungszeit wird dann nicht zu einer Stunde der Unsicherheit, ob die Gruppe Gott begegnen wird oder nicht. Wenn der Lobpreis Gottes unser Leben durchzieht, kann notfalls auch einmal die Vorbereitungszeit ausfallen, und der Hauskreis, die Schulungsveranstaltung, das Leitermeeting oder der Gottesdienst werden trotzdem einen erfüllten Lobpreis erleben.

Unsere Stellung gegenüber Gott

Wie ich bereits im 8. Kapitel näher ausgeführt habe, ist es im Grunde eine Selbstverständlichkeit, dass wir nur dann klar auf Gottes Stimme hören können, wenn unsere Beziehung zu ihm in Ordnung ist. Wenn uns also irgendein Bereich bewusst ist, in dem wir von Gott getrennt sind, oder wenn wir das Gefühl haben, gerade weit von ihm entfernt zu sein, dann sollten wir ganz offen zu ihm sagen: „Herr, du siehst, wie schwer es mir jetzt fällt, zu dir zu kommen, und wie weit entfernt ich mich von dir fühle. Bitte, komm mir nahe und verzeih mir mein Entferntsein von dir und die Dinge, die dazu geführt haben …"

Es ist dabei sicher gut zu wissen, dass ein Leiter immer in der einen oder anderen Weise unter Beobachtung der Gemeinde steht, und mangelnde Nähe zu oder Trennung von Jesus wird der Gruppe meist nicht verborgen bleiben, wenn sie ein geistliches Gespür dafür haben. Es ist klar, dass Gott nicht unseren Dienst segnen und gleichzeitig die Bereiche ignorieren wird, die in seinen Augen nicht in Ordnung sind. Und genauso klar ist, dass er uns vergibt, wenn wir die Schuld ehrlichen Herzens bekannt haben und wir uns nicht länger schuldig zu fühlen brauchen.

Unsere Stellung gegenüber Menschen

Manchmal kann unsere Beziehung zu Gott gerade ausgesprochen intensiv und lebendig sein, und trotzdem sind wir nicht frei, uns für ihn zu öffnen – etwa, weil wir gerade einer Person grollen. Wie uneffektiv werden unsere Leitungsversuche sein, wenn uns dabei immer noch dieser Jemand unangenehm „durch die Gedanken schwirrt". An dieser Stelle sollten wir uns sehr zu Herzen nehmen, was das Vaterunser zum Thema Vergebung sagt: „[…] und vergib uns unsere Schuld, wie auch wir vergeben unsern Schuldigern." Wenn wir nicht bereit sind, die Kleinigkeiten zu vergeben, die wir im Alltag zu vergeben haben, wird Gott angesichts der Schuldberge, die wir zu ihm bringen, gehindert sein, uns zu vergeben (vgl. Mt 18,21–35). Welcher Preis ist höher?

Außer mangelnder Vergebungsbereitschaft und Unversöhnlichkeit gibt es aber noch mehr Aspekte in unserer Beziehung zu Menschen, die Störfaktoren sein können. Natürlich gehört auch die mangelnde Bereitschaft dazu, um Vergebung zu bitten, wenn es die Situation erfordert. Aber es gibt noch weitere Bereiche: Viele wird das nachfolgende Beispiel vielleicht amüsieren, aber es kann durchaus – und gerade bei Jugendlichen – vorkommen, dass der Lobpreisleiter gerade schrecklich in ein Mädchen verliebt ist (oder die Lobpreisleiterin in einen Jungen), das (oder der) mit großer Wahrscheinlichkeit in der Veranstaltung sein wird, in der er (oder sie) zu leiten hat.

Es kann sein, dass er dann schon bei der Vorbereitung Probleme haben wird, sich auf Gott zu konzentrieren, und es später zu einem extremen Kampf kommt zwischen dem Versuch, sich ganz für den Lobpreis zu sammeln, und der Versuchung, in jeder vierten Sekunde in Richtung Reihe fünf zu blinzeln, wo das bezaubernde Geschöpf für die nächsten paar Stunden seinen Platz gefunden hat. Ähnliche Dinge passieren wahrscheinlich jedem Leiter einmal, und da Gott uns bei vollem Bewusstsein geschaffen hat, wohl wissend, „was er mit uns macht, wenn er uns Gefühle gibt", ist dies auch nichts, weswegen wir uns schämen müssten.

In solchen Fällen wird es ganz besonders wichtig sein, Gott unsere Gefühle auszudrücken und ihn dann zu bitten, uns zu helfen und Konzentration zu schenken; Gott wird die Bitte und die Bereitschaft, ihm auch in den besagten Umständen noch dienen zu wollen, ehren.

Unsere Stellung gegenüber dem Feind Gottes

Da unser ganzes Leben als Christen von einem geistlichen Kampf begleitet ist, sollten wir uns bewusst machen, dass auch die Ausübung unserer Leitungsfunktion umkämpft sein wird. Gerade die Bereiche Lobpreis und Anbetung, die Menschen ganz nah zu Gott hinziehen können, sind dem Widersacher äußerst verhasst. Es ist also damit zu rechnen, dass er ein konkretes Interesse daran hat, uns während der Vorbereitung anzugreifen.

Ich finde es nicht übertrieben, ab und an einen Gedanken darauf zu verwenden, dass der Feind seine Hand mit im Spiel haben könnte, wenn Aufbau und Soundcheck ungewöhnlich gereizt und unkonzentriert verlaufen, große technische Probleme auftreten, obwohl die Anlage vorher einwandfrei lief, oder wegen der kleinsten Kleinigkeiten kurz vor Beginn der Veranstaltung noch Streitigkeiten entstehen. Ein gesundes Verständnis dafür zu entwickeln, wird uns eine Hilfe sein, um merkwürdige Geschehnisse in unserem Dienst richtig einordnen zu können und im Gebet darauf zu reagieren: „Unterwerft euch also Gott und widersteht dem Teufel, so wird er von euch fliehen" (Jak 4,7).

In der unsichtbaren Welt sind die Machtverhältnisse geklärt: Wir sind in Jesu Namen immer auf der Seite des Mächtigsten, des Siegers schlechthin. Mit unserer Aufgabe ist der Einbruch in das Territorium des Feindes verbunden, weil Lobpreis von seinem Wesen her gegen die im Denken verwurzelten Negativismen oder verzerrte, falsche Gottesbilder angeht, die ja mit Sicherheit keine Frucht des Geistes sind. Und Gott behält den Sieg auch hier!

Das Nebeneinander von Glaube und Menschsein

Das folgende Szenario beschreibt eine ganz normale Alltagsszene und wird dem einen oder anderen vielleicht bekannt vorkommen:

Bernd ist ein erfolgreicher Ingenieur und in seiner Firma für ein großes Mitarbeiterteam verantwortlich. Nicht selten sitzt er noch viele Stunden, nachdem alle anderen bereits Feierabend gemacht haben, an seinem Schreibtisch, weil der Stapel unbewältigter Arbeit ihm sonst den Nachtschlaf rauben würde.

Seit zwei Jahren allerdings hat sich das etwas geändert, denn Bernd ist nach einem so genannten „offenen Gottesdienst" zum Glauben gekommen und hat sich zusammen mit seiner Frau Christina der freundlichen kleinen Gemeinde angeschlossen. Von Anfang liebte er die Lobpreislieder und die Freundlichkeit der Leute in dem Hauskreis, dem sich die beiden angeschlossen haben. Und heute Abend ist wieder einer dieser Hauskreisabende und da muss die Arbeit eben etwas kürzer treten. Doch als Bernd gerade entspannt die Sachen zusammenpacken und gehen will, verkündet das Faxgerät durch garstiges Piepen die Ankunft einer Nachricht von den Kollegen aus Übersee, die keinen Aufschub duldet.

So schnell es geht, bearbeitet Bernd die Fragen, schaut im Handbuch für die eigens von ihm entwickelte Maschine nach, gibt die fachspezifischen Anweisungen in seinen Computer ein und versendet die angeforderte E-Mail. Mittlerweile ist es draußen dunkel geworden und es wird knapp für den Hauskreis.

Bernd rennt zu seinem Auto und braust los – nur um sich fünf Minuten später in einer Meute hupender Autos wieder zu finden, weil ein Müllauto ewig lang zum Ein- und Ausladen braucht und die enge Straße kein Überholen zulässt. Als er endlich zu Hause ankommt, ist es eigentlich schon wieder Zeit loszufahren. Nur kann und will er das seiner Frau nicht antun. Denn die hat vor vier Monaten entbunden, und der gemeinsame Sohn hat heute seine quengeligen fünf Minuten … oder Stunden? Christina eröffnet ihm jedenfalls leicht gestresst, dass es wohl wenig Sinn machen würde, mit dem Sohnemann in dieser Verfassung zum Hauskreis zu fahren und dass er da heute bestimmt nicht einschlafen würde. Bernd solle doch einfach alleine fahren. Er bietet natürlich sofort an, auch zu Hause zu bleiben, was Christina – begleitet vom Kreischen ihres Sohnes – aber vehement ablehnt. Bernd beugt sich der Herrin des Hauses, schlingt in aller Eile ein Brot hinunter und fährt mit quietschenden Reifen und leicht überhöhter Geschwindigkeit zum Hauskreis los. Als er wenige Minuten später ankommt, wirbeln die Eindrücke des Tages noch immer ungebremst durch seinen Kopf. Mit hängender Zunge hechelt er die fünf Stockwerke des alten viktorianischen Stadthauses hoch, das natürlich keinen Fahrstuhl besitzt – denn Murphy's Law besagt ja schließlich, dass sich die Wohnung der Hauskreiseltern natürlich im obersten Stockwerk befindet! Als er oben angekommen ist, geht die Tür auf, und wie im Nebel hört er die engelsgleiche Stimme des Lobpreisleiters nur sagen: „Wie schön, dass du auch noch kommst, Bernd! Wir wollten gerade mit einer tiefen Anbetungszeit beginnen! Wo sind eigentlich Christina und euer kleiner Wurm?"

Wenn die Anbetung jetzt beginnen würde, dann jedenfalls ohne Bernd. Abgehetzt, müde, mit tausend Dingen, die ihm durch den Kopf schwirren, gibt es kaum eine Chance, dass er aus dem Stegreif abschalten und sich auf Gott ausrichten kann.

Obwohl der gemeindliche Lobpreis eine tief geistliche Dimension hat – wie ich ja an früherer Stelle schon angesprochen habe –, spielen auch viele menschliche Faktoren mit hinein. Gerade an Werktagen sind die Gemeindemitglieder abends oft sehr müde und abgeschlafft. Sie brauchen erst einmal Zeit, um den Tag hinter sich zu lassen, zur Ruhe zu kommen und neue Kraft zu tanken, bevor sie sich dann von Herzen auf den Lobpreis einlassen können. Ein zu steiler Einstieg in die Lobpreiszeit wird es vielen unmöglich machen, sich im Gebet zu öffnen. Deswegen ist die „psychologische Starthilfe" so wichtig. Die Einzelnen ermutigen sich gegenseitig mit Hilfe dynamischer Lieder, den Alltag jetzt hinter sich zu lassen und für Gottes Handeln und die Ausrichtung auf ihn bereit zu werden. Ein Wort der Bibel oder einschlägige Liedtexte rufen noch einmal in Erinnerung, dass es nicht auf das momentane Gefühl ankommt, sondern darauf, dass Gott jederzeit unseres Lobes würdig ist; er sich anderseits aber auch nie beschenken lässt, ohne unendlich mehr zurückzuschenken. Vielleicht beginnt der Leiter auch mit einer Zeit der Stille, in der jeder bisher noch nicht bekannte Schuld zu Gott bringen und sich innerlich auf ihn ausrichten kann.

Es gibt weder ein geistliches Gesetz noch ein biblisches Gebot, dass eine Lobpreiszeit mit schnellen Liedern, die auffordernden Charakter haben, beginnen muss. Aber wir sind Menschen! Und die neigen dazu, abends müde zu sein! Das Fleisch (unsere alte, sündige Natur) will Gott nicht loben. Gründe, es zu lassen, sind schnell gefunden. Trägheit, Müdigkeit, Stress, Ärger über Kollegen, Schuld, die uns von Gott trennt, umherwandernde Gedanken, ein lahmes Gebetsleben, das Fußballspiel, das wir gerade verpassen … Die Liste könnte fast endlos fortgesetzt werden. Es erfordert jedes Mal eine neue Entscheidung dazu, Gott zu loben, und wir als Lobpreisleiter können jede Menge dazu tun, dass viele eine solche Entscheidung treffen.

Die Lieder können noch so gekonnt ausgewählt sein; wenn die Hälfte der Leute aber die Texte oder Melodien nicht kennt, war die Auswahl in dieser Situation falsch, auch wenn sie an anderer Stelle wunderbar funktioniert hätte. Die Lieder können noch so hingebungsvoll und anbetend sein; wenn die Gruppe es nicht geschafft hat, die Gedanken ganz auf Gott auszurichten und das Alltagsgeschehen hinter sich zu lassen, können sie nahezu bedeutungslos werden. Dies sind genauso Realitäten wie die Erfahrung der Gegenwart Gottes, und wir dürfen sie nicht ignorieren.

Das hier Gesagte gilt zuerst einmal für die Mitglieder des Lobpreis-Teams. Transparenz und evtl. Umkehr werden den Zusammenhalt und die geistliche Einheit stärken; Neid, Eifersucht, Vorbehalte gegenüber dem Nächsten o. ä. dagegen werden sehr hinderlich sein, in einen intensiven gemeinsamen Lobpreis einzutreten.

Darüber hinaus gilt aber auch: Ein Lobpreis, der auf die Bedürfnisse der Menschen zugeschnitten ist, wird es ihnen erleichtern, von sich abzusehen und sich zu Gott hinzuwenden.

Die Frage nach den Bedürfnissen der Gemeinde

Lobpreis und Anbetung sind dann bedeutungsvoll, wenn die Menschen den Eindruck haben, dass sie mit ihrem Leben zu tun haben. Deswegen ist es sehr wichtig, dass der Lobpreisleiter ein Gespür dafür entwickelt, welche geistlichen und menschlichen Prozesse in der Gemeinde gerade ablaufen.

Nur die wenigsten Lobpreisleiter sind in der Gemeinde angestellt. Daher ist es sehr zu empfehlen, dass sie sich regelmäßig mit dem Pastor oder sonstigen Hauptverantwortlichen austauschen.

Wenn eine Gemeinde geistlich gerade sehr müde wirkt und schwer zu irgendeiner Aktion zu bewegen ist, wird sie ein meditativer Lobpreisstil nur weiter einschläfern. An dieser Stelle sollte die Aufforderung, Neues von Gott zu erwarten und sich geistlich wieder in Bewegung zu setzen, auch in der Musik zum Ausdruck kommen. Jetzt sind Lieder gefragt, die sagen: „Junge, du hast lange genug eine Auszeit genommen. Jetzt stell dich auf deine Füße, hör auf zu jammern, mach dir bewusst, wie Gott wirklich ist, und lass dich von seinem Heiligen Geist wieder anstecken und ganz erfüllen."

Wenn in der Gemeinde gerade eine Bewegung der Umkehr und der Öffnung für Gottes Heiligkeit vorherrscht, dann sollten die Liedtexte dies in den Lobpreiszeiten auch reflektieren. Wenn Gott seine Gemeinde erfrischt, sollte dies ebenfalls in den Inhalten zum Ausdruck kommen: „Herr, wir begrüßen dein Handeln. Wir würden dir auch sonst folgen, weil du wunderbar bist, aber wir brauchen deine Berührung und deine Fülle, um effektiver dein Reich bauen zu können. Darum fülle uns mehr und mehr mit deinem Heiligen Geist und verändere uns dabei."

Die Gemeinde wird voller Freude in den Lobpreis einstimmen, wenn sie den Eindruck hat, dass die Lieder, Bibeltexte und Gebete ihr momentanes Befinden in Worte fassen, aber dort nicht stehen bleiben. So bleibt der Lobpreis lebendig und bedeutsam.

Die Festlegung eines thematischen und eines musikalischen „roten Fadens"

Wenn der Lobpreisleiter sich der momentanen Bedürfnislage in der Gemeinde bewusst ist und im Gebet um Führung gebeten hat, wird er erst einmal versuchen zu hören, was Gott ihm sagen möchte. Dieses Reden Gottes kann ganz unterschiedlich aussehen. Bei mir ist es meist so, dass mir recht spontan eine Reihe von Liedern einfallen oder aber eine Bibelstelle, die ich dann am Anfang der Lobpreiszeit vorlese. Diese haben oft ein deutliches Thema und sind in Verbindung mit dem Wissen um die Situation der Gemeinde Eckpfeiler, um die herum der Lobpreisleiter nun ein vorläufiges Programm aufbauen kann. Dabei spielen verschiedene inhaltliche und musikalische Faktoren eine Rolle.

Inhaltliche Übereinstimmung

Eine freie Gebetszeit wirkt oft ermüdend, wenn die Gebetsbeiträge sich nicht aufeinander beziehen, sondern alle möglichen Themen wild durcheinander purzeln. Es fällt dann schwer, sich zu konzentrieren, und oft ist nach wenigen Minuten die Luft raus, weil ja scheinbar schon alles gesagt worden ist. Dagegen hat das Gebet viel mehr Dynamik, wenn die einzelnen Mitglieder der Gruppe aufeinander hören, Gebete bekräftigen, ergänzen oder noch weiter veranschaulichen. Solche Gebetszeiten können viel länger andauern, ohne abzuflachen oder zu ermüden.

Dieselbe Gesetzmäßigkeit kann man auch beim Lobpreis finden. Wenn die Inhalte der Lieder stark auseinander driften, wird dies der Konzentration nicht zuträglich sein. Zieht sich hingegen durch die Lieder ein deutlich erkennbarer roter Faden, werden die Menschen den Inhalt viel stärker verinnerlichen. Daher hilft es, ab und an das vorhandene Liedgut nach Themenschwerpunkten zu kategorisieren. Wenn dann ein bestimmtes Thema aktuell ist, sind gleich eine Reihe von Liedern abrufbar, die dazu passen. Und vielleicht fallen dem Lobpreisleiter bei dieser Art von Bestandsaufnahme auch Themengebiete auf, für die es keine oder nur unzureichend viele Lieder gibt. Dann könnte eine der nächsten Aufgaben lauten, diesem Mangel abzuhelfen.

Musikalische Kompatibilität

Der rote Faden, der sich durch die Texte zieht, ist ein wichtiges Kriterium für eine gute Vorbereitung. Er bedarf aber auf der musikalischen Seite einer Entsprechung. Es ist wenig hilfreich, wenn in einer Lobpreiszeit zu viele Musikstile aufeinander prallen oder zu viele Wechsel in Tonart, Geschwindigkeit oder Stimmung der Lieder erfolgen. Die Gemeinde muss sich dann immer wieder umstellen und der Fluss der Lieder wird zu oft unterbrochen.

Daher ist das Medley eine ideale Form. In ihm fließen mehrere Lieder ineinander über, die ungefähr die gleiche rhythmische Struktur, Stimmung, Tonart und dasselbe Tempo haben. Der erste Blick sollte auf die Tonart gerichtet werden (für Erklärungen der hier genannten Fachtermini siehe auch Anhang B). Ist diese beispielsweise G-Dur, dann sollten die nächsten Lieder in derselben Tonart beginnen. Lässt sich ein Tonartwechsel nicht vermeiden, dann sind folgende Tonarten derselben Akkord-Familie für die folgenden Lieder zu bevorzugen: die parallele Molltonart (in diesem Fall E-Moll mit Überleitung über $^D/_{F\#}$) oder die Subdominante (in diesem Fall C-Dur mit Überleitung G^7 oder $^F/_G - G$). Ergänzend passt noch ganz gut die Transposition in die nächsthöhere Tonart, die auf dem Instrument gut spielbar ist (in diesem Fall A-Dur mit Überleitung E^{sus4} – E^7 oder $^D/_E$ – E^7). Bei einem erforderlichen Wechsel in die drei Halbtöne tiefer liegende Tonart empfiehlt sich der Übergang über die Subdominantparallele und den Dominantseptakkord *der neuen Tonika* (in diesem Fall nach E-Dur mit Überleitung $F\#m^7$ – H^7). Beim Übergang in die Dominante als neue Tonart schließlich ist die Überleitung über Subdominantparallele und Dominantseptakkord *der neuen Tonika* als eine Möglichkeit zu empfehlen (in diesem Fall nach D-Dur mit Überleitung Em^7 – A^7/ alternativ sind auch $^G/_A$ – A oder A^{sus4} – A^7 denkbar).

Hier die gängigsten Vorgehensweisen bei der Transposition (exemplarisch von der Tonart G-Dur ausgehend) noch einmal in einem Schaubild. Die Angaben kann man mit Hilfe des Quintenzirkels leicht in jede andere Tonart übertragen:

Ausgangstonart	Übergangsharmonien	Zieltonart
G	G^7 oder $^F/_G$ – G	C
G	Em^7 – A^7, $^G/_A$ – A oder A^{sus4} – A^7	D
G	$^D/_{F\#}$	Em
G	$F\#m^7$ – H^7	E
G	E^{sus4} – E^7 oder $^D/_E$ – E^7	A

Natürlich gibt es für den fortgeschrittenen Musiker noch sehr viel mehr Möglichkeiten, die Tonart zu wechseln. Ich empfehle aber trotzdem, sich einzuschränken und lieber vier Lieder hintereinander in derselben Tonart zu spielen, als in derselben Zeit zweimal die Tonart zu wechseln. Es ist leichter für die Musiker (es sei denn, sie sind sehr erfahren), den Leiter (er muss nicht ständig bangen, ob der nächste Übergang funktioniert oder nicht) und die Gemeinde (der Fluss bleibt erhalten, und die Einzelnen müssen sich nicht nach jedem Lied neu orientieren, wie es jetzt wohl weitergeht).

Den nicht erfahrenen Musikern empfehle ich, sich bei den Tonlagenwechseln erst einmal strikt an die oben erwähnten Möglichkeiten zu halten, bis sie genug von Harmonielehre verstehen, um eigenständig alternative Überleitungen auszuprobieren.

Wer trotzdem mit Tonartwechseln experimentieren will (gerade bei Aufnahmen oder konzertanten Arrangements kann dies ja die Qualität des Übergangs zwischen zwei Liedern deutlich erhöhen), der sei an dieser Stelle noch einmal auf die Transpositionstabelle in Anhang B hingewiesen, in der für eine Vielzahl von Tonartwechseln Möglichkeiten aufgeführt sind.

Ein weiteres Prinzip, das hilft, während einer Lobpreiszeit Spannung aufzubauen, ist, bei Tonartwechseln immer nach oben zu transponieren und nicht nach unten. Selbst wenn man irgendwann faktisch wieder tiefer singt, hat die Gemeinde doch das Gefühl einer progressiven Steigerung der Dynamik. Das folgende Beispiel einer Songauswahl für eine Lobpreiszeit soll dieses Prinzip veranschaulichen (ein derartiger Liedplan sollte als Leitfaden für jeden Lobpreis-Gottesdienst ausgearbeitet und an die jeweiligen Musiker verteilt werden):

- Eröffnungsmotiv „Feiert Jesus" in E-Dur als Fundament, auf dem der Lobpreisleiter die Gemeinde auffordert, aufzustehen und sich im Lobpreis für Gott zu öffnen; anschließendes Eröffnungsgebet
- „Feiert Jesus" in E-Dur (Überleitung E – $^C/_D$ – D^7 – G)
- „Etwas in mir" in G-Dur
- „Freude bricht sich Bahn" in G-Dur
- „Der König lebt" in G-Dur
- „Du bist erhoben" in G-Dur (Überleitung G-Hm^7-E-A)
- „Mein Jesus, mein Retter" in A-Dur
- „Friedefürst, Wunderrat" in A-Dur
- freie Gebetszeit (instrumental untermalt mit der Akkord-Progression A- $^E/_{A^-}$ $^D/_{A^-}$ $^{Dm6}/_A$)
- „Jesus, Dein Licht" in A-Dur
- „Du bist der Höchste" in D-Dur, angefangen auf dem Refrain „Wir erheben Dich" und bei der dritten Wiederholung a capella in E-Dur gesungen (Überleitung D – A$^{add9}/_H$ – E), in einen Sprachengesang mündend
- „Von ganzem Herzen" in E-Dur

Wenn man den Ablauf ein wenig analysiert, so fallen recht schnell die oben erwähnten Prinzipien ins Auge. Der thematische rote Faden ist die Freude an der Herrschaft Jesu. Die Lieder sind musikalisch so ähnlich, dass sie zum größten Teil medleyartig ineinander fließen können. Vom zweiten bis zum fünften Lied stehen die Songs in G-Dur und sind kraftvoll und dynamisch, was es der Gemeinde sehr leicht macht, die eigene Trägheit zu überwinden und in den Lobpreis hineinzukommen. Die Überleitungen halten sich an die harmonischen Grundregeln. Im zweiten Drittel werden einige Hymnus-artige Lieder gesungen, die Jesus erheben. Diese münden in den Klassiker „Du bist der Höchste, o Herr", wo durch einen erneuten

Tonartwechsel, der in eine *a capella*-Version mündet, zusätzlich Spannung aufgebaut wird, wobei das Tempo leicht herausgenommen wird. Der Sprachengesang erscheint hier natürlich und wird vermutlich einen strahlenden, triumphalen Charakter haben, was musikalisch auch leicht unterstützt werden kann. „Von ganzem Herzen" schließt diese ausführliche Lobpreiszeit mit einer weiteren auf Jesus zentrierten Hymne ab.

Mit dem genannten Beispiel soll nicht ausgesagt werden, dass ein guter Lobpreis machbar ist, auch wenn dies hier so klingt. Aber genauso wie ein guter Redner oder Prediger rhetorische Techniken benutzt und hoffentlich ein paar Tricks auf Lager hat, um die Aufmerksamkeit der Hörer auch bei einer etwas längeren Predigt noch auf sich ziehen zu können, stehen dem Lobpreisleiter ebenso hilfreiche Techniken zur Verfügung und er sollte sie nach Herzenslust gebrauchen. Er sollte lediglich nicht in die Falle tappen zu denken, dass es mit der richtigen Technik allein schon getan sei.

Die Integration von neuen Liedern

Auch die schönsten Lieder hat sich die Gemeinde irgendwann „übergesungen". Deswegen ist es wichtig, in zeitlich nicht zu weit auseinander liegenden Abständen neue Lieder einzuführen. Dabei sollte eine ausgewogene Verteilung zwischen schnellen und langsamen Liedern angestrebt werden, um so für jeden Anlass das entsprechende Material zur Verfügung zu haben. Am besten ist natürlich, wenn aus dem Leben der Gemeinde heraus selbst Songs entstehen (vgl. Anhang C). Es ist sehr schade, dass die meisten Gemeinden in Deutschland sich darauf versteift haben, Lied um Lied zu übersetzen, anstatt die eigenen Songwriter zu ermutigen und zu fördern, selbst Lobpreislieder zu schreiben, die mit der Zeit auch landesweit Zuspruch finden und damit zum relevanten Ausdruck einer eigenen Kultur werden.

Die Lobpreiszeiten selbst sind allerdings kein besonders günstiger Ort zum Beibringen von neuen Liedern, weil sich die Gemeindeglieder so stark auf das Lernen konzentrieren müssen, dass das selbstvergessene Singen, das zu Gott emporgerichtet ist, auf der Strecke bleibt. Meiner Erfahrung nach hat es sich aber sehr bewährt, am Anfang des Gottesdienstes zehn Minuten damit zu verbringen, drei neuere Lieder singen. Das erste wird zum zweiten Mal wiederholt, nachdem es zwei Wochen vorher zum ersten Mal beigebracht worden ist. Das zweite wurde eine Woche vorher zum ersten Mal vorgestellt und wird jetzt erstmals wiederholt. Das dritte schließlich ist ganz neu. Auf diese Weise kann man der Gemeinde in einer bestimmten Zeit jede Woche ein neues Lied beibringen, und trotzdem ist sie nicht damit überfordert. Die Lieder werden in den folgenden Wochen häufig genug wiederholt: sowohl in der Liederlernzeit am Anfang des Gottesdienstes als auch in den Lobpreiszeiten, wo die Lieder selbstverständlich auch eingebaut werden.

Wer keine zehn Minuten im Gottesdienst zur Verfügung hat, um Lieder vorzustellen, der kann damit beginnen, der Gemeinde alle zwei Wochen während der Kollekte ein neues Lied beizubringen und dieses dann in der jeweils folgenden Woche zu wiederholen.

Dabei sollte man die neuen Lieder natürlich auch nach inhaltlichen Kriterien auswählen. Was ist für die Gemeinde derzeit besonders wichtig? In welchem Bereich fehlen noch Lieder? Ich erinnere mich an eine Zeit vor etwa zwei Jahren, in der mir auffiel, dass wir verhältnismäßig wenig Lieder hatten, die von der Liebe Gottes handelten und eher getragen waren. In der Folgezeit habe ich selbst drei derartige Lieder in E-Dur geschrieben und noch ein weiteres, ebenfalls in E-Dur und mit demselben inhaltlichen Schwerpunkt, übersetzt. Wenn ich jetzt den Eindruck habe, dieses Thema sei in einer Lobpreiszeit besonders wichtig, stehen mir ausreichend Lieder zur Verfügung, die auch musikalisch zueinander passen. Die Gemeinde hat die Lieder sehr positiv aufgenommen, weil der Inhalt in dieser Zeit sehr wichtig war.

Es ist aber wichtig, nach ca. 10–15 Wochen mit dem Liederlernen wieder einen Monat zu pausieren, um der Gemeinde Zeit zu geben, die gelernten Songs auch in die kleinen Zellen zu integrieren. Man kann nämlich die Tendenz beobachten, dass Christen eine besonders tiefe Beziehung zu den Songs entwickeln, die sie am Anfang ihres Christseins oder bei geistlicher Ersterfahrungen gelernt haben. Später ist die Flexibilität, immer neue Lieder zu lernen, nicht mehr so ausgeprägt. Der Lobpreisleiter muss daher ernst nehmen, wenn ihm die Gemeinde signalisiert, dass das Fassungsvermögen für neue Lieder erst einmal erschöpft ist. Auf der anderen Seite ist es aber auch seine Aufgabe, im Blick zu haben, dass sich die Lieder nicht zu schnell abnutzen. Wenn eine Gemeinde in jedes öffentliche Treffen eine Lobpreiszeit einbaut, dann braucht sie natürlicherweise einen wesentlich größeren Liedschatz als eine Gemeinde, in der Lobpreis eine vergleichsweise untergeordnete Rolle spielt. Die durchschnittliche charismatische Gemeinde braucht etwa 10–20 Lobpreislieder pro Gottesdienst – da sollte schon ein Liedschatz von ungefähr 300 Liedern vorhanden sein, um sicherzustellen, dass der Lobpreis auch musikalisch in Bewegung bleibt.

Wenn der Heilige Geist anders führt . . .

Auf den Nutzen einer gewissenhaften Vorbereitung bin ich ja bereits an anderer Stelle eingegangen. Es ist wichtig, mit einem klaren Konzept in das anstehende Treffen zu gehen. Und trotzdem kann es sein, dass dem Lobpreisleiter während der Lobpreiszeit deutlich wird, er soll das eine oder andere Lied streichen oder durch ein anderes ersetzen: vielleicht, weil dies der Gruppe mehr entspricht oder hilft, sich auf Gott auszurichten, oder weil ihm der Heilige Geist einen anderen inhaltlichen Schwerpunkt aufs Herz legt.

Das kann ganz unterschiedliche Gründe haben. Vielleicht hatte der Lobpreisleiter nicht ausreichend Zeit, sich auf den Lobpreis vorzubereiten, und das Gebet ist zu kurz gekommen. Vielleicht stimmt das Konzept genau, nur sind die falschen Leute da: lauter Neue, die die alten Lieder noch nicht kennen, oder hauptsächlich alte Hasen, die aber in letzter Zeit zu selten da waren, um die neuen Lieder zu kennen. Vielleicht macht die Zeit des freien Gebetes deutlich, dass noch länger bei einem bestimmten Thema verweilt werden soll.

Ein in der Vorbereitung entstandenes Programm ist dann am wertvollsten, wenn es kein starres, unveränderliches Muster darstellt, sondern ein organisches Gebilde, das in der Praxis an die Gegebenheiten und die Führung Gottes angepasst werden kann. Und dies wird Gott mit Sicherheit segnen.

Kapitel 9

Tipps und Hilfen zum Aufbau eines Lobpreisteams

Immer mehr Gemeinden haben in den letzten Jahren begonnen, charismatische oder Lobpreis-Gottesdienste anzubieten. Umso größer ist der Bedarf an Musikern geworden, die in einer Art „Band" die musikalische Gestaltung der Lobpreiszeit übernehmen – in den seltensten Fällen wird die gottesdienstliche Musik noch von einer Einzelperson gestaltet. Daher ist es wichtig, sich eingehend mit den Gesetzmäßigkeiten von Bandmusik zu befassen, um das Rad nicht ein ums andere Mal neu zu erfinden.

Eine Typologie der Lobpreismusiker

Wenn man beginnt, in der Gemeinde ein Lobpreisteam zu formen, erkennt man sehr schnell, dass es unterschiedliche Typen von Musikern gibt, die mit unterschiedlichen Voraussetzungen, aber auch Erwartungen an diesen Dienstbereich herangehen. Wenn unterschiedliche Typen ungeschützt aufeinander prallen, kommt es oft zu einer harten Konfrontation und leicht auch zu Verletzungen – es ist deswegen wichtig, sich als Leiter und auch als Teammitglied der Unterschiede bewusst zu sein, um besser damit umgehen zu können. Die folgende Musiker-Typologie ist vielleicht ein wenig überzeichnet. Sie soll aber dabei helfen, den jeweiligen Musiker von seiner Lebensgeschichte her zu verstehen, um ihm damit besser gerecht werden zu können.

Mr. Music

Mr. Music ist, wie der Name ja schon verrät, ein begeisterter Musikliebhaber. Oft hat er diese Neigung schon ein ganzes Leben mit sich herumgetragen; vielleicht wurde seine Musikalität bereits in jungen Jahren von seinen Eltern gefördert. Wenn er seinen eigenen Stil gefunden hat und voller Begeisterung viel Zeit mit seinem Instrument verbringt, zeigen sich bald Resultate: Er erreicht einen bestimmten Standard, entwickelt Ziele und Ehrgeiz und findet einen Großteil seiner Identität in der Musik, die er liebt. Er ist gerne mit anderen Musikern zusammen, verbringt Stunden mit Fachsimpeln über seine Vorbilder oder das beste Equipment, ist mit den neuesten Entwicklungen in der Szene vertraut, spielt in mehreren Bands (oder Orchestern) und will in seinem Bereich ein ganz Großer werden. Oft übt er täglich stundenlang, um dieses Ziel zu erreichen.

Dann irgendwann erschließt sich ihm die Realität des Glaubens: Er lässt sein Leben ohne Gott hinter sich, beginnt, in seinem Herzen aufzuräumen, und stellt auf einmal fest, dass Musik ein großer Götze in seinem Leben gewesen ist. Diese Feststellung kann unterschiedliche Reaktionen hervorrufen:

Mr. Music „Faith Radical" verbrennt einen Großteil seiner Plattensammlung und entsagt seinem Instrument so lange, bis er meint, nicht mehr daran gebunden zu sein. Anderen Leuten verschweigt er sein Können, weil er nicht stolz sein und wieder in falsche Bahnen zurückfallen will. Wenn er aber irgendwann trotzdem dazu überredet werden kann, Teil eines Musikteams zu werden, kann aus ihm ein treuer und zuverlässiger Mitarbeiter werden, der auf Grund seiner Qualitäten im Musikalischen und seiner Radikalität im Glauben auch ein hohes Leitungspotenzial in sich tragen kann. Dabei ist ihm aber oft die Musik nicht mehr so wichtig (aus Furcht, dass sie wieder zum Götzen wird), und er setzt sein Hauptaugenmerk auf den Inhalt, obwohl er seine musikalischen Ansprüche höchstens verdrängen, aber niemals ablegen kann.

Mr. Music „Faith and Rock 'n' Roll" ist sofort Feuer und Flamme, jetzt fromme Musik zu machen und eine neue Band zu gründen oder in ein Lobpreisteam einzusteigen. Weil aber Musik ein Götze in seinem Leben war und diese Leidenschaft noch nicht der Herrschaft Jesu unterworfen ist, zieht er immer noch ein hohes Maß an Selbstbestätigung und Identität aus seiner Musik, will anderen durch sein Können imponieren und ist selten mit der bereits erreichten Qualität zufrieden. Er findet die geistlichen Inhalte der Lieder okay, aber im Kern geht es ihm darum, seine Leidenschaft zur Musik nur unter veränderten Vorzeichen weiter auszuleben. Daher kommt er irgendwann an den Punkt, an dem ihm die Musik in der Gemeinde nicht mehr ausreicht, und er sucht sich entweder eine christliche oder eine nichtchristliche Band, die von der Gemeinde unabhängig ist und in der er seine Bedürfnisse befriedigt sieht. Vielleicht gründet er sogar mit ein paar Musikern zusammen eine konkurrierende Praise-Band auf übergemeindlicher Ebene, die es aber trotz höherer musikalischer Qualität in der Regel nicht weit bringt, weil ihr die Einbettung, die Korrektur und das geistliche Hinterland einer Gemeinde fehlen und die Musiker geistlich oft nicht genügend Reife besitzen, um ein solches Projekt allein tragen zu können.

Sicher gibt es zwischen Mr. Music „Faith Radical" und Mr. Music „Faith and Rock 'n' Roll" auch noch Zwischenstufen, aber generell hat

Musik bei ihnen einen hohen Stellenwert, und der Wunsch, gute Musik zu machen, prägt sie stark. Als Folge empfindet Mr. Music die Lobpreismusik oft als naiv und hat Schwierigkeiten damit, die Lobpreislieder persönlich Woche für Woche mit Inhalt zu füllen. Manchmal regt er sogar eine solche Vielfalt von Stilen an, dass die Homogenität des Gesamtgeschehens dabei verloren geht.

Mr. Praise

Mr. Praise hat eine ganz andere Geschichte mit Musik und Lobpreis. Obwohl er eine gewisse Musikalität besitzt, hat er oft doch kein Instrument gelernt oder in einer sehr frühen Phase aufgegeben. Er ist für eingängige Melodien schnell zu begeistern, pfeift beim Hören gerne mit oder summt leise vor sich hin (unter der Dusche auch einmal laut); aber er würde nie auf die Idee kommen, Musikstücke auf den harmonischen Gehalt oder die verwandten Motive hin zu untersuchen.

Mr. Praise ist oft sehr begeisterungsfähig und irgendwann von der Ausstrahlung eines christlichen Freundes so beeindruckt, dass er dessen Drängen und Einladung in die Gemeinde nachgibt. Die Atmosphäre und die schwungvollen Lieder gefallen ihm, und er kommt gerne wieder, bis er genug vom Glauben verstanden hat, um sich zu bekehren. Von Anfang an ist er vom Lobpreis angetan, und es fällt ihm leicht, sich für Gott zu öffnen. Er schließt sich einem Hauskreis oder einer anderen Zell- oder Gebetsgruppe an, in der Lobpreis praktiziert wird, stellt aber fest, dass es im Hauskreis nicht so gut läuft wie im Gottesdienst, weil niemand den Lobpreis mit einem Instrument anleiten kann. Endlich entschließt er sich, selbst ein paar Gitarrenakkorde zu lernen, damit der Lobpreis dort nicht mehr ganz so kümmerlich klingt, und setzt sich konsequent zum Üben hin – das macht er so lange, bis er sein Instrument so weit beherrscht, dass er die Lieder mit Akkordvorlagen einigermaßen sicher begleiten kann. Brav und zuverlässig lässt er sich vom Lobpreisleiter der Gemeinde nach jedem neu gelernten Lied die Akkorde aufschreiben und will sie schnell in den Kreis einbringen – alles um des Lobpreises willen. Ab einem gewissen Punkt jedoch hört er auf, sich auf seinem Instrument weiterzuentwickeln, weil seine Fähigkeiten ja nun für die einfache Begleitung von Liedern ausreichen.

Nach einiger Zeit wird Mr. Praise für die Mitgliedschaft in der Musikgruppe vorgeschlagen und geht voller Elan ans Werk; schließlich kann er jetzt noch mehr „Lobpreis machen". Im Folgenden sind unterschiedliche Ausprägungen denkbar:

Mr. Praise „Faith Radical" findet die Übungszeiten ermüdend und betont, dass es doch auf das Wirken des Heiligen Geistes ankommt und in der Gruppe einfach zu wenig gebetet wird. Wegen seiner hohen Integrität wird er leicht als Leitungskandidat gesehen (und erlebt sich ähnlich), hat dabei aber seinen Schwerpunkt ausgesprochen einseitig auf den Inhalt gesetzt, keine besondere Beziehung zum Üben und keine Ambitionen, sich zu verbessern. Oder aber er ist gemeindlich in so vielen Gruppen und Diensten eingebunden, dass er buchstäblich nicht die Zeit zum Üben findet.

Mr. Praise „Faith and Rock 'n' Roll" hat ein brennendes Herz für Lobpreis, ist aber unterschwellig immer ein bisschen neidisch auf Mr. Music und wünscht sich insgeheim, ähnliche Fähigkeiten zu haben, um den Dienst noch effektiver gestalten zu können. Schließlich bleibt er nicht beim Neid stehen, sondern steckt sich Ziele und verbessert zunehmend die Qualität seines Spiels. Dabei stellt er fest, dass sich der anfängliche Schwerpunkt vom Lobpreis zeitweise auf den Musikbereich und die Liebe zu Details verschiebt. Dabei bewahrt er sich jedoch seine geistliche Sicht von Lobpreis und Anbetung. Nicht selten wird auch dieser Typ von Musiker zum Leiter der Musikarbeit erklärt.

Wenn Mr. Praise und Mr. Music sich begegnen

Eine der schwierigsten Aufgaben für einen Leiter ist es, der Gruppe in ihren Erwartungen gerecht zu werden, wenn alle beschriebenen Grundtypen vertreten sind. Seine Aufgabe besteht darin, eine gute Ausgewogenheit zwischen einem tiefen geistlichen Fundament und einem hohen musikalischen Niveau zu erreichen. Die Namensgebung der beiden Spezies macht schon deutlich, wo sie ihre Akzente gesetzt haben, und beide werden damit früher oder später deutlich an den Leiter herantreten.

Die Schwierigkeiten des Mr. Praise

Mr. Praise ist der Meinung, dass in der Band zu wenig gebetet und Lobpreis gemacht wird: Er findet auch die Zeiten der Gemeinschaft im Team nicht ausreichend und regt manchmal Extra-Treffen – ganz ohne Instrumente – an, wo man sich begegnen und ausführlich miteinander beten kann. Hat er das Gefühl, der Leiter setze einen zu starken Schwerpunkt auf die musikalische Seite, lässt er in seinen Äußerungen durchblicken, das geistliche Anliegen des Dienstes werde verraten und verkauft. Daher schaut er auch ein wenig auf Mr. Music herab, weil der für sein Empfinden oft keinen geistlichen Tiefgang hat und „immerzu mit seinem Instrument rumdaddeln muss". Andererseits hat er ein unterschwelliges Minderwertigkeitsgefühl, was seine musikalischen Fähigkeiten angeht; dies zeigt er aber selten.

Die Schwierigkeiten des Mr. Music

Mr. Music fragt sich, ob er angesichts des derzeitigen Niveaus der Lobpreis-Band jemals einen seiner Musikerfreunde wird zum Gottesdienst einladen können, ohne vor Scham im Boden zu versinken. Da sein Freundeskreis nach wie vor überwiegend aus Musikern besteht und ihm sein Glaube sehr wichtig ist, betont er die Arbeit an Musik und Sound. Sein ästhetisches Empfinden leidet darunter, dass die Mitmusiker oftmals eine „Krücke" von einem Instrument haben, das man stundenlang stimmen muss, und nach wenigen Sekunden ist es doch wieder *out of tune*. Es fällt ihm schwer zu ertragen, dass der Nebengitarrist in helles Entsetzen gerät, wenn er einmal seine Akkordsammlung zu Hause vergessen hat. Auch findet er die Band zu unflexibel und kritisiert zu Recht, dass Mr. Praise sich kaum Mühe gibt, sein Spiel zu verbessern. Manchmal versucht er auch, geltend zu machen, dass die Gruppe ohne seine musikalischen Impulse doch arg geschwächt wäre.

Wie ein Lobpreisleiter Brücken bauen kann

Was aber kann geschehen, damit die beiden beschriebenen Typen von Musikern zueinander finden?

Zunächst sollte der Leiter die Gruppe darauf aufmerksam machen, dass in seinem Team beide Typen vertreten sind und dass beide okay sind! Damit eine Truppe entstehen kann, die sowohl geistlich als auch musikalisch hoch motiviert ist, sind beide Typen nötig, die ihr jeweiliges Anliegen deutlich artikulieren. Nimmt der Leiter eine einseitige Position ein, wird auf der jeweils anderen Seite ein Mangel entstehen, und die dazu gehörigen Menschen werden sich nicht verstanden und ernst genommen fühlen.

Ein zweiter Schritt ist, der Gruppe deutlich zu vermitteln, dass beide Standpunkte wichtig sind. Einerseits ist Lobpreis ohne geistlichen Tiefgang ein Unterfangen, auf dem wenig oder gar kein Segen liegt. Andererseits gehört es zu den wichtigsten geistlichen Prinzipien, dass wir in unserem Hauptdienstbereich unser Äußerstes für Gottes Höchstes geben sollen; dass Stillstand auf Dauer immer Rückgang und Selbstzufriedenheit mit sich bringen wird.

Ein weiterer Schritt, der hilft, beiden Gruppen ein Gefühl des Angenommenseins zu vermitteln, ist der, dass der Leiter in regelmäßigen Abständen begründet, warum er gerade welchen Schwerpunkt legt.

Vorsicht geboten ist bei zu einseitigen Äußerungen des Lobes gegenüber den besten Musikern. Diese haben meist eine ausgesprochen genaue Vorstellung davon, wie gut sie sind; gerade die anderen aber brauchen die Ermutigung! Generell gilt: Wenn z. B. Mr. Music „Rock 'n' Roll" zum ersten Mal laut in der Gruppe betet, wird es ihn ermutigen, wenn der Leiter ihm hinterher persönlich sagt: „Toll, dass du immer mehr aus dir herauskommst." Wenn Mr. Praise „Faith Radical" zum ersten Mal ein neuer Groove auf seinem Instrument gelingt, wird er zumindest innerlich unglaublich stolz sein und weiter Neues lernen wollen. Hört er nun anstelle von Lob nur Kritik, werden sich die Fronten lediglich verhärten.

Zum Schluss: Das Vorbild des Leiters wirkt ungemein. Wenn er sich Monat für Monat weiterbildet und verändert, wird dies den Musikern wahrscheinlich mehr vermitteln, als tausend Worte dies könnten.

Die Festlegung eines musikalischen Schwerpunktes

Eine der wichtigsten Aufgaben einer Band ist, der Musik „ein Gesicht zu geben". Dies ist zwar mit Abstrichen auch auf einem einzelnen Instrument wie Gitarre oder Klavier möglich, wenn der Lobpreisleiter sein Instrument sicher beherrscht. Mit der Band bieten sich aber ganz andere Ausdrucksmöglichkeiten.

Vorgaben der Gemeindeleitung

Die wichtigste Frage lautet: Hat die Gemeindeleitung Präferenzen in Bezug auf Stil, Besetzung und Lautstärke geäußert, die für die Lobpreisband verbindlich sind? Dies könnten z. B. Vorgaben sein, die auf Grund der Zielgruppe(n) der Gemeinde gemacht wurden. Oder, um an das früher erwähnte Beispiel zu erinnern: Manchmal können selbst klimatische und geografische Bedingungen bei der Auswahl eines Musikstiles für den Lobpreis eine Rolle spielen.

Vielleicht werden aber von Seiten der Leitung auch keine Vorgaben gemacht. Dann hat der Lobpreisleiter die schwierigere Aufgabe, den richtigen Stil nach dem *Try & Error*-Verfahren herauszubilden, was häufig eine undankbare Aufgabe ist. Folgende Überlegungen können ihm jedoch dabei helfen.

Ein wichtiger Anknüpfungspunkt ist immer die Tradition, in der man sich befindet. Wenn es bereits vor der Einführung von Bandmusik in das gottesdienstliche Geschehen eine Form von Lobpreis in der Gemeinde gegeben hat, dann ist es sehr wichtig, das frühere Geschehen einmal zu analysieren. Waren eher schnelle oder langsame Lieder vorherrschend? Was ist die Hauptquelle der bisherigen Lobpreislieder: Evangelisches Kirchengesangbuch, Pfingstjubel, Heilslieder, Lieder der *Vineyard*-Bewegung oder von *Hosanna! Integrity Music*, Lieder aus Gnadenthal oder Taizé? Ist die Gemeinde bei rhythmischen Liedern mitgegangen oder stieß zu viel Rhythmus eher auf Ablehnung?

Solche und andere Fragen werden helfen, eine grundsätzliche Gewichtung vorzunehmen, die für das weitere Vorgehen hilfreich ist.

Auditions

Wenn in einer Stadt ein neues Musical anläuft, dann ist eine der ersten Aktionen der Betreiberfirma, Auditions für die Musiker auszuschreiben. Und dasselbe passiert, wenn ein bekannter Popstar auf Tour geht und noch keine feste Band hat. In diesem Fall kommen die interessierten Musiker an einem bestimmten Tag zum Vorspielen und präsentieren ihre technischen Fähigkeiten; aber auch ihrem Charakter wird ein wenig auf den Zahn geklopft. Dieses Vorgehen dient dem Zweck, Musiker nicht nur dem Hörensagen nach zu beschäftigen, sondern sich vielmehr einen Überblick zu verschaffen, welcher Pool an Musikern zur Verfügung steht und wie die Musiker auf bestimmte Spannungsmomente reagieren. Dabei spielt Pünktlichkeit und das Erscheinungsbild ebenso eine Rolle wie Flexibilität und der in jeder Hinsicht „gute Ton".

Obwohl der Aufbau einer Lobpreisband sicher nicht mit einer komplexen professionellen Musicalproduktion vergleichbar ist (Ausnahme: die *Willow Creek*-Gemeinde in Chicago), ist es doch sehr ratsam, hier von der professionellen Welt zu lernen.

Wenn nämlich erst einmal ein Musiker oder eine Sängerin ins Team aufgenommen wurde, ist es schwierig, sich wieder von ihm/ihr zu trennen. Eine Sondierung im Vorfeld wäre dafür geeigneter gewesen. Um es einmal deutlich auf den Punkt zu bringen: Vor allem Mr. Praise neigt leicht dazu, sich, was seine musikalische Qualifikation angeht, zu überschätzen. Weil er so gerne an der Gestaltung des gemeindlichen Lobpreises teilhaben will, ist seine Selbstwahrnehmung getrübt. Er wird vielleicht folgendermaßen argumentieren: „In meinem Hauskreis stört es auch keinen, wenn ich mal den Ton nicht so genau treffe", aber damit das Anliegen des Lobpreisleiters nicht verstehen.

Dieser muss nämlich gewisse Standards setzen, damit das Lobpreisteam Wachstumspotenzial hat und nicht die unterschiedliche Qualifikation der beteiligten Musiker zum Hemmschuh für die ganze Band wird. Die Band kann sich letztlich nämlich nur so weit entwickeln, wie das schwächste Glied es zulässt. Zu den Standards, die ein Lobpreisleiter setzen sollte, gehören folgende Punkte:

- Intonationssicherheit bzw. gute Stimmung des Instrumentes;
- Rhythmussicherheit der Sänger und Instrumentalisten;
- ein relativ diszipliniertes Mikrofonverhalten;
- das Musik-Equipment ist bereit und in gutem Zustand (bei Blasinstrumenten wie Trompete oder Querflöte gehört das Einblasen dazu, damit das Instrument nicht zu tief ist; beim Schlagzeuger das Nachstimmen der Felle, bei Saiteninstrumenten das vorherige Stimmen und das von Zeit zu Zeit nötige Austauschen abgespielter Saiten);
- Hilfsmittel wie Noten, Notizen etc. sind in einem geordneten und aktualisierten Zustand und werden genauso zu Proben und Veranstaltungen mitgebracht wie das Instrument; außerdem ein Bleistift mit Radiergummi zum Festhalten gemeinsamer Absprachen (da man eben doch nicht alles im Kopf hat, aber die Arbeit, ein und dasselbe Stück zu arrangieren und Unklarheiten auszuräumen, ja nicht mehrfach erfolgen muss);
- Bereitschaft, sich in die bestehenden Strukturen ein- und dem jeweiligen Leiter unterzuordnen;
- Pünktlichkeit und regelmäßiges Erscheinen bei Proben und Veranstaltungen (jemand, der sich als Teil eines Teams versteht, wird nicht die Zeit der anderen verschwenden wollen und von daher bemüht sein, pünktlich zu erscheinen, selbst wenn ihm das schwer fällt);
- ein grundlegendes Dienstverständnis und eine Übereinstimmung mit den Werten und Prioritäten der Gemeinde;
- Kenntnis der neu erlernten Stücke; bei Sängern Textsicherheit bei länger eingeführten Stücken (beides setzt eine Auseinandersetzung mit der Musik und auch aktives, privates Proben während der Woche voraus);
- eine für die eigene Gemeinde angemessene Kleidung.

Die genannten Punkte sollten bereits im Rahmen der Audition angesprochen werden, damit die Musiker gleich wissen, auf was sie sich einlassen und was von ihnen erwartet wird. Darüber hinaus halte ich eine kurze Probezeit von drei Wochen für sinnvoll, in der sich beide – Lobpreisleiter und neuer Musiker – überlegen können, ob die nun gegebene Konstellation sinnvoll ist und funktioniert.

Im Falle einer Absage an die Sänger, die eben doch nicht sauber singen oder an die Musiker, deren Rhythmusschwächen und harmonischen Begrenzungen zu gravierend sind, ist es wichtig, diese Nachricht klar, aber so schonend und liebevoll wie möglich zu vermitteln. Ich würde in einem solchen Fall davon reden, dass „momentan" die Qualität noch nicht ausreicht, der Musiker aber durch Übung und Unterricht an sich arbeiten und – nach einer sinnvollen Zeit – wieder vorspielen kann.

An dieser Stelle sei noch darauf hingewiesen, dass ein Lobpreisleiter auch dann einen guten Überblick über die Musiker der Gemeinde haben sollte, wenn seine Band eingespielt und eigentlich keine Not am Mann ist. Denn unvorhergesehene, auch spontane Abgänge auf Grund privater, geistlicher, gemeindlicher oder beruflicher Entwicklung kommen immer wieder vor, und auch dem Gedanke an eine mögliche Multiplikation (ein weiterer Gottesdienst in absehbarer Zeit etc.) sollte ab und zu einmal nachgegangen werden.

Vorhandenes Potenzial bei den Musikern

Welche Musiker sind Teil der Gemeinde und wären bereit, sich regelmäßig in die Lobpreisband zu investieren? Um es gleich vorwegzunehmen: Es ist leider überhaupt nicht selbstverständlich, dass die vorhandenen guten Musiker sich auf eine regelmäßige Teilnahme einlassen. Das kann ganz unterschiedliche Gründe haben:

Berufsmusiker sind auf Grund ihres Jobs eine so hohe Qualität gewohnt, dass sie manchmal keine Lust haben, sich auf das zumindest anfänglich sehr viel niedrigere Niveau der Musik in der Gemeinde herunterzubegeben. Das mag nicht gerade nach einem dienenden Herzen aussehen, ist andererseits aber auch verständlich, denn es gibt noch andere Interessensgebiete außer Musik, und nicht jeder möchte in seiner Freizeit weiter dem Betätigungsfeld seines Berufes nachgehen. Darüber hinaus kann es sein, dass solche Musiker während der gemeindlichen Probezeiten selbst Auftritte haben und daher selten oder nie beim Üben dabei sein können. Viele bieten an einzuspringen, wenn Not am Mann ist, wollen sich aber auf eine regelmäßige Teilnahme nicht einlassen. Das einzusehen fällt den Lobpreisleitern am Anfang oft nicht leicht, aber es macht keinen Sinn, dass die guten Musiker mit dem Lobpreis ständig unzufrieden sind, weil sie sich sonst in einer anderen Güteklasse bewegen.

Bei den Amateurband-Musikern ist das Problem ähnlich gelagert. Oft wollen sie am Anfang gerne mitmachen; wenn dann aber Proben erforderlich werden und der Lobpreisleiter zusätzlich noch die Idee äußert, sich ab und zu ausschließlich zum Gebet zu treffen, geben sie ihrer Band den Vorzug. Sie bieten ebenfalls an, „einmal" einzuspringen. Das Muster ist dasselbe: „Wir können ja mal mitmachen, aber ohne eine regelmäßige Verpflichtung und ohne großen Aufwand zu treiben, den wir selbst nicht regulieren können."

Um es gleich vorneweg zu sagen: Es ist nicht besonders klug, in der Anfangsphase auf solche Leute zu bauen und sich auf das „Einspringen" einzulassen. Bandarbeit braucht ein solides Fundament; vor allem dann, wenn sie gerade erst entsteht, das „Programm" jedoch weit über 100 Lieder umfasst. Daher sollte sich der Lobpreisleiter zuerst einmal einen kleinen Grundstamm von Musikern suchen, die vom Lobpreis begeistert sind und ihm den Eindruck vermitteln, dass sie kontinuierlich mitmachen werden, auch wenn ihr Ausgangsniveau nicht so hoch ist wie das der anfänglich erwähnten Musiker. Es ist auch möglich, dass im Laufe der Zeit die Qualität so zunimmt, dass professionelle oder erfahrene Band-Musiker nun gerne und mit großer Motivation dazustoßen. Jetzt hat der Lobpreisleiter für sie aber die Rolle eines gleichwertigen Partners und nicht mehr die eines weitaus schlechteren Musikers, auf den man herabschaut.

Die Standardbesetzung für Bandarbeit ist Schlagzeug, Bass, akustische und/oder elektrische Gitarre und Keyboard. Natürlich können andere Instrumente wie Querflöte, Geige, Oboe, Flügelhorn, Trompete, Saxophon u. a. dazukommen, aber sie sind vielmehr das Sahnehäubchen auf dem Bandsound. Schlagzeug und Bass sind eminent wichtig, weil sie das rhythmische Grundgerüst für die Musik darstellen. Keyboard und Gitarre haben eher harmonische und melodische Funktion, auch wenn sie den Rhythmus unterstützen.

Sollte bei den Basisinstrumenten ein Mangel bestehen, dann ist es der sinnvollste Schritt, dafür zu beten, dass gute Musiker zum Glauben kommen oder aber durch Umzug oder einen aus persönlichen Gründen erforderlichen Gemeindewechsel dazustoßen. Ich habe ein ums andere Mal erlebt, wie Gott dieses Gebet erhört hat.

Wenn sich erst einmal ein Stamm an Musikern herausgebildet hat, dann ist bei der Entscheidung, welche musikalische Stilistik zu wählen ist, natürlich auch auf die Vorerfahrung der Musiker zu achten. Wenn das Ausgangsniveau sehr hoch ist, kann von Anfang an eine große stilistische Vielfalt verwirklicht werden: Elemente aus Pop, Folk, Jazz, Fusion, Latin, HipHop, Dance, Rock und Blues können dann in die Musik einfließen. Ist das anfängliche Niveau nicht so hoch (was der Regelfall ist), dann sollte man sich erst einmal auf den Musikstil konzentrieren, den die Musiker durchgehend am besten beherrschen: Dieser wird wahrscheinlich einen *straighten* Rhythmus und eine einfache harmonische Struktur haben. Bei der Auswahl neuer Lieder ist zu beachten, ob sie stilistisch den Fähigkeiten der Musiker entsprechen.

Den größten Nutzen wird die Band daraus ziehen, am Anfang so viele Lobpreis-Arrangements wie möglich nachzuspielen (professionelle Lobpreis-CDs sind ja inzwischen in rauen Mengen erhältlich). Sie steht dann nicht unter dem Druck, die Lieder selbst arrangieren zu müssen, und lernt durch das aktive Hören wichtige Gesetzmäßigkeiten der Bandmusik kennen.

Außerdem können sich – im Falle großer Besetzungen – Sänger und Musiker auf diese Weise in zwei Räume aufteilen und einige Zeit getrennt an ihren Parts arbeiten, was allen und damit auch der Gesamtqualität zugute kommt.

Die richtige Anzahl von SängerInnen in einer Band

Nicht selten finde ich in Gemeinden, in denen ich Lobpreisseminare halte, drei bis vier Sängerinnen in einer Band vor, die meist einstimmig und ab und zu mit improvisierter Mehrstimmigkeit in der Regel recht unsauber den Gesang des Lobpreisleiters unterstützen. In den seltensten Fällen klingen sie zusammen gut. Dafür gibt es Gründe:

- Sie können sich im Monitor oft sehr schlecht hören, weil sich zu viele Signale in ihrem Frequenzbereich überlagern, und sie sich daher oft nicht einmal selbst von den anderen Stimmen im Monitor unterscheiden können – wie soll das ein Tontechniker können? Als Folge leidet die Intonation der einzelnen, und da viele Tonarten der Stücke sowieso nicht sehr frauenfreundlich gewählt sind, führt das häufig dazu, dass der ganze Gesang schief klingt.
- Sie haben oft keine gute Mikrofon-Dynamik und schwanken zwischen den Extremen zu laut und zu leise hin und her. In der Regel ein Problem, was angesichts der Fülle ähnlicher Stimmen für den Mann oder die Frau am Mischpult nicht in den Griff zu bekommen ist.
- Sie sind zu wenig Leute für einen Chor, der voll klingen würde, und zu viele für einen transparenten Sound, weil sie selten die Möglichkeiten konsequenter abgesprochener Mehrstimmigkeit nutzen – der Gesang

klingt über die Lautsprecher daher oft dünn und piepsig und unterstützt den gemeindlichen Gesang nicht, sondern lenkt eher ab.

Ein Merksatz lautet daher: „Nehmen Sie nur so viel SängerInnen in Ihre Lobpreisband auf, wie es der Musik dienlich ist." Weniger ist mehr, und gerade im Gesangsbereich machen zwei Stimmen den Sound oft transparenter als fünf Stimmen – es sei denn, die Stimmen werden arrangiert, die Sänger singen nicht jeden Song von vorne bis hinten durch, sondern setzen nur punktuell kleine musikalische Glanzlichter und der Gesang ist mehrstimmig arrangiert.

Eine gemeinsame Vision

Es ist von vornherein von entscheidender Bedeutung, den Musikern zu vermitteln, worum es im Lobpreis geht, was die Unterschiede zwischen herkömmlicher Bandmusik und Lobpreismusik sind und welche Ziele damit verfolgt werden.

Bandmusiker sind es gewohnt, im Vordergrund zu stehen. Oft beziehen sie aus einem erfolgreichen Auftritt und der Begeisterung der Leute ihren Selbstwert. Dementsprechend bedarf es eines radikalen Umdenkens, um zu verstehen, dass im Lobpreis Gott und der Gemeindegesang und nicht die Musiker und ihre Kreativität im Vordergrund stehen. Dies bringt für manche einen Prozess der Desillusionierung mit sich. Wenn sie dann aber einige Male erlebt haben, wie eine gesegnete Lobpreiszeit die Gemeinde zu Gott gezogen hat und sie ganz selbstvergessen Teil dieser Gemeinde waren, dann hat die Vision von vollmächtigem Lobpreis, der die Gemeinde prägt und belebt, oft schon Einzug in ihre Herzen gehalten. Gemeinsames Gebet, das von Gott im Lobpreis auch Heilung und Befreiung erwartet, wird ein Übriges tun, um die Band bei der Findung einer gemeinsamen Vision zu unterstützen.

Es ist die Aufgabe des Lobpreisleiters, unermüdlich auf diese inhaltlichen Aspekte hinzuweisen, weil sich die Band sonst allzu leicht in musikalischen oder technischen Details verliert. Die gemeinsame Gebetszeit bei jedem Treffen der Lobpreisband ist aus genau diesem Grund ein absolutes Muss!

Um die alte Faustregel noch einmal in Erinnerung zu rufen: Nichts ist erfolgreicher als der Erfolg! Wenn die Lobpreismusiker erst einmal sehen, dass von ihrem Dienst Segen und Freude ausgeht, so gewinnen sie die beste Motivation, die man sich wünschen kann.

Regelmäßige Proben

Die wöchentliche Probe ist zumindest in der Aufbauphase besonders wichtig. Viele Lieder sind neu, die Band muss erst lernen, miteinander zu spielen, Gebet mit- und füreinander ist erforderlich, um den Zusammenhalt der Gruppe zu fördern, und das gemeinsame Spielen „ohne Publikum" gibt die Möglichkeit, Dinge auszuprobieren, die man im Gottesdienst nicht so ohne weiteres probieren kann.

In der Anskar-Kirche in Hamburg haben wir es über die Jahre so gehandhabt, dass sich die Musiker knapp zwei Stunden vor jedem Gottesdienst trafen. Die erste Dreiviertelstunde war für das Proben des jeweiligen Gottesdienstprogramms reserviert, die restliche Stunde dann für den Soundcheck mit jetzt eingetroffenem Techniker und für Gebet. Jeden Mittwoch haben wir uns zum Hauskreis getroffen, und auf diese Weise war ausreichend Zeit für *Austausch, Gebet, Proben und den Bau von Beziehungen* gegeben. Jeder sollte die ihm gemäßen Zeiten finden, aber die vier genannten Elemente sind die Eckpfeiler einer soliden Lobpreisarbeit.

Die Notwendigkeit eines guten Soundsystems

Ich habe bei einigen meiner Lobpreisseminare und Konzerte in den letzten Jahren die Erfahrung gemacht, dass das Soundsystem vieler Gemeinden nicht ausreicht, um die Musik, die diese im Lobpreis einsetzen wollen, auch angemessen zu verstärken. Viele Soundsysteme sind immer noch auf Sprache ausgerichtet, obwohl sie auch zur Verstärkung von Musik verwendet werden. Ein schlechter Klang und eine mit dem Sound unzufriedene Gemeinde sind oft die Folgen. Das Hauptproblem ist, dass den meisten Verantwortlichen nicht bewusst ist, wie wichtig ein gutes Soundsystem für moderne Lobpreismusik ist. Es ist einfach nicht damit getan, 2 000 DM bereitzustellen, mit denen der begabteste Hobbybastler der Gemeinde dann die Komponenten für eine selbst gebaute PA zusammenkaufen kann.

Wenn es darum geht, einen Saal mit hoher Decke und über 200 Sitzplätzen zu beschallen, hat man ein komplexes technisches Problem vor sich, das es zu lösen gilt. Ein Teil des Equipments, das man hierfür benötigt, ist im Musikgeschäft um die Ecke vermutlich gar nicht erhältlich. Es gibt auch nicht *die* eine Lösung oder Marke, die nie Probleme macht. Aber es gibt wesentliche Bestandteile, die in einer Anlage, die ja professionellen Ansprüchen genügen soll, nicht fehlen sollten. Im Folgenden möchte ich auf acht Elemente näher eingehen.

Mischpult

Das Mischpult ist das Herzstück des gesamten Soundsystems. Jede Soundquelle sollte durch das Mischpult laufen, um maximale Kontrolle zu ermöglichen, und jedes Mischpult klingt anders. Es kann passieren, dass sich zwei Mischpulte mit annähernd identischem Preis, Ausstattung und Spezifikationen deutlich voneinander unterscheiden. Die wenigsten professionellen Mischpulte haben einen eingebauten Verstärker (Power-Mixer). Das wichtigste Kriterium sind nicht die Features, sondern der Klang. Das Minimum-Kriterium ist, dass der Sound gegenüber der ursprünglichen Soundquelle nicht verschlechtert wird. Darum sollte jemand das Mischpult aussuchen, der ein gutes, geschultes Gehör hat und sich in seinem Metier auskennt; und das gilt für alle hier angesprochenen Komponenten. Wie klingt das Mischpult? Wie viele Nebengeräusche produziert es? Wie viel Kanäle werden gebraucht? Wie viele Monitor-, Effekt- und Einschleifwege sind vorhanden? Wie flexibel ist die Equalizer-Abteilung? Solche und ähnliche Fragen sind beim Kauf zu bedenken.

Endstufe

Die Endstufe ist ganz sicher auch nicht der Teil des Systems, bei dem man Geld sparen sollte! Daher möchte ich an dieser Stelle sehr empfehlen, ein bewährtes Marken-Produkt zu kaufen. Entscheidend ist nicht allein, wie viel Watt eine Endstufe hat. Aber die Leistung ist ein wichtiger Faktor. Es lohnt sich, eine qualitativ hochwertige Endstufe mit einer größeren Leistung zu nehmen, als tatsächlich benötigt. Diese wird auch bei geringerer Lautstärke einen druckvolleren und transparenteren Sound ermöglichen als ein Billigprodukt mit weniger Leistung, das zu schnell heiß wird.

Lautsprecher (PA)

Die Form und Größe des Raumes bestimmen wesentlich den zu wählenden Lautsprechertypus, die Anzahl der Lautsprecher und das erforderliche Klangverhalten. Man kann nicht für jeden Raum dieselbe PA empfehlen. Hier sollte bei der Auswahl ein echter Akustikexperte mit von der Partie sein. Wenn erst einmal geklärt ist, welcher Lautsprechertypus dem vorhandenen Raum am meisten dienlich ist und wie viele Lautsprecher benötigt werden, kann man die einzelnen Produkte in dem Preissegment, das die eigene Budgetgrenze nicht überschreitet, vergleichen. Dabei kann es sinnvoll sein, verschiedene Produkte zu leihen und in den eigenen Räumlichkeiten auszuprobieren, bevor eine endgültige Entscheidung getroffen wird.

Monitore

Für Monitore scheint nie ausreichend Geld vorhanden zu sein, obwohl sie für den Gesamtsound eine große Bedeutung haben. Ohne Monitore können sich die Musiker nicht gut hören und werden dementsprechend öfter den Rhythmus verlieren, schief singen oder ihre eigenen Verstärker weiter aufreißen, was einen ausgewogenen Sound unmöglich macht.

Um den richtigen Monitor zu finden, sollte man sich direkt davor stellen – wie das in der Live-Situation ja auch passiert – und genau hinhören. Klingt der Monitor natürlich oder blechern? Ist er verzerrungsfrei oder klirrt er bei gewissen hohen oder tiefen Frequenzen? Unterscheiden sich PA- und Monitor-Sound zu stark? Bringt er genügend Leistung für die Lautstärke, die erforderlich ist? Wie viele Monitore werden benötigt? Wie viele kann man sich im Moment leisten? Wenn die Zahlen weit voneinander abweichen, ist es wichtig, die fehlenden Monitore schon jetzt für den nächsten Haushalt fest einzukalkulieren.

Dann ist da noch die Frage, ob man ein aktives (mit eingebautem Verstärker) oder ein passives System (mit zusätzlicher Monitor-Endstufe) wählt. *Last but not least* die Frage, wie viel Platz für Monitore in den eigenen Räumlichkeiten überhaupt zur Verfügung steht. Es gibt auch sehr kleine, aber leistungsstarke Monitorsysteme. Aber Achtung: Bei einer solchen Entscheidung sollte immer der Rat eines unabhängigen Fachmannes eingeholt werden!

Mikrofone

Auch hier gilt, was schon vorher gesagt worden ist: Ausprobieren heißt die Devise. Wenn es immer die gleichen Sänger sind, die die Lobpreiszeit gestalten, kann es sogar Sinn machen, sich aus einem Geschäft mehrere Mikrofone zu leihen und diese dann in den eigenen Räumlichkeiten spezifisch auf die einzelnen Sänger zugeschnitten zu testen. Ein Klassiker ist das Shure SM-58. Es ist kostengünstig und man kann damit nicht viel falsch machen.

Effektgeräte

Man braucht für den Gemeindelobpreis nicht zwangsläufig eine große Fülle an Effektgeräten. Aber zumindest ein bis zwei Hallgeräte sollte jeder Techniker zur Verfügung haben, die bei den Stimmen und Instrumenten zum Einsatz kommen können. Es gehört heute einfach zum Standard eines vernünftigen Sounds, dass das Ausgangssignal nicht staubtrocken aus den Lautsprechern kommt, sondern durch den richtigen Hall aufbereitet wird. Das klingt wärmer und voller. Darüber hinaus gibt es längst eine Reihe sehr guter Geräte für den kleinen Geldbeutel. Aber auch hier ein Wort der Vorsicht: Die wenigsten Techniker nehmen sich ausreichend Zeit, um verschiedene Halltypen selbst zu programmieren. Daher sollte man sich in der Regel für ein Hall- oder Multieffektgerät entscheiden, das gute, brauchbare Preset-Sounds (bei Auslieferung bereits im Gerät befindliche Halltypen) liefert, auch wenn die Programmierbarkeit vielleicht ein wenig dürftiger ausfällt. Hier kann man Geld sparen.

Bei erfahrenen Technikern ist über Hallgeräte hinaus auch der Einsatz von Kompressoren und einem *Noise Gate* keineswegs zu verachten: Störgeräusche und auf Grund von Bewegung oder mangelnder Mikrofontechnik der Sänger entstehende Schwankungen in Lautstärke und Dynamik können hier ausgeglichen werden.

Kabel

Auf die Gefahr hin, mich zu wiederholen: Es gibt keinen Bereich, in dem man sparen sollte, und schon gar nicht bei den Kleinteilen für eine PA. Die schönste Anlage nutzt nichts, wenn im entscheidenden Moment zu wenig Kabel vorhanden sind oder minderwertige Kabel höchst unschöne Nebengeräusche produzieren. Stattdessen lohnt es sich, ein paar Mark mehr auszugeben und die Variante mit den langlebigeren Steckern, besseren Abschirmungen und dickeren Kabeln zu wählen.

Bei den Lautsprecherkabeln ist darauf zu achten, dass die Kabel in etwa nur die gerade erforderliche Länge haben. Übermäßige Länge macht es fast unmöglich, dass die Endstufe den Klang der Lautsprecher noch voll kontrollieren kann.

Ein Weg, um in *diesem* (!) Bereich Geld zu sparen, ist, einen Hobby-Techniker in der Gemeinde mit ausreichender Erfahrung aufzuspüren, der Kabel und Stecker als Bauteile kauft und dann selbst zusammenlötet. Dennoch: Das Geld, was man hier einspart, sollte in bessere Komponenten investiert werden. Nach einigen Monaten wird sich diese Entscheidung bereits ausgezahlt haben.

Wenn eine Gemeinde sich vernünftigerweise dazu entschließt, keine Kompromisse einzugehen und ein hochwertiges, auf die eigenen Verhältnisse zugeschnittenes PA-System und das zugehörige Material zu erwerben, so ist es mehr als ratsam, einen professionellen Installateur zu Rate zu ziehen, der das System zusammenstellt, aufbaut und auch später bei sicher aufkommenden Fragen mit Rat und Tat zur Seite steht. Dies ist viel sinnvoller, als nach ein paar Monaten verzweifelt SOS funken zu müssen und dann erst einen Profi zu Rate zu ziehen, der dann nur noch konstatieren kann, dass die Systemkomponenten doch nicht so glücklich aufeinander zugeschnitten sind und man jetzt nicht mehr viel ändern könne, es sei denn, man entscheide sich zu einer weiteren Großinvestition oder sogar zum Verkauf und Ersatz einiger Elemente. Damit ist nun wirklich niemandem gedient. Ein Soundsystem ist viel zu kompliziert und zu teuer, als dass man es riskieren könnte, hier Fehler zu machen. Oft ist weitergehende Beratung auch schon teilweise oder ganz im Einkaufspreis inbegriffen: wenn der Lieferant sieht, dass an dem potenziellen Kunden viel Geld zu verdienen ist und wenn man im Vergleich zur allgegenwärtigen Konkurrenz bessere Serviceleistungen anbietet.

Manche Pfarrer einer traditionellen Gemeinde sind jetzt vielleicht schockiert, welche Investitionen alleine im Bereich des Equipments auf sie zukommen könnten. Auf lange Sicht ist dem Wachstum der Gemeinde hiermit jedoch meist wesentlich mehr gedient, als Hunderttausende für die Pflege und Restaurierung einer Kirchenorgel auszugeben.

Die Notwendigkeit von Disziplin und Kontinuität in der Bandarbeit

Es ist nicht meine Absicht, unnötig Klischees zu nähren. Aber: Musiker sind oft unzuverlässiger als andere Menschen, was Pünktlichkeit, abgesprochene Termine und kontinuierliche Mitarbeit angeht. Das ist wahrscheinlich eine Art Künstler-Syndrom, kann den Lobpreisleiter aber manchmal ganz schön zum Schwitzen bringen. Deswegen ist es wichtig, in Bezug auf Disziplin bei der Einhaltung von Terminen von Anfang an klare Vorgaben zu machen und von diesen nicht mehr abzurücken.

Eindeutige Einsatzpläne

Gerade, wenn man mit verschiedenen Besetzungen arbeitet oder mehr Musiker zur Verfügung stehen, als in einer Veranstaltung spielen können, ist es die Aufgabe des Leiters, den Musikern die Termine zukommen zu lassen, an denen ihr Erscheinen erwartet wird. Dies sollte immer in schriftlicher Form und so frühzeitig geschehen, dass die Musiker, die Tontechniker und der Foliendienst bei abzusehender Verhinderung Ersatz besorgen können. Durch die schriftliche Form können keine nachträglichen Diskussionen über etwaige Missverständnisse aufkommen.

Bei Verhinderung immer abmelden

Der Lobpreisleiter sollte von Anfang an klarstellen, dass unentschuldigtes Fehlen nicht akzeptabel ist. Wenn Musiker, Techniker oder die eingeteilten Mitarbeiter des Foliendienstes sich nämlich nicht abmelden, wird dies in vielen Fällen zu deutlichen Einbußen in der Qualität der Musik führen. Ich erwarte von meinen verhinderten Musikern, dass sie sich erstens selbst um Ersatz bemühen und mich zweitens frühzeitig darüber informieren, wenn sie einen Termin nicht wahrnehmen können. Dies ermöglicht mir, noch umzudisponieren und das Programm auf die Stärken und Schwächen der veränderten Besetzung einzustellen.

Dass die Musiker sich selbst um Ersatz bemühen, spart dem Leiter nicht nur Zeit, sondern ist auch eine pädagogisch wichtige Maßnahme. Das Bandmitglied kann nicht die ganze Organisation auf den Leiter abwälzen und fühlt sich mit in die Verantwortung genommen, weil es merkt, dass es auf jeden Einzelnen ankommt. Darüber hinaus wird es nicht ohne weiteres absagen, nur weil es gerade keine Lust hat, wenn es weiß, dass dafür jemand anders „ran" muss.

Trotzdem wird es natürlich auch Fälle geben, in denen kein Ersatz zu finden oder der Musiker so kurzfristig verhindert ist, dass er sich nicht mehr selbst um Ersatz kümmern kann. In diesem Fall muss der Lobpreisleiter einen anderen Weg finden, mit der Situation umzugehen. Dies sollte aber eher die Ausnahme als die Regel sein!

Regelmäßige Teilnahme an den Proben

Manche Musiker neigen dazu, aus Zeitknappheit oder anderen Motiven nicht oder nur unregelmäßig zu den Proben zu erscheinen, jedoch bei großen Veranstaltungen mitmachen zu wollen. Der Lobpreisleiter sollte von vornherein klarmachen, dass er diese Haltung nicht akzeptieren wird.

Dafür gibt es mehrere Gründe: Zum einen kommt leicht Hektik und Stress auf, wenn man kurz vor der Veranstaltung noch zahlreiche Übergänge oder Breaks besprechen muss. Zweitens verspielen sich manchmal auch gute Musiker oder verpatzen Einsätze, wenn sie zu viele neue Informationen auf einmal aufnehmen müssen. Und schließlich sind Proben und Gebetszeiten für die geistliche Einheit und den Zusammenhalt der Gruppe sehr wichtig.

Ob eine Band eingespielt ist und gut miteinander kommuniziert oder nicht, wird sich immer in der Musik bemerkbar machen. Gute Freunde machen buchstäblich bessere Musik und strahlen die gesunden Beziehungen auch aus. Deswegen ist es wichtig, auch außerhalb von Proben, Gottesdiensten oder Hauskreisabenden ab und an Zeit miteinander zu verbringen und Dinge zu unternehmen – man wird es buchstäblich in der Qualität der Musik hören können.

Das Miteinander von Sängern und Instrumentalisten

Bis jetzt habe ich vielleicht den Eindruck erweckt, als ob zu einer Lobpreis-Band nur Instrumentalisten gehörten. Das ist mitunter der Fall, wenn neben dem Lobpreisleiter noch ein bis zwei andere Musiker auch sehr gut singen können und in der Lage sind, dies synchron zum Spielen ihres Instrumentes zu tun.

Aber in der Regel werden zusätzlich noch Sänger zum Einsatz kommen. Daher sollte sich der Leiter gezielt Gedanken über die gemeinsamen Vorbereitungszeiten machen. Ich bin ja bereits darauf eingegangen, dass weniger Sänger oft besser klingen als viele. Die meisten Techniker, die in der Gemeinde zum Einsatz kommen, haben keine professionelle Ausbildung und brauchen viele Monate Übung, bevor sie aus einem komplexen Bandsignal einen transparenten Sound herausholen, zumal, wenn die Anlage, die ihnen zur Verfügung steht, nicht aus hervorragenden Komponenten besteht. Daher ist es beispielsweise einfacher, zwei Sänger und vier Instrumentalisten abzumischen als vier Sänger und sechs Instrumentalisten.

Für die Sänger gelten dieselben stimmlichen Anforderungen wie für den Lobpreisleiter. Sie sollten sauber intonieren, einen gleichmäßigen Abstand zum Mikrofon bewahren und darüber hinaus möglichst in der Lage sein, zur Melodie Harmoniestimmen zu erarbeiten oder erlernen und dann parallel zur Melodiestimme singen zu können. Der Lobpreisleiter sollte lieber allein singen, als zusätzliche Sänger zu integrieren, die *out of tune* singen!

Bei den Proben und auch vor den Veranstaltungen kann es Übungsabschnitte geben, die für die Musiker erforderlich sind, die Sänger jedoch zur Untätigkeit verdammen. Daher sollte der Lobpreisleiter den Sängern nur die Erscheinungszeiten auferlegen, in denen sie auch wirklich zum Einsatz kommen. Eine Lösung könnte beispielsweise so aussehen, dass die Musiker, wenn der Gottesdienst um 10 Uhr morgens beginnt, bereits um 8:30 Uhr zum Aufbau erscheinen, während die Sänger erst um 9 Uhr kommen müssen.

Die Proben sollten so organisiert sein, dass es für die Sänger ein Parallelprogramm gibt, wenn die Instrumentalisten gerade Arrangements einüben. Dieses Parallelprogramm könnte Übungen für die Stimmbildung oder das Erarbeiten von Harmoniestimmen beinhalten. Dabei ist zu beachten, dass es bei den Sängern mindestens eine Person gibt, die ein Harmonieinstrument ausreichend beherrscht, um die Probe zu leiten und zu prüfen, ob der mehrstimmige Gesang zu den Harmonien des gewählten Arrangements passt. Am einfachsten ist natürlich das Erlernen von bereits notierten Sätzen oder das Abhören von Gesangspassagen auf den erhältlichen professionellen CDs.

Wenn die Instrumentalisten nicht semiprofessionell oder professionell sind, sollten die Sänger erst dann wieder hinzustoßen, wenn die instrumentelle Seite der Stücke sitzt. Dies ist wesentlich zeitökonomischer und weniger nervenaufreibend.

Hilfsmittel für die gemeinsame Arbeit

Es ist die Aufgabe des Leiters, sich darum zu kümmern, dass für alle Bereiche sorgfältig vorbereitete Hilfsmittel zur Verfügung stehen. Je mehr Arbeit in die Vorbereitung investiert wird, desto einfacher und effizienter gestalten sich die Proben, und desto reibungsloser wird die Musik in den Veranstaltungen letztlich funktionieren.

Akkordsätze oder Noten

Das wichtigste Hilfsmittel sind einheitlich gestaltete Blätter mit Liedtexten, über denen die jeweiligen Harmonien notiert sind. Ich habe verschiedene Systeme ausprobiert und empfehle das folgende: Der Lobpreisleiter sollte für jedes Lied eine eigene DIN-A4- oder DIN-A5-Seite verwenden. Über dem eigentlichen Liedtext wird, mit einer großen Drucktype gestaltet, der Titel aufgeführt. Darunter erscheinen zuerst die Harmonien für das „Intro", also den Beginn des Stückes. Danach kommt der Liedtext, wobei zwischen den Textzeilen jeweils eine Zeile frei gelassen wird. In diese werden dann jeweils an der richtigen Stelle die Akkorde über dem jeweiligen Text aufgeführt. Zusätzlich werden Akkordfolgen für eventuelle Zwischenspiele oder das Ende des Stückes notiert, und am unteren Ende des Blattes sind dann die Copyrights mit Namen von Autor und gegebenenfalls Übersetzer und das Jahr, in dem das Stück geschrieben wurde, genannt, außerdem der Verlag, der die Rechte für das Lied besitzt.

Auf diese Weise kann sich jeder Musiker eine Mappe anlegen, in der die Lieder nach Liedanfängen alphabetisch geordnet sind. Wenn der Lobpreisleiter nun vor dem Gottesdienst das vorläufige Programm verteilt, hat jeder in kurzer Zeit alle Songs in seiner Mappe gefunden und kann sie hintereinander auf sein Notenpult hinstellen. Kommt doch einmal ein ursprünglich nicht eingeplantes Lied, so hat er mit Hilfe derselben Methode in kürzester Zeit auch dieses gefunden. Der Vorteil des Systems ist außerdem, dass laufend neue Lieder integriert werden können, ohne dass permanent eine neue Liedmappe erstellt werden muss. Wenn der Lobpreisleiter zeitökonomisch arbeiten will, kann er neben der Akkordversion auch noch eine erstellen, die lediglich die Liedtexte aufweist. Diese ist dann gut als Vorlage für Folien zu verwenden, die in der Veranstaltung via Overhead-Projektor an die Wand geworfen werden.

Natürlich kann es für die Musiker, die fließend Noten lesen können, auch sehr hilfreich sein, Originalnoten zu verwenden. Hier sind lediglich die folgenden Überlegungen zu beachten. Erstens muss sich der Lobpreisleiter die Frage stellen, ob er dasselbe Arrangement verwenden möchte oder ob er andere Harmonien oder einen anderen Musikstil für das Lied bevorzugt. Zweitens werden vermutlich nicht für alle Lieder, die in der Gemeinde gesungen werden, Noten erhältlich sein. Drittens erstrecken sich die Noten oft über mehrere Seiten, was beim Live-Einsatz sehr viel unpraktischer ist als ein Akkordblatt, wo alle erforderlichen Informationen auf einer Seite zusammengefasst sind. Und viertens ist es ein echter Vorteil, wenn die Akkordhilfen ein einheitliches Aussehen haben – dies ist aber bei dem Einsatz von zusammenkopierten Noten unterschiedlicher Herkunft kaum möglich.

Im Anhang A am Ende des Buches ist eine Musterseite für ein wie oben beschriebenes Akkordblatt dargestellt.

Vorhandene Tonträger nutzen, aber keine Kopien verteilen

Während es vor fünf Jahren noch verhältnismäßig wenige hochwertige deutsche Lobpreis-Produktionen gab, ist mittlerweile eine Fülle an CDs erhältlich, die von einigen der besten Musiker Deutschlands eingespielt wurden und neben dem bloßen Präsentieren neuer Lieder natürlich auch wertvolle Anregungen beinhalten, wie man Lobpreislieder zeitgemäß und musikalisch stimmig auf vielfältige Weise arrangieren kann.

Im Zusammenhang mit dem Aufbau einer Bandarbeit habe ich ja bereits erwähnt, dass es eine Hilfe sein kann, zunächst eine größere Anzahl bereits auf Tonträgern erhältlicher Arrangements nachzuspielen, um sich ein eigenes Repertoire anzueignen. Die Lobpreismusiker können auf diese Weise ihr musikalisches Ohr trainieren, und nach einer Zeit werden einem unterschiedliche Grooves und Basslinien oder der Einsatz von bestimmten Gitarren- und Keyboardsounds viel vertrauter sein als beim nicht-selektiven Musikhören!

CDs mit Zusammenschnitten von Lobpreisproduktionen zu brennen oder Kassetten zu kopieren, die an das Lobpreisteam verteilt werden, ist allerdings keine gute Idee! Zuerst einmal macht man sich damit strafbar, weil die unerlaubte Vervielfältigung von Copyright-geschützten Tonträgern gegen geltendes Recht verstößt. Außerdem haben solche Zusammenschnitte äußerst schädliche Auswirkungen auf den Dienst der christlichen Künstler und Verlage. Denn im Gegensatz zu großen säkularen Künstlern, die große Stückzahlen verkaufen und daher von der GEMA pauschal pro verkauftem CD-Rohling einen gewissen Satz ausgeschüttet bekommen, gibt es in der christlichen Szene weder eine solche GEMA-Pauschale noch vergleichbare Umsätze. Wenn also 4000 Leute eine CD hören, aber nur 2500 sie erworben haben, ist es sehr wahrscheinlich, dass ein Musiker kein weiteres Album produzieren kann oder nur ein minimales Budget zur Verfügung hat, was es ihm erschwert, den professionellen Standard zu halten. Das Kopieren von Tonträgern verhindert also in der Tat die Verbreitung christlicher Musik, weil die Umsätze hier nicht einfach weggepuffert werden können. Außerdem nimmt es den Autoren und Musikern einen Teil ihres Einkommens, den sie wie andere Leute auch für ihren Lebensunterhalt brauchen.

Vielleicht besteht ja die Möglichkeit, mit dem örtlichen Buchhändler exklusiv für das Lobpreisteam einen Sonderpreis für CDs und Liederbücher zu vereinbaren.

Zeichen des Lobpreisleiters zur Verdeutlichung von Abläufen

In der Lobpreis-Praxis verschiedener Gemeinden hat sich die Verhaltensweise eingebürgert, die verwandten Zeichen im Lobpreis zu standardisieren und damit die Voraussetzungen für einen möglichst reibungslosen Ablauf zu schaffen. Bedingung hierfür ist, dass die Musiker (und auch die Sänger) sich angewöhnen, während der gemeinsamen Lobpreiszeiten im ständigen Blickkontakt mit dem Lobpreisleiter zu stehen. Das erleichtert die Kommunikation ungemein. Im Folgenden ist beschrieben, mit welchen Zeichen wir in der Ichthys-Gemeinde in Frankfurt arbeiten. Alle diese Zeichen können unter Verwendung einer Hand kommuniziert werden. Sie sind dringend zu empfehlen, wenn jemand ohne Musikinstrument Lobpreis leitet und andere Musiker involviert sind, sind aber auch bei der Leitung von einem Instrument aus von großem Nutzen.

Es empfiehlt sich, das Zeichen, wenn möglich, hinter dem eigenen Rücken zu machen, sodass die Gemeinde nicht von merkwürdigen, kryptischen Bewegungen des Lobpreisleiters abgelenkt wird.

Zeichen	Bedeutung
„Victory-Zeichen": ausgestreckter Zeige- und Mittelfinger	Wiederholung des B-Teiles eines Liedes
drei Finger: Zeige-, Mittel- und Ringfinger werden ausgestreckt und für die bessere Sicht möglichst gespreizt	Wiederholung der letzten Zeile des Liedes
gekrümmter Zeigefinger	jetzt kommt der C-Teil (die Bridge) eines Liedes
wippende Bewegung aller ausgestreckten, aneinander anliegenden Finger von unten nach oben	lauter werden
wippende Bewegung aller ausgestreckten, aneinander anliegenden Finger von oben nach unten	leiser werden

die Hand zur Faust schließen und wieder öffnen	nur Schlagzeug und Gesang
„Hang loose"-Zeichen: der Daumen und der kleine Finger werden nach außen gespreizt und die Hand dann geschüttelt	ein Instrument improvisiert frei
nach oben gehaltener Daumen	Tonartwechsel nach oben in der Reihenfolge C-Dur, D-Dur, E-Dur, F-Dur, G-Dur, A-Dur
nach unten gehaltener Daumen	Tonartwechsel nach unten in der angegebenen Reihenfolge
Zeige- und Mittelfinger kreuzen	Tongeschlechtswechsel (z. B. von E-Dur nach E-Moll oder umgekehrt)
kreisender Zeigefinger	ohne Gesang instrumental weiterspielen
geballte Faust	Ende des Liedes
ausgestreckter kleiner Finger	Übergang in das nächste Lied als Medley mit demselben Tempo und in derselben Tonart

Die Rechte für die Verwendung von Liedern einholen

Während es viele Jahre lang keine Sammelstelle gab, die für die Vergabe von Rechten für das Singen der allermeisten Lobpreislieder autorisiert war, hat sich dies glücklicherweise geändert. Denn einerseits sehen die meisten Gemeinden ein, dass die Urheber und Verlage für ihre Songs auch angemessen entlohnt werden, um auch in Zukunft eine gute Arbeit leisten zu können. Andererseits war es lange Zeit überaus mühsam, alle Rechteinhaber einzeln anschreiben zu müssen. Dies ist anders, seit es die VG Musikedition in Kassel gibt. Sie hat einen Kooperationsvertrag mit allen führenden Verlagen, die Gemeindemusik veröffentlichen, geschlossen – der administrative Aufwand wird dadurch auf ein Minimum reduziert.

Manche Gemeindeverbände haben dort Pauschalverträge abgeschlossen. Anderen (z. B. unabhängigen Einzelgemeinden) wird eine Jahrespauschale in Relation zur Gemeindegröße berechnet. Dazu muss die VG Musikedition über einen gewissen Zeitraum über das aktuelle Liedgut informiert werden. All das geschieht unter kompetenter Betreuung der dortigen Mitarbeiter.

Auskunft über alle weiteren Schritte erteilt gerne die:

VG Musikedition, Königstr. 1, D-34117 Kassel
Tel. (+49) 05 61/10 96 56-0, Fax -20

Teil III

Die Gemeindemusik
der Zukunft –
oder die Vision einer Musik,
die Menschen
wieder in die Kirche zieht

Kapitel 10

Ein geschichtlicher Überblick über die Verwendung von zeitgenössischer Musik im geistlichen Liedgut

Lobpreis und Anbetung haben in den letzten Jahren konfessionell übergreifend eine enorme Dynamik entwickelt. Was vorher eine scheinbar klar charismatisch geprägte Domäne war, prägt mittlerweile das musikalische Erscheinungsbild von Gemeinden unterschiedlichster Couleur.

Dies liegt zum einen an der Neuentdeckung der persönlichen Liebesbeziehung zu Jesus. So wurde die Erfahrung der vertrauten Begegnung mit Gott von der *Vineyard*-Bewegung, die in den vergangenen zwei Jahrzehnten so stark wie nur wenig andere Kirchen weltweit Lobpreis und Anbetung mitgeprägt hat, zur wichtigsten Priorität in ihren Gemeinden erklärt. Lieder, die Wahrheiten des Glaubens oder Aussagen über Gott beinhalten, kommen in der „*Vineyard*-Frömmigkeit" nur am Rande vor, während das Hauptaugenmerk auf Liebeserklärungen in Liedform liegt. Dass es für diese Schwerpunktsetzung im Neuen Testament gute Gründe zu finden gibt, habe ich ja im 1. Teil dieses Buches zu belegen versucht.

Zum anderen geht aber ein erhöhtes Maß an Emotionalität im Glaubensausdruck mit der Verwendung zeitgenössischer Musik Hand in Hand. Dieses Phänomen ist in der Kirchengeschichte immer wieder zu beobachten gewesen. Mit der zunehmend zentralen Rolle von Musik in unserer Gesellschaft kommt ihm aber eine besondere Bedeutung zu. Der historische Abriss in diesem Kapitel soll veranschaulichen, dass sich die Kirche über die Jahrhunderte populärer Musik bedient hat, um es den Menschen zu ermöglichen, das Evangelium in der Sprache ihrer Zeit zu hören.

In der Geschichte der Kirchenmusik haben sich in immer wiederkehrenden Zyklen Gebrauchsmusik mit großer Volksnähe und musikalische Kunstformen, die nur von professionellen Musikern gepflegt werden konnten, abgewechselt. Wann immer die Kirche in der Gesellschaft jedoch tiefere Spuren hinterlassen konnte (wie etwa während der großen Erweckungen), wurde dies von Liedern begleitet, die dem jeweilig aktuellen Geschmack der Massen entsprachen – Kunst oder Ästhetik wurden der Funktionalität der Gemeindemusik untergeordnet.

Frühes Mittelalter

Folgt man den Ausführungen von Donald Paul Ellsworth, so griff bereits die Kirche der ersten Jahrhunderte in der Musik des öfteren auf weltliche Quellen und Praktiken zurück. Obwohl in allen bedeutenden städtischen Zentren jüdische Synagogen existierten, prägte die griechische Kultur mit ihren Kunstformen den musischen Ausdruck entscheidend. Daher wurden die Schriften des Neuen Testamentes auch in Griechisch verfasst und nicht in Hebräisch wie die des Alten Testamentes. Auch die Komponisten dieser Zeit unterlegten ihre christlichen Texte mit Musik, deren Stil eher in der heidnischen, griechischen als in der jüdischen, hebräischen Kultur begründet war.[2]

Papst Gregor der Große (590–604) sorgte jedoch für einen entscheidenden Einschnitt, als er die Tonleiter veränderte und den Gregorianischen Gesang schuf: ein einstimmiger Gesang, der von Männern ohne Instrumente vorgetragen wurde.[3]

Steve Miller fasst die Entwicklungen folgendermaßen zusammen:

„Nachdem der Gregorianische Gesang erst fest in der Kirche verwurzelt war, widerstand man Veränderungen an diesem nun ‚heiligen' Stil. Papst Johannes XII. (ca. 1324) gab einen Erlass heraus, nach dem jegliche Komposition, die zeitgenössische weltliche Kunst darstellt, abgelehnt wurde. Die mittelalterliche Kirche versucht also in ihrer Entwicklung ganz bewusst nicht mit der Welt mitzuhalten. Dieser Ansatz hatte sicherlich Erfolg in der Trennung von geistlicher und weltlicher Musik, aber man darf sich fragen, ob dadurch nicht die Anbetung Gottes für das einfache Volk an Bedeutung verlor. Näher an der Reformationszeit erkennen wir Hinweise darauf, dass dies tatsächlich der Fall war – und wir finden Abtrünnige, die anfangen, die Popularmusik ihrer Kultur für geistliche Lieder zu verwenden. Nach ihrer Bekehrung zum Katholizismus fingen die Menschen an, ihre eigenen religiösen Lieder außerhalb der Kirche zu dichten und sie mit den altbekannten Melodien zu versehen, die noch aus vorchristlichen Zeiten stammten."[4]

Für den Einsatz außerhalb der Kirche wurden die ursprünglich lateinischen Gesänge ins Deutsche übersetzt und zum Teil mit anderen Melodien unterlegt. Aus der Kombination dieser Quellen entstand 1504 ein Liederbuch für den kirchlichen Gebrauch, das jedoch nicht von der römisch-katholischen Kirche abgesegnet wurde.[5]

Reformation

Martin Luther hatte in Deutschland entscheidenden Anteil daran, dass Lieder entstanden, deren Texte sich an der Alltagssprache des „kleinen Mannes" orientierten, und deren musikalischer Ausdruck dem Geschmack der Massen entsprach. Um die Lieder ansprechend zu gestalten, drängte er:

> „Vermeidet doch alle neumodischen Ausdrücke aus dem höfischen Leben, denn um Bekanntheit zu erreichen, muss ein Lied in der einfachsten und gewöhnlichsten Sprache gehalten werden."[6]

Was immer neu benannt und mit der Kraft des Evangeliums gefüllt werden konnte, konnte auch dazu dienen, diese Botschaft zu verbreiten, sie noch tiefer in den Herzen der Menschen zu verankern und sich über das ganze Land auszubreiten.[7]

Wenngleich Martin Luther, der selbst Laute und Flöte spielte, nur 36 Lieder direkt zugeschrieben werden und die meisten von ihnen geistliche Adaptionen bereits bestehender volkstümlicher Melodien sind, so stand er als Person doch für die gewaltige Ausbreitung eines neuen geistlichen Liedgutes, das weit über die Grenzen Deutschlands hinaus seine Kreise zog.

Viele Historiker sehen in der Verbreitung dieser Lieder einen wichtigen Faktor für Luthers wachsende Popularität, die der Reformation vorausging. Selbst seine Feinde mussten den Einfluss seiner Lieder anerkennen. Der Jesuit Adam Conzenius klagte: „Luthers Kirchenlieder haben mehr Seelen zerstört als seine Schriften und Reden."[8]

Der spanische Mönch Thomas à Jesu äußerte sich über die Auswirkungen von Luthers kompositorischem Schaffen mit den folgenden Worten:

> „Es ist erstaunlich, wie jene Lieder das Luthertum verbreitet haben. In Deutsch geschrieben, flossen sie buchstäblich aus Luthers Arbeitszimmer und landeten in Häusern und Werkstätten und wurden auf Märkten, Straßen und Feldern gesungen."[9]

Andere Musiker folgten dem Beispiel Luthers. Johannes Calvin (1509–1564), ein weiterer großer Reformator, sah in pompöser, der hohen Kunst zuzuordnenden Kirchenmusik unter Verwendung von unterschiedlichen Instrumenten eine Form, die der Reinheit und Lauterkeit eines vom Herzen kommenden Lobpreises zu Gott entgegenstand. Man verbot das Singen außerbiblischer Texte, Erlasse wurden herausgegeben und viele Kirchenorgeln zerstört. So wurde der metrische Psalm in vielen Kirchen der

Schweiz, Englands und Schottlands über mehr als hundert Jahre zur einzigen Musikform in vielen Kirchen.[10]

Die Herkunft dieser Psalmmelodien war jedoch keineswegs dem Klerus zuzuordnen; vielmehr schrieb der Hofdichter des französischen Königs, Clement Marot, in der ersten Hälfte des 16. Jahrhunderts metrische Versionen der Psalmen, die dann mit populären, französischen Melodien unterlegt und – von Violine und Flöte begleitet – nicht als Akt der Anbetung Gottes, sondern als Kunstlieder gesungen wurden.[11]

Der „Genfer Psalter" wurde auf Veranlassung Johannes Calvins 1562 veröffentlicht und in verschiedene Sprachen übersetzt; er fand in Frankreich, Deutschland, Holland und Dänemark weite Verbreitung. Für England wurde eine eigene Ausgabe erstellt. Nach der Fertigstellung legte man großen Wert auf die originalgetreue Einhaltung der Melodien. Louis Bourgeois, einer der Komponisten, wurde 1551 verhaftet und ins Gefängnis geworfen, weil er einige seiner eigenen Melodien ohne Erlaubnis verändert aufgeführt hatte.[12] Im Laufe der Zeit wurden die Lieder im Psalter, die ursprünglich säkularen Ursprungs gewesen waren, zur geheiligten Musik Gottes.

Kirchenmusik des 18. und 19. Jahrhunderts

In allen weiteren Aufbrüchen und Erweckungen der Kirchengeschichte bis zur Neuzeit gab es Komponisten, die in ähnlicher Weise biblische oder geistliche Aussagen mit zeitgenössischer, in der säkularen Welt geprägter Musik unterlegten und sich damit gleichzeitig von einer inzwischen zur Tradition gewordenen kirchenmusikalischen Form lösten. Im Fall der metrischen Psalmen hieß der Reformator Isaac Watts. Dieser hatte Anfang des 18. Jahrhunderts seine Hauptschaffenszeit und wird – mit mehr als 750 selbst geschriebenen Liedern, von denen über 600 geistliche Lieder waren – auch der „Vater des englischen Kirchenliedes" genannt.[13] Sein wohl bekanntestes Lied ist „When I Survey The Wondrous Cross", das im „Pfingstjubel" der Pfingstgemeinden unter dem Titel „Schau ich zu jenem Kreuze hin" abgedruckt ist.

Charles Wesley, der Anfang des 18. Jahrhunderts in England geboren wurde, setzte die von Watts begonnene Reformation der Kirchenlieddichtung fort und schrieb die erstaunliche Zahl von 6 000 Kirchenliedern. Die bekanntesten darunter sind das Weihnachtslied „Hark! The Herald Angels Sing" und „Jesus, Lover of My Soul". Steve Miller schreibt über das Schaffen Wesleys:

„Während Watts die traditionellen Psalmmelodien zur Begleitung seiner volkstümlichen Poesie benutzte, übernahm Wesley neue Melodien aus der Volksoper und von englischen Volksliedern. [...] Die Verwendung von Händels Musik forderte den Vorwurf der Weltlichkeit heraus, aber Wesley hatte keine Schwierigkeiten damit, Geistliches mit Weltlichem zu verbinden, wenn die Melodien die biblische Botschaft weitertragen sollten. Wesley stürzte sich auf jedes Lied aus dem Theater oder von den Straßen, sobald es beliebt wurde, und sorgte dafür, dass es einen neuen geistlichen Text in die Heime der Menschen trug. [...] Die Melodie zu ‚Hark! The Herald Angels Sing' war von Mendelssohn nicht für den Gottesdienst geschrieben worden, sondern zum Lob der Druckerpresse!"[14]

In den von den Puritanern geprägten amerikanischen Kirchen wurden ursprünglich Psalmen zu langen, monotonen sprechgesangartigen Melodien gesungen. Musik, die über diese schlichte Form hinausging und vielseitig instrumentiert war, hielt man für eine vom Teufel inspirierte Musik. Mit den Predigten von Jonathan Edwards und George Whitefield, die einen großen geistlichen Aufbruch im Lande auslösten, der als *The Great Awakening* in die Geschichte einging, veränderte sich jedoch die Kirchenmusik. Die Erweckung begann 1734 in Northampton/Massachusetts und erfasste in den folgenden zehn Jahren die amerikanischen Kolonien. Obwohl er persönlich den Psalmengesang vorzog, entschied sich Edwards, um der Massenwirksamkeit willen stattdessen die Lieder Isaac Watts zu verwenden. Diese erreichten auch in den Staaten eine ungeheure Popularität und wurden außerhalb der kirchlichen Versammlungen sogar auf den Straßen und Fährschiffen gesungen.[15]

Unter Charles Finney und dessen Erweckungs-Versammlungen im innerstädtischen Bereich gab Joshua Leavitt 1831 *The Christian Lyre* heraus, deren Melodien von populären Volksliedern übernommen wurden oder ihnen nachempfunden waren.[16]

Das erste Gesangbuch der Baptisten, einer Konfession, die anfänglich vor allem in den ländlichen Gebieten des Westens der USA Fuß fasste, erschien 1766 und enthielt viele populäre Melodien, die von weltlichen Balladen, Fiedelmusik, Märschen und Seemannstänzen übernommen und mit geistlichen oder biblischen Texten versehen worden waren.[17]

In den *Camp Meetings*, den Freiluft-Versammlungen während der zweiten großen Erweckung Amerikas zwischen 1795 und 1830, wurden die Texte häufig vereinfacht, und nicht selten folgte auf die Verse ein wiederkehrender Chorus, um die Mitsingbarkeit zu fördern; eine Entwicklung, die auch von den Negro Spirituals beeinflusst war. Auch in den Versammlungen von D. L. Moody konnte man diese Elemente wieder finden. Der Engländer, der von dem Biografen Bailey als der größte Evangelist des 19.

Jahrhunderts bezeichnet wird, leitete allein 1875 in einem Zeitraum von vier Monaten 285 Versammlungen, an denen nach Schätzungen von Beobachtern etwa zwei Millionen Menschen teilnahmen.[18]

Von 1870 an arbeitete er mit dem Kantor Ira Sankey zusammen, der zwar nicht für filigrane Musik, jedoch für den starken emotionalen Ausdruck seiner Performance bekannt war und mit Einflüssen aus der schottischen und irischen Folkmusik einen volksnahen Stil kultivierte.[19]

„Viele der Lieder wurden in dem Gesangbuch Gospel Hymns and Acred Songs gesammelt, das 1875 herauskam. Bei seinem Erscheinen hatte dieses Gesangbuch einen nie da gewesenen, nur von der englischen Bibel übertroffenen Erfolg. Von Sacred Songs and Solos und der amerikanischen Version Gospel Songs sollen insgesamt in den ersten fünfzig Jahren zwischen fünfzig und achtzig Millionen Exemplare verkauft worden sein. [...] Sankey begleitete sich auf einer kleinen Rohrblatt-Orgel, die bei seinen Kritikern nicht besser wegkam als seine Lieder. [Ein] Diakon bezeichnete sie als ‚teuflische Pumpmaschine, die gotteslästerlich faucht'. Ein anderer sagte, Orgeln hätten einen Teufel in jeder Pfeife."[20]

Was Moody und Sankey für den Westen der Vereinigten Staaten darstellten, war William Booth (1829–1912) für England. Booth gilt als Begründer der *Salvation Army* („Heilsarmee" in Deutschland), die bis auf den heutigen Tag weltweit in über 86 Ländern operiert. Wie alle anderen in dieser Arbeit aufgeführten Komponisten/Texter machte auch er sich die Melodien der Unterhaltungsmusik seiner Epoche zunutze, um der Verkündigung des Evangeliums einen zeitgemäßen Ausdruck zu verleihen. Das einzige Instrument, das er in seinen Versammlungen nicht einsetzen ließ, war das Harmonium, da es zu stark mit der bestehenden Kirchenmusik der methodistischen und anglikanischen Kirche assoziiert wurde. Der Biograf Bernard Watson hält die Musik der Bewegung für das entscheidende Erfolgsgeheimnis, wenn er schreibt, dass man die Heilsarmee durch das Fortnehmen ihrer Musik entwaffnen und lahm legen könne.[21]

Über die Rolle der Musik schreibt Booth in seinem hauseigenen Organ „Der Kriegsruf":

„Musik hat eine göttliche Wirkung auf von Gott beeinflusste und geleitete Seelen. Musik ist für die Seele, was der Wind für das Schiff ist, er treibt es weiter in die Richtung, in die es gesteuert wird. [...] Diese oder jene Melodie zu singen ist nicht erlaubt? Hört, hört! Weltliche Musik, sagst du? Gehört dem Teufel, was? Wenn das stimmte, dann würde ich sie ihm klauen. Er hat nämlich kein Recht auf eine einzige Note in der Tonleiter. Er ist ein Dieb! [...] Jeder Ton und jeder Klang und jede Harmonie ist göttlich und gehört uns."[22]

Kirchenmusik des 20. Jahrhunderts

Die kirchenmusikalische Geschichte Nordamerikas im 20. Jahrhundert ist ein vielleicht noch gewichtigeres Beispiel für den Konflikt zwischen Traditionalismus und der Öffnung für zeitgenössische Musikstile. Thomas A. Dorsey (1899–1993) wird von vielen Gospel-Kennern als der Vater der Gospelmusik bezeichnet. Als Sohn eines Predigers war seine erste Passion die Musik, und er begleitete einige der berühmtesten Blues-Sänger(innen) aller Zeiten wie Bessie Smith oder Ma Rainey. Dorsey war außerdem als Komponist und Arrangeur tätig. Nachdem er auf einem Treffen der *National Baptist Convention* in Philadelphia die geistliche Musik von Charles E. Tindley kennen gelernt hatte, die christliche Texte mit Jazz- und Blues-Einflüssen[23] verband, fing er selbst an, solche Musik zu schreiben.

Es passt ins Bild des Kreislaufes von Innovation und Tradition, dass die Vermischung von Einflüssen der „geistlichen Musik" (wie Spirituals und Hymnen) mit „weltlichen" (wie Blues und Jazz) auch von den konservativen kulturellen Wächtern des frühen 20. Jahrhunderts in den USA als „Teufels-Musik" verurteilt und abgeschossen wurde.

Doch Dorsey war wild entschlossen, durchzuhalten, bis seine Musik als kirchenmusikalische Alternative akzeptiert wurde. Nach Aussagen in einem Interview lieh er sich anfänglich fünf Dollar, um 500 Kopien eines Liedes an Kirchengemeinden im ganzen Land zu schicken. Nachdem er drei Jahre lang keine Rückmeldung erhalten hatte, wäre er fast zu seinen Blues-Wurzeln in den säkularen Markt zurückgekehrt.[24] Stattdessen schrieb er jedoch im Laufe seines Lebens über 800 Lieder, die von Gospelgrößen wie Sallie Martin oder Mother Willie Mae Ford Smith bekannt gemacht wurden. 1932 gründete er schließlich *The National Convention of Gospel Choirs and Choruses* – eine Vereinigung, die noch heute existiert.

Zwischen 1925 und 1950 dominierten Vokal-Quartette die Gospelmusik und waren für die Entstehung amerikanischer Pop-Kultur von grundlegender Bedeutung. 1955, als der Rock 'n' Roll gerade zu seinem Höhenflug ansetzte, war die aktive Kirchengemeinden-Zugehörigkeit in den Vereinigten Staaten so hoch wie zu keinem anderen Zeitpunkt in der Geschichte des Landes. Von 1940 bis 1958 stieg der Gottesdienstbesuch von 64,5 Millionen auf 109,6 Millionen an.[25]

Der Rock 'n' Roll, der als kommerzielle Musikform auf weiße Teenager ausgerichtet war, hatte seine Wurzeln in den Südstaaten der USA. Deren vornehmliche religiöse Prägung war ein nicht-konformistischer Protestantismus, insbesondere in Form von Pfingst- und Baptistengemeinden, die in gewissen Lehrfragen wie Taufe oder Geistesgaben unterschiedlicher

Meinung waren, jedoch den Grundgedanken des Glaubens teilten: dass alle Menschen auf Grund ihrer sündigen Natur von Gott getrennt sind und persönlich von Jesus Christus errettet werden müssen, indem sie um Vergebung ihrer Schuld beten und ihn als ihren persönlichen Erlöser annehmen.

Das musikalische Erbe in den Südstaaten setzte sich aus einer Mischung aus keltischer Folkmusik, englischen Chorälen und westafrikanischen Rhythmen zusammen. Die Begründer des Rock 'n' Roll, allesamt Männer, die direkt nach dem Krieg geboren waren, wurden im Wesentlichen von diesem religiösen wie musikalischen Erbe geprägt.[26] Die prägende Musikform war weiße wie schwarze Gospelmusik: live, laut, positiv, die meist für Menschen gespielt wurde, die in ärmlichen Verhältnissen lebten. Sie verband diese und bot mit ihren triumphalen Texten, die von einer Zeit erzählten, an der alle Qualen ein Ende haben werden und es kein Leid und kein Geschrei mehr geben wird, Hoffnung in einer sonst rauen und unbarmherzigen Welt.

Die schwarzen Soul-Pioniere übernahmen in ihrem Bühnen-Auftreten die typischen Verhaltensweisen eines schwarzen Predigers. Sie gestikulierten wie diese, bauten immer wieder *Call and Response*-Teile in ihr musikalisches Programm ein, die so typisch für die wechselseitige Beziehung zwischen einem schwarzen Reverend und seiner Gemeinde sind, und beschworen große Gefühle herauf. Christliche Phrasen wie „Have mercy – Hab Erbarmen", „Oh Lord – Oh, Herr", „I wanna testify – Ich will Zeugnis geben" oder „Can I get a witness? – Kann dies jemand bezeugen?" finden sich in den Songs der Soul-Größen wie James Brown, Johnnie Taylor oder Marvin Gaye immer wieder und waren offensichtliche Überbleibsel aus der Tradition schwarzer Kirchengemeinden.

Über Jahrhunderte war die Kirche der Ort, an dem Farbige ihre eigene Kultur entwickelten. Reverend zu werden war die höchste Stufe, die man auf der sozialen Leiter erklimmen konnte – ein Grund, warum schwarze Prediger wie Jesse Jackson oder Martin Luther King sowohl religiöse wie auch politische Autorität besaßen. Die Kirche war nicht nur ein sonntäglicher Veranstaltungsort, sondern das Herz der schwarzen *Community*. Und das Herz der Kirche war die Musik.[27]

Die Stammväter des Rock 'n' Roll

Auch in der weißen Bevölkerung der USA hatte die Kirche in der Mitte des letzten Jahrhunderts eine zentrale Bedeutung. Steve Miller schreibt dazu in seinem Buch *Hungry For Heaven*:

„Ein Beobachter dieser Zeit schrieb, dass die Kirche Amerika Selbstvertrauen und sogar Selbstgerechtigkeit zu geben schien. ‚Sie scheint dem Einzelnen Erfolg in seiner Karriere zu garantieren und der Nation den Sieg im Kampf gegen einen atheistischen, materialistischen Kommunismus. Religiöse Zugehörigkeit schien ein Mittel zu sein, durch das die Amerikaner sich in ihrer Gemeinde und Gesellschaft definieren konnten. Religion wurde ein Teil des Zugehörigkeits-Empfindens, ein schneller Weg, um soziale Identität zu stiften.' Und so kam es, dass die Assemblies of God mit Elvis Presley und Jerry Lee Lewis, die Baptisten mit Chuck Berry, Little Richard und Buddy Holly gesegnet wurden."[28]

Wenn man diesen geschichtlichen Hintergrund kennt, ist es nicht weiter verwunderlich, dass die Rock 'n' Roller immer wieder christliche Bilder in ihren Texten verwenden: Elvis Presley nahm nicht nur mehrere Platten mit Gospel-Songs auf[29]; er sprach auch gerne über seine Kindheit, in der er an zahlreichen Zelt- und Erweckungs-Versammlungen der Pfingstkirche teilgenommen hatte.

„Seit dem Alter von zwei Jahren kannte ich nur eines: Gospel-Musik. […] Diese Musik wurde zu einem solch wichtigen Bestandteil in meinem Leben; es war so natürlich wie das Tanzen, ein Weg um vor Problemen zu flüchten und meine Art, mich fallen zu lassen."[30]

Presley sang in seinen Shows in Vegas sogar Hymnen und las zwischen Musikstücken Auszüge aus Bibeltexten vor, aber er hat sich nie als Rock 'n' Roll-Prediger verstanden. Der Star, der speziell angefertigte Maßanzüge und extravagante Luxuslimousinen gewohnt war, strickte sich schließlich eine private Religion zusammen, die sich aus Versatzstücken von Hinduismus, Judentum, positivem Denken und christlichem Glauben zusammensetzte und ähnlich unwirklich war wie seine eigenwilligen, juwelenbestickten Künstler-Outfits, die er in Vegas trug.

Chuck Berry, der als Chorsänger des *Antioch Baptist Church*-Chores in St. Louis aufwuchs, sang vom „gelobten Land" – nur dass er damit nicht den Himmel, sondern Kalifornien meinte; er bat um Befreiung – und der Rock 'n' Roll sollte sie ihm bringen.

Er schrieb säkularisierte Spirituals, in denen der Triumphwagen durch einen Cadillac ersetzt wurde und am Ende keine goldene Krone und Harfe in Sicht waren, sondern der goldene Staat Kalifornien und eine Gitarre. Ein Sklave im 18. oder 19. Jahrhundert sang erfüllt von der Hoffnung auf Erlösung, die eines Tages kommen würde: „Go down, Moses". Ein schwarzer Songwriter Mitte des 20. Jahrhunderts, der seinen Namen in leuchtenden Buchstaben über der Bühne lesen wollte, sang: „Go, Johnny, go".[31]

Noch offensichtlicher ist das Spannungsfeld zwischen der christlichen Erziehung und dem Ausbrechen in den Rock 'n' Roll im Leben von Jerry Lee Lewis. Nachdem er in der *Assembly of God Church* in Ferriday, Louisiana, aufgewachsen war, lebte Lewis lange Zeit mit der Überzeugung, seine Persönlichkeit sei nicht stark genug für das Leben eines Christen. Hin- und hergerissen zwischen Trunkenheit und Bußfertigkeit, Predigten und Gigs im örtlichen Blues-Club, schrieb er sich am *Southwestern Bible Institute* in Waxahachie, Texas, ein, wurde aber nach wenigen Monaten zwangsexmatrikuliert, weil er in der Morgenversammlung eine Boogie-Woogie-Version des Gospel-Songs „My God Is Real" gespielt hatte. Die Überzeugung, dass er sich mit der Musik von Gott entfernt hatte und selbst zu einem Instrument des Teufels geworden war, hat ihn sein Lebtag nicht verlassen. Wie Elvis Presley nahm er in späteren Jahren Alben mit Gospelsongs auf, aber beide hätten sich nie vorstellen können, dass Rock 'n' Roll und Glaube eine Verbindung miteinander eingehen könnten.[32]

Schließlich war es mehr das Gefühl der Erlösung als die Botschaft christlicher Erlösung, die den Southern Rock 'n' Roll auszeichneten. Verwirrt, von Gewissensnöten geplagt und ihrer persönlichen Errettung unsicher, bewegte sich das Leben vieler Vertreter dieses Genres zwischen Bußfertigkeit und bekannter Gottesfurcht einerseits und Ausschweifung, Drogenmissbrauch und Gewalt andererseits.

Jimmy Lee Lewis' Karriere steht im scharfen Kontrast zu der seines Cousins Jimmy Lee Swaggart, der Prediger wurde und in seiner Verkündigung ein erbitterter Gegner des Rock 'n' Roll, den er immer wieder als Teufelsmusik bezeichnete, nachdem er selbst als aktiver Musiker in seiner späten Jugend ein wenig die Luft der örtlichen Blues-Szene geschnuppert hatte.[33] Auf dem Höhepunkt seiner Karriere in den 80er Jahren avancierte er zum Top-Fernsehevangelisten der USA, bevor ihn dann die Veruntreuung von Spendengeldern und eine außereheliche Affäre schlagartig von weiterer Öffentlichkeitswirksamkeit dieser Art disqualifizierten. Es scheint eine Ironie des Schicksals zu sein, dass ein Popsong die mangelnde Authentizität und die Doppelbödigkeit Swaggarts in der ganzen Welt bekannt machen sollte: „Genesis", die Band um Phil Collins, veröffentlichte 1991 den Song „Jesus, he knows me", einen entlarvenden Song über die Machenschaften des TV-Evangelisten.

Der blinde Pianist Ray Charles ist ein weiterer Name in der langen Liste von Rock 'n' Roll-Stars, die vielleicht nur deshalb aus dem kirchlichen Bezugsrahmen ausbrachen, weil in jenen Gefilden die Liebe zu ihrer Musik Ächtung und Ausschluss mit sich brachten. Charles plünderte wie viele andere Soul-Sänger neben ihm das Erbe von Gospel-Koryphäen wie Thomas Dorsey, indem er Spirituals oft nicht mehr veränderte, als „God" durch

„Girl" zu ersetzen. Da die Songs „public domain" waren, also keinen Copyright-Schutz besaßen, konnte er dies auch ungehindert tun. Oft fasste er auch drei oder vier Gospel-Songs zu einem neuen zusammen. Aus „You Better Leave That Liar Alone" – ein Song, der vor den Machenschaften des Teufels warnt – wurde „You Better Leave That Woman Alone", die Nummer „This Little Light Of Mine" – ein Lied über christliches Bekenntnis – verwandelte Charles in „This Little Girl Of Mine", und auch „Even I've Got A Woman" basiert auf einem konkreten Gospel-Track.[34]

Lieder wie Bill Withers' „Lean on me" oder Ben E. Kings „Stand by me" sind in ihrer Machart an die typische Stimmung einer amerikanischen Kirchen-Hymne angelehnt, zumal Kings Song stark an die *Soul Stirrers*-Nummer „Be With Me Jesus" erinnert. „Bridge over Troubled Water", ein weltweiter Hit von Simon & Garfunkel, spielt mit demselben Bild vom Liebhaber als Retter und basiert auf einem Ad Lib im Song „Mary Don't You Weep" der Swan Silvertones. Während der Gospel Liebe, Hoffnung und Glauben in Gott sucht und findet, machen Blues und Soul dieselben Qualitäten in der Liebe einer Frau aus. Ray Charles konnte „Halleluja" singen, pausieren, und dann „I love her so" nachschieben – eine perfekte Illustration des beschriebenen Vorgangs.

Der eine oder andere Leser wird sich vielleicht fragen, was die Entwicklung des Rock 'n' Roll mit Lobpreis und Anbetung zu tun hat. Die Antwort liegt auf der Hand. Es ist kaum vorstellbar, wie stark der Einfluss der Kirchenmusik auf die Gesellschaft hätte sein können, wenn man die innovativsten Komponisten zu einem Zeitpunkt, als sie noch zur Kirche gehörten, mitsamt ihrer musikalischen Kreativität willkommen geheißen und integriert hätte. Stattdessen wurden sie im hohen Bogen aus dem Leib Christi herauskatapultiert, indem man ihre Musik als Teufelswerk titulierte. Viele von ihnen sind daran zerbrochen. Dabei wäre ihre vom Schöpfer zugedachte Berufung gewesen, Anbeter zu sein, die mit der Gabe ihrer Musik Geschichte schreiben – die Gott verherrlicht! Zur Zeit der Entstehung des Rock 'n' Roll wäre dies möglich gewesen, aber die Ablehnung der Kirchenoberen hat meiner Überzeugung nach eine der großen Strategien Gottes zur Erreichung vieler tausend Menschen zunichte gemacht.

Die Entstehung der Lobpreismusik heutigen Zuschnitts

Die Entstehung dessen, was wir heute im Speziellen als *„Praise & Worship"* bezeichnen, geht auf die *Jesus People*-Bewegung zurück. Diese löste Ende der 60er bis Mitte der 70er Jahre eine amerikanische Erweckung aus, die vor allem an der Westküste spürbar wurde. Da es nie exakte Erhebungen in Bezug auf Größe, Ausbreitung und soziale Zusammensetzung der *Jesus People*-Bewegung gegeben hat, lassen sich ihre Ausmaße nur ungefähr schätzen. Insider sprechen von etwa 400 000 Anhängern in den USA und 200 000 weiteren in den anderen Ländern weltweit, vor allem in Europa und Australien.

Die *Jesus People*-Bewegung entstand, nachdem sich Mitte der 60er Jahre die junge Generation immer weniger mit den Lehren und Eigenheiten der etablierten Kirche identifizieren konnten, wie in der Titelstory „Is God dead?" des *Time Magazine* aus dem Jahr 1966 deutlich wird:

> „Vor allem unter den Jugendlichen gibt es ein akutes Gefühl, dass die Gemeinden am Sonntag die Existenz eines Gottes predigen, der nirgendwo in ihrem alltäglichen Leben sichtbar wird. [...] Säkularisierung, Wissenschaft, Verstädterung – diese Phänomene haben es dem modernen Menschen vergleichsweise einfach gemacht zu fragen, wo Gott ist, und es dem Mann des Glaubens erschwert, eine überzeugende Antwort zu geben – sogar sich selbst."[35]

Das schwindende Interesse an christlichen Kirchen kann sicherlich auch damit begründet werden, dass sich viele Gemeinden in einer Identitätskrise befanden. Auf Grund der sozialen Probleme in der amerikanischen Gesellschaft begannen einige liberal geprägte Denominationen, evangelistische Aktivitäten einzuschränken und ihren Schwerpunkt stattdessen auf das Einstehen für Programme zu verlagern, die die soziale und ökonomische Gerechtigkeit im Auge hatten. Begleitet wurde die beschriebene Abwendung vom christlichen Glaubensvollzug von einer spirituellen Renaissance, die vor allem unter Studenten spürbar wurde. Beginnend mit dem Jahr 1970 gab es an über der Hälfte aller höheren Universitäten in den USA Fachbereiche, die sich religiösen Studien widmeten. Gleichzeitig nahm die Zahl der Einschreibungen in Kursen, die sich mit Religionskunde beschäftigten, drastisch zu.[36]

Viele evangelikal geprägte Christen waren über die – durch die Medien in aller Mund gekommene – „Gott ist tot"-Theologie und den gleichzeitigen Aufstieg des *Social Gospel Movement* so schockiert, dass sie neue Wege zu beschreiten suchten, um die Wiederkehr einer dynamischen Erneuerung persönlicher Evangelisation zu beschleunigen. Diese Bemühungen schlugen solche Wellen, dass *Time* dies Ende der 60er Jahre in einem Artikel mit der Frage abschloss: „Is God coming back to life?"[37] Die *Jesus People*-Bewegung war eine Synthese verschiedener im Grunde gegensätzlicher kultureller Trends der 60er Jahre – eine Mixtur aus den liberalen, sozialen und politischen Ideen der Rebellion gegen die hergebrachten kulturellen Muster einerseits und eine konservativ evangelikal geprägte Erweckung in der Kirche andererseits. Plötzlich wurden die zwei Finger, die das „Peace"-Zeichen formten, durch den einen nach oben gestreckten Zeigefinger ersetzt, der sagen sollte: Es gibt nur einen Weg zu Gott, und das ist Jesus. Dieser geistliche Aufbruch in der kalifornischen Jugendkultur rief in den bestehenden kirchlichen Denominationen der USA unterschiedliche Reaktionen hervor, die von offener Feindseligkeit bis zu enthusiastischer Begeisterung reichten. Sein bleibendes Erbe ist christliche Popularmusik – quasi eine geistlich getaufte Version der Popmusik Amerikas.

Mit der Erkenntnis, dass schon damals Musik der Schlüssel zur heranwachsenden Generation war, setzten die *Jesus People* in ihrer Verkündigung auf junge Songwriter, die nicht das Interesse verfolgten, eine christliche Plattenindustrie zu gründen, sondern die Leidenschaft ihrer Liebesbeziehung zu Jesus in Musik zu hüllen, die authentisch und ein Kind ihrer Zeit war. Die einfachen Folksongs sprachen nicht nur von der Erlösung der Kinder Gottes, sondern ersetzten in der Bewegung auch die herkömmliche gottesdienstliche Musik. Kirche fand überall da statt, wo die *Jesus People* zu finden waren – ob in Kaffeehäusern, privaten Kommunen oder informellen Freiversammlungen am Strand, die mit Tausenden von Taufen im Pazifik endeten.

Mit dieser erneuten Revolution in der Kirchenmusik ging die Beobachtung einher, dass religiöse Themen in den Charts Hochkonjunktur hatten. Die „Edwin Hawkins Singers" erreichten im Mai 1969 mit dem weltweit bekannten Hit „Oh happy day" Position 4 in den Billboards, und „Spirit in the sky" von Norman Greenbaum, „Fire and Rain" von James Taylor und „My sweet Lord" von George Harrison konnten sich 1970 alle unter den Top Ten platzieren. Im folgenden Jahr erreichte Judy Collins' Version von „Amazing Grace" Position 15, und die kanadische Band „Ocean" belegte Platz 2 mit ihrem Hit „Put your hands in the hand of the man who stilled the water".[38]

Die Fülle religiös inspirierter Titel war so augenscheinlich, dass die *New York Times* schrieb:

> „Es wäre vielleicht zu viel gesagt, dass Rockmusik zu Religion wird, aber eine große Anzahl der im Moment veröffentlichten Platten sympathisiert mit religiösen und geistlichen Idealen."[39]

Die *Calvary Chapel*-Gemeinde, die unter der Leitung von Pastor Chuck Smith schon Anfang der 70er Jahre mehrere tausend Gemeindemitglieder hatte, war ein Zentrum dieser Bewegung und setzte auch in ihren gottesdienstlichen Veranstaltungen ganz auf zeitgenössische Folk- und Rockmusik. Da die zahlreichen Musiker, die Woche für Woche neu in die Gemeinde kamen – und oft nichts anderes taten, als schon kurz nach ihrer Bekehrung christliche Songs zu schreiben und überall zu spielen, wohin sie kamen – irgendeine Form von Einkommen brauchten, entschloss man sich schließlich, ein Label zu gründen, damit die Musiker nach ihren Gigs wenigstens ein paar Platten verkaufen konnten. So entstand „Maranatha Music", eine sich noch immer in Anbindung an *Calvary Chapel* in privater Hand befindliche Plattenfirma, die die Pioniere von *Praise & Worship* in ihren Reihen hatte.

Was können wir aus der Geschichte der Kirchenmusik lernen?

In unzähligen Artikeln ist beklagt worden, dass die Kirche musikalisch oft viele Jahre hinter dem Geschehen hinterherhinkt. Oft haben sich selbst die Musiker, die zeitgenössischen Strömungen offen gegenüberstehen, auf das bloße Kopieren von musikalischen Trends versteift, weil sie Musik in der Kirche nur als konservativ und kulturell eindimensional erlebt haben. Eine grundlegende Reform der Einstellung Musik gegenüber ist in der Kirche nötig, damit sich Fehler der Kirchengeschichte nicht weiter wiederholen.

Kapitel 11

Eine Notwendigkeit für die Kirche der Zukunft: Die Verlagerung auf Popularmusik als dominantes und kulturell relevantes Kommunikationsmedium

Seit Beginn der 70er Jahre hat Musik – in Verbindung mit visuellen Medien – die Sprache als führende Kommunikationsform abgelöst. Die Auswirkungen dieser Entwicklung auf unsere Gesellschaft sind gravierend.

Lehrer klagen darüber, dass die Konzentrationsspanne ihrer Schüler nicht mehr 45 Minuten beträgt, sondern weniger als die Hälfte – was in einigen Bundesländern bereits zur Verkürzung der Schulstunden geführt hat. Das Buch als Unterhaltungsmedium wurde vom Fernsehen entscheidend zurückgedrängt. Der durchschnittliche Jugendliche hat mit 16 Jahren deutlich mehr Stunden vor dem Bildschirm (Fernsehen, Spielkonsolen und Computerspiele) verbracht als in der Schule. Und Popularmusik ist untrennbar mit diesem Lebensgefühl verbunden: nicht nur durch Musikfernsehsender wie MTV, VH-1, Viva 1+2 oder Onyx und Sendungen wie „Bravo TV", „Top of the Pops" oder „The Dome" auf anderen Kanälen, die längst die Funktion des Radios übernommen haben und bei nicht wenigen jugendlichen Konsumenten im Dauerbetrieb im Hintergrund laufen.

Da wundert es kaum, wenn das Radio dieser Entwicklung ebenfalls Rechnung getragen hat. Während vor 20 Jahren die Sendungen im deutschen Funk, die aktuelle Popmusik spielten, noch an einer Hand abzuzählen waren, definieren sich die Sender mittlerweile hauptsächlich über die Pop-Genres, die Tag und Nacht gespielt werden. Sprachbeiträge haben extrem abgenommen und dürfen in aller Regel fünf Minuten nicht überschreiten – und längst gilt diese Entwicklung nicht mehr nur für die privaten Sender, sondern auch die öffentlich-rechtlichen Sender zollen dem „Format-Radio" Tribut.

Popmusik begleitet uns auf Schritt und Tritt. Ob im Radiowecker, beim Frühstück durch die Stereoanlage, im Auto durch Radio oder CD-Player, auf der Arbeit im Hintergrund; ob beim Einkauf in Kaufhäusern oder Fachgeschäften, beim Besuch von Restaurants oder in der Halbzeitpause eines Fußballspiels. Überall dringt Popularmusik an unser Ohr. Ob in

Fernsehen, Radio oder Kino – Werbung kommt nicht ohne Popmusik aus, und zu Fernsehserien und Kinofilmen gibt es den passenden Soundtrack zu kaufen, weil seit der Stummfilmzeit Musik zur atmosphärischen Ausgestaltung von Filmen dient und selbst in der Pionierzeit Klavierspieler die bewegten Stummfilmbilder in den Filmtheatern musikalisch untermalten. Keine Fernsehshow von Format kann auf den musikalischen Stargast verzichten.

So kommt es auch nicht von ungefähr, dass nach erfolgreichem oder auch weniger erfolgreichem Verbleib im Wohncontainer normale Bundesbürger durch „Big Brother" zu Fernsehstars avancieren, ins freie Leben zurückgekehrt sofort ein Musik-Video drehen und fortan die vorderen Ränge der Charts unsicher machen, ob sie nun singen oder rappen können oder nicht. Zeitgemäße Musik ist weit mehr geworden als nur eine angenehme Freizeitbeschäftigung. Sie transportiert Lebensstil, Moralvorstellungen und ethische Grundsätze und wird damit zum sinngebenden und charakterformenden Medium.

Mit der gesteigerten Medienpräsenz einerseits und den gleichzeitig sich vollziehenden bahnbrechenden Neuerungen in der digitalen Aufnahmetechnik andererseits gibt es aber nicht nur eine Fülle von Popmusik. Auch Vielfalt und klangliche Qualität haben sich drastisch verändert. Während früher ein Künstler mehrere Generationen begeistern konnte, gibt es heute so gut wie keine Musikstile mehr, die bei einer ganzen Generation oder gar generationsübergreifend akzeptiert wären. Vielmehr spaltet sich die Popularmusik gerade in der Jugendkultur in immer mehr Sub-Genres auf, die ihrerseits musikalische und ideologische Heimat für Splittergruppen werden.

So unüberschaubar diese Genres mittlerweile schon geworden sind; die Soundqualität hat in den vergangenen 30 Jahren mehrere Quantensprünge vollzogen. Und das prägt die Hörerwartung der Menschen weit mehr, als es den meisten bewusst ist. Zumal man heute mit gewisser Zusatzausstattung auf jedem PC eine CD aufnehmen kann, die ein Zigfaches der Soundqualität von dem besitzt, was die „Beatles" noch Ende der 60er Jahre aufwändig in englischen Studios produzierten. Durch Sample-Technik können selbst Produzenten, die buchstäblich keine Ahnung von Instrumenten oder Harmonielehre haben, aber ihre Computer beherrschen, durchaus erfolgreiche Platten veröffentlichen.

Egal, ob diese Entwicklungen gefallen und herausfordern oder desillusionieren und Angst machen – die Kirche in unserem Land darf sie nicht ignorieren, wenn sie am Puls der Zeit bleiben will. Doch vielfach trifft das genaue Gegenteil zu. Viele Gottesdienste sind wortlastig und unkreativ gestaltet. Sie legen bloß, dass sich die Verantwortlichen gar nicht die Mühe gemacht haben, einmal über den Einsatz moderner Kommunikationstechnik nachzudenken.

Auch die Qualität des Gesangs und der Musik ist häufig so erschreckend schlecht, die Texte so kanaanäisch und der Stil so altbacken, dass viele Gemeindemitglieder schon deswegen keine kirchendistanzierten Freunde in ihre Gottesdienste mitnehmen, weil sie fürchten, diese würden durch das, was sie hören, mehr abgeschreckt und in ihren Vorurteilen bestärkt als gewonnen werden.

Zwar werden in größeren Abständen Konzerte angeboten, die primär auf Außenstehende ausgerichtet sind, aber den wenigen Nichtchristen, die sich schließlich doch in die Veranstaltung verirren, droht ein blaues Wunder, wenn sie am darauf folgenden Sonntag den normalen Gottesdienst besuchen. Denn für die Konzerte werden mit angemessenen Honoraren professionelle Musiker engagiert, die dann auf musikalisch einladende Art und Weise von ihrem Glauben erzählen; am Sonntag danach herrscht jedoch nach dem Motto „jeder Christ ein Gitarrist, jede Christin eine Querflötistin" wieder musikalische Schmalkost vor.

Die zugrunde liegende Logik besagt, dass für die Nichtchristen die bestmögliche Musik geboten werden muss, um sie auf den Glauben aufmerksam zu machen, während für die eigene Gemeindefamilie verstimmte Klampfen – über eine 30 Jahre alte Sprachanlage gejagt, die bei jedem Anschlag verzerrt – gut genug seien, weil es ja auf die inneren Werte ankomme. Wie lieblos ist diese Einstellung gegenüber denen, die in anderen Bereichen der Gemeinde viele Stunden investieren, um den Raum mit Blumen zu dekorieren (auch wenn sie kein Blumengeschäft haben) oder den Bibelkreis vorzubereiten (auch wenn sie keine „hauptamtlichen" Christen sind), im Gottesdienst oder im Hauskreis aber eine wenig singbare Musik ertragen müssen, weil der Lobpreisleiter es vielleicht sogar aus vermeintlich geistlichen Gründen – oder weil er es nicht besser weiß – nicht einsieht, an seinen musikalischen Fähigkeiten zu arbeiten.

Sonderveranstaltungen machen das Leben einer Gemeinde attraktiver; sie sind aber nicht die Pflicht, sondern die Kür! Es gehört jedoch zur Pflicht einer jeden Gemeinde, an ihrer beständigen musikalischen Qualität zu arbeiten! Der Gottesdienst als Zentrum des Gemeindelebens sollte ein Ort sein, an dem sich alle – zuerst die eigenen Mitglieder – wohl fühlen und über kurz oder lang ein Zuhause finden. Nur wer die Gottesdienste der eigenen Gemeinde als attraktiv erlebt, wird, ohne sich zu scheuen, auch Freunde mitbringen. Niemand wird sich jedoch an einem Ort zu Hause fühlen, an dem die Gottesdienstgestaltung gut gemeint, aber schlecht gemacht ist. Oder an dem er beständig kulturelle Schranken überwinden muss, um dazuzugehören.

Vielmehr wird er sich dort zu Hause fühlen, wo seine Sprache gesprochen und Musik gespielt wird, die ihm gefällt. Wo er seinesgleichen trifft. Wo eine vorhersehbar gute Qualität garantiert ist. Wo ihn die Inhalte bewegen, die er hört, weil die Predigten nicht ausschließlich aus Allgemeinplätzen oder theologischen Spitzfindigkeiten bestehen, sondern in seine Situation hineinsprechen, seine Sehnsüchte und Träume, Siege und Niederlagen aufgreifen und sein Leben verändern. In einer Gemeinde, auf die er stolz ist und die er jedem wünschen würde.

Wie ich am Anfang dieses Abschnittes beschrieben habe, spielt Popmusik im Lebensgefühl der Menschen eine entscheidende Rolle. Und diese Wahrheit macht auch nicht vor der Gemeinde Halt. Die Frage ist: Spiegeln unsere Gottesdienste den musikalischen Geschmack eines Großteils der Gemeinde wider? Erwähnen Außenstehende öfter, dass sie das Singen und die Musik fasziniert haben, als sie die ersten Male zu Besuch kamen? Arbeitet die Lobpreisband daran, ihren eigenen Sound zu verbessern und im Zusammenspiel zu wachsen? Entsteht durch die Inspiration gemeinsamer Anbetungszeiten neue Musik, die Gottes Wirken in der eigenen Gemeinde widerspiegelt?

Musik findet erst in der Anbetung Gottes ihre wahre Bestimmung

Gott verdient unser Bestes. Das gilt für alle Bereiche unseres Lebens, aber wir Musiker sollten zu seiner Ehre die beste Musik machen, die uns möglich ist. Dies war zumindest ursprünglich der Grund dafür, warum Musik erschaffen wurde. Sie sollte zur Unterstützung unserer Anbetung dienen. Manche haben die Berufung dazu, auf dem Level von Amateurmusikern Gott das Beste zu bringen, was sie haben. Ihre Fähigkeiten sind nicht unbedingt mit denen von Berufsmusikern zu vergleichen, aber darauf kommt es gar nicht an. Es geht vielmehr darum, gute Haushalter unserer von Gott anvertrauten Gaben zu sein. Wir haben sie nicht für uns bekommen, sondern damit seine Gemeinde auferbaut und sein Name verherrlicht wird.

Wenn ich davon rede, dass Anbetungsmusik die höchste Musikform ist, die es gibt, stöhnen ernsthafte Musiker – zumindest innerlich – oft auf oder verdrehen die Augen. Diese Aussage entspricht ganz und gar nicht ihrer Erfahrung. Dass sie aber die guten und innovativen Sounds, Melodien und Grooves in der Kirche nicht vorfinden, entspricht nicht der Intention Gottes. Häufig würden sie gerne ihre Leidenschaft für Gott mit der Leidenschaft für gute Musik verbinden, ziehen sich jedoch nach einer Zeit frustriert aus der Musikarbeit ihrer Gemeinde zurück, weil ihr Anspruch als zu hoch zurückgewiesen wird und ihre Träume auf keinen Widerhall stoßen. Die Leiter ermutigen und fordern sie nicht heraus, auch im gemeindlichen Kontext ihre beste Musik für Gott zu spielen, sondern unterstellen ihnen, dass sie der Musik einen zu hohen Stellenwert beimessen und damit die Priorität des geistlichen Inhaltes verrücken. Mag sein, dass dies in einigen Fällen auch zutrifft. Aber viele Lobpreisleiter scheinen mehr Nachsicht mit Musikgruppenmitgliedern zu haben, die Feuer für Gott versprühen, aber lausige Instrumentalisten sind, als mit hervorragenden Musikern, denen in ihrer Spielfreude zuweilen die Prioritäten etwas verrutschen.

Das Geheimnis des Erfolges besteht jedoch darin, diese beiden Typen zusammenzubinden (siehe Mr. Music und Mr. Praise auf S. 149ff.) und auf keiner Seite Kompromisse einzugehen. Das Ziel ist, Bandmitglieder heranzuziehen, die Gott leidenschaftlich lieben *und* ihr Instrument beherrschen. Und, um es einmal ganz offen zu sagen: Es ist viel einfacher, daran zu glauben, dass ein guter Musiker zum Glauben kommt und bereit wird, seine Musik ganz Gott zu weihen, als einen feurigen Christen, der kein Instrument beherrscht, aber Lobpreis liebt, zu einem guten Musiker zu machen. Denn man kann die Jahre von Hingabe und Leidenschaft für das eigene Instrument nicht einfach überspringen.

Die Priester im Tempel des alten Bundes wurden oft schon in frühen Jahren Gott geweiht und fingen bereits als Kinder an, für Gott zu spielen. Nicht selten bauten sie unter Anleitung ihre Instrumente selbst und spielten sie dann ein Leben lang. Kein Wunder, dass die musikalischen Fähigkeiten der Priester zur Zeit Davids, als Gott rund um die Uhr mit Musik und Tanz gelobt wurde, im ganzen Land bekannt waren.

Wenn man sich heute fragt, warum es unter den Farbigen solch exzellente Musiker gibt, liegt die Antwort auf der Hand. Von frühester Kindheit an verbringen sie ganze Sonntage in ihrer Gemeinde. Musik und Gesang wird in den Häusern kultiviert und den Kleinkindern schon mit der Muttermilch mitgegeben. Exzellente Musik für ihren Gott zu machen ist eine wichtige Priorität und die Musiker stehen bei der ganzen Gemeinde in hohen Ehren.

Diese Prägung von frühester Kindheit an fehlt den meisten von uns, wenn es um Popmusik geht. Das hat viele Gründe. Wer beispielsweise in einem frommen, aber etwas konservativen Elternhaus groß geworden ist, wurde vielleicht in der Überzeugung erzogen, dass gewisse Musikstile (etwa Rockmusik) mit dem Glauben nicht vereinbar seien. Viele haben Jahre gebraucht oder sind noch immer dabei, sich von den Restriktionen ihres allzu engen frommen Umfeldes zu befreien und der Musik nachzugehen, die sie lieben.

Andere wachsen mit der Überzeugung auf, dass die reine Lehre von Gottes Wort das zentrale Element des gottesdienstlichen Lebens sei und die Musik mehr die Funktion der Umrahmung und Hinführung zur Predigt habe. Das ist umso fataler, wenn man sich wieder ins Gedächtnis ruft, dass Menschen in der heutigen Zeit Inhalte oft leichter über Musik verinnerlichen als über die Verkündigung eines Predigers. Es ist jedoch vollkommen überflüssig, die beiden Bereiche gegeneinander auszuspielen. Beide gehören zum Gottesdienst dazu und sollten sich als gleichwertige Bestandteile ergänzen. Ein Verständnis hierfür muss jedoch erst geweckt werden. Erst wenn in jeder größeren Gemeinde neben einem oder mehreren angestellten Pastoren auch ein musikalischer Direktor, der Lobpreis leiten kann, angestellt ist, werden wir die Normalität erleben, die zu der alltäglichen Erfahrung der Priester im Alten Testament gehörte.

Ein befreundeter Gitarrist sagte einmal anlässlich des Bühnen-Jubiläums eines prominenten christlichen Musikers, der viele Kollegen eingeladen hatte, den smarten Satz: „Wenn alle Musiker hier gleich am Anfang ihre Terminkalender herausholen und für alle einsehbar am Eingang auslegen würden, dann könnte es heute Abend möglicherweise doch zu einigen interessanten Begegnungen und tieferen Gesprächen kommen." Er spielte darauf an, dass viele Musiker einen Großteil ihres Selbstwertes darüber definieren, welche Jobs sie zu spielen haben und ob sie im Moment hoch im Kurs und viel gebucht sind oder nicht.

Warum schreibe ich das in einem Buch über Lobpreis und Anbetung? Weil die Kirche eine Teilschuld trifft. Ambitionierte Musiker, die in der Gemeinde aufwachsen, haben oft gar keine Wahl, wenn sie Profimusiker werden wollen. Entweder sie nehmen jedes Engagement an, das sie bekommen, oder aber sie versuchen, davon zu leben, durch das ganze Land zu reisen und in Gemeindehäusern und Kirchen Konzerte zu geben. Schnell verschieben sich die Prioritäten hin zur Performance: Man will technisch brillant und einer der Besten werden und sich beweisen, um genug Gigs zu haben. Der Grund dafür liegt darin, dass es zwar in fast jeder landeskirchlichen Gemeinde mindestens eine halbe Stelle für einen Organisten gibt, in den meisten freikirchlichen Gemeinden jedoch kaum Geld, geschweige denn die Möglichkeit, einen Leiter für die Musikarbeit anzustellen.

Oft investieren die Musiker Tausende in die Anschaffung ihrer Instrumente und in Unterricht, doch die Dankbarkeit von Seiten der Gemeinde bleibt aus. Das Schlagzeug sei sowieso immer zu laut, man könne auch ohne die Unterstützung einer Lautsprecheranlage singen und die Einführung von neuen Liedern sei völlig überflüssig, wenn man so schöne alte habe, die sich ja schließlich auch schon über Jahrzehnte bewährt hätten.

Nicht selten stärkt die Gemeindeleitung dem Lobpreisleiter nicht den Rücken, sondern lässt ihn den Kampf gegen eingerostete Einstellungen und ungerechtfertigte Kritik alleine ausfechten. Hätten hoch begabte Musiker jedoch die Perspektive, auch hauptberuflich für den Lobpreis in der Gemeinde Verantwortung tragen zu können und mit Umsicht und Weitblick langfristig eine Arbeit aufzubauen, die die Musik in den Gottesdiensten attraktiver macht – ein radikaler Wandel zum Positiven würde der Gemeinde ins Haus stehen.

Alles steht und fällt mit der richtigen Grundprämisse. Wie sollen Musiker jemals die Einstellung gewinnen, dass Anbetungsmusik die höchste Form der Musik darstellt, wenn sie in ihren Gemeinden wenig Unterstützung, dafür aber jede Menge antiquierte Songs, stereotype und einfallslose Arrangements, schlechte soundliche Gegebenheiten, Erwartungs- und Visionslosigkeit vorfinden? Es wird nicht geschehen.

Neue Sounds, Grooves und Melodien suchen

Um es mit einem Bild zu sagen: Ein guter Koch ist in der Lage, auch aus Lebensmittelresten und mehr oder weniger zusammengewürfelten Konserven noch ein fürstliches Mahl zu zaubern. Entsprechend ist das Wachstum einer gemeindlichen Musikarbeit und das Maß ihrer Kreativität nicht davon abhängig, dass am Anfang bereits Profimusiker zur Band gehören. Sondern davon, ob mit Hingabe und Vision daran gearbeitet wird, das Äußerste für Gott zu geben, um die Musik so schön und der Anbetung Gottes so angemessen wie möglich zu gestalten. Dazu gehört regelmäßiges Üben, Vorbilder suchen, sich, was das Liedmaterial angeht, auf dem neuesten Stand zu halten, aktuelle Trends in der säkularen Musikszene beobachten, wenn möglich bei einem Privatlehrer Instrumentalunterricht nehmen, in regelmäßigen Abständen Schulungen und Lobpreisseminare zu besuchen, um auf neue Ideen zu kommen und die Vision lebendig zu halten etc.

Einer der Gründe, warum die Lobpreismusik landauf landab häufig so gleich klingt, ist der, dass einige Musikgruppen überhaupt nicht auf die Idee kommen, die weite Landschaft von unterschiedlichen Sounds und Grooves, Musikgenres und den Einsatz von ungewöhnlichen Instrumenten auszuloten. Um nur ein Beispiel zu nennen: In vielen Gemeinden evangelikalen Zuschnittes haben Posaunenchöre und Bläserensembles eine jahrzehntelange Tradition. Die Musiker sind häufig notensicher und haben einen guten Ton. Wenn jedoch in der Gemeinde Stimmen laut werden, dass Bläsermusik out sei und man lieber Lobpreismusik im Popgewand machen wolle, dann legen diese Musiker häufig ihre Instrumente weg. Wie schade. Die Vorstellung wäre nämlich wunderbar, dass diese Instrumente im Lobpreis wieder auftauchen mit Bläsersätzen wie bei „Chicago", „Tower of Power" oder anderen funkigen Soulformationen.

Alles fängt mit einem Traum an. Dem Traum nämlich, unsere musikalischen Gaben in Gottes Dienst zu stellen, um ihm eine Anbetung bereiten zu können, die so schön wie möglich und auch für den Musiker so erfüllend wie möglich ist. Für Gott unsere beste Musik zu spielen. Vielleicht ist einigen Musikern schon einmal aufgefallen, dass gerade Schlagzeuger und Bassisten in kurzen Jam-Sessions vor dem Gottesdienst häufig coole Rhythmen und Lines spielen, die aber im Gottesdienst nicht mehr vorkommen. Die Begründung liegt darin, dass man zwar viele Songs auf unterschiedliche Weise arrangieren kann und sie auf diese Weise auch ganz unterschiedliche Gesichter bekommen. Für manche großartigen Grooves müssen die Melodien und Harmonie-Changes aber auch direkt den Rhythmen auf den Leib geschneidert sein.

Ich träume davon, solche Musik in einigen Jahren ganz selbstverständlich in unseren Gottesdiensten zu hören, weil sich Musiker mit dem Status quo nicht mehr zufrieden geben und ihre eigene Musik schreiben, die sich aus der Masse hervorhebt und ein eigenes Profil zeigt. Wo sind Reggae, Blues, HipHop, Two Step, Soul, Gospel, alternative Rocksounds und Dance Grooves in unseren regulären Gottesdiensten? Wo sind die Keyboarder und Schlagzeuger, die die Möglichkeiten ihrer modernen Sequencing-Technik ausschöpfen und mit Drum-Loops und abgefahrenen Sounds die Lobpreismusik ihrer Gemeinde nach vorne bringen? Der Hunger nach Gott hat nicht nachgelassen in einer Gesellschaft, deren Wertesystem immer mehr in sich zusammenfällt. Aber die Menschen sehnen sich nach Christen, die auch musikalisch ihre Sprache sprechen; die „in dieser Welt, aber nicht von dieser Welt sind". Und viele Christen gestehen sich mittlerweile ihre eigene Frustration ein, sich in der Sprach-, Musik- und Veranstaltungskultur ihrer Gemeinde viel zu weit vom gesellschaftlichen Puls der Zeit entfernt zu haben. Das ist kein schlechter Anfang. Die Frage ist nur: Bleiben wir bei der Frustration stehen oder beginnen wir neu, von Veränderung zu träumen und diesen Traum dann auch Wirklichkeit werden zu lassen?

In England sind Bands wie „Heartbeat" und „delirious?" mit Lobpreissongs in die Charts vorgedrungen. Die *Worship*-Rocker „Tree" waren in Südafrika im Herbst 2000 Spitzenreiter der dortigen Hitparaden. In den USA war „dcTalk" vor ca. zwei Jahren mit einem Lobpreissong in den Top10. Und dasselbe schaffte – so umstritten er auch sein mag – Xavier Naidoo in Deutschland mit dem Song „Seine Straßen" und just wieder mit seinen „Söhnen Mannheims".

Sicher: Der Kern des Evangeliums wird immer ein Ärgernis bleiben für die, die sich nicht vor Gott beugen wollen. Aber das bedeutet nicht, dass glaubwürdige und kreative christlich gesinnte Musiker nicht doch die Möglichkeit hätten, in dieser mediengesteuerten Epoche große Dinge für Gott zu bewegen. Dies kategorisch auszuschließen und sich hinter den eigenen Kirchmauern zu verschanzen, bedeutet eigentlich nichts anderes, als Gott klein zu machen.

In fast jeder Lobpreis-orientierten Gemeinde in den USA, egal, ob sie 50, 500 oder 5 000 Mitglieder hat, gibt es mindestens eine Hausband, die zumindest auf Clubniveau spielt. Unter diesem Standard würde sich auf Dauer keine Gemeinde behaupten können, weil es im positiven Sinne zwischen den christlichen Kirchen „zu große Konkurrenz" gibt. Ich glaube, dass es in einigen Jahren auch in Deutschland keine Seltenheit mehr sein wird, wenn sich Christen und am Glauben Interessierte ihre Gemeinde nach der Qualität und Ausrichtung der Gemeindemusik aussuchen. Man kann diese Entwicklung bedauern, aber sie trägt nur der allgemeinen Verschiebung der Kommunikationsstrukturen in unserem Land Rechnung. Die Frage bleibt, ob wir die Herausforderung annehmen und Strukturen schaffen, die eine so bunte, vielseitige, kreative und kunstvolle Anbetung fördern, wie sie für den Schöpfer des Universums angemessen ist. Dazu gehört es sicherlich unbedingt, einen hauptamtlichen musikalischen Direktor in Erwägung zu ziehen, der die Anstrengungen auf diesem Gebiet bündeln kann, pädagogische Qualifikationen besitzt und die Vision lebendig hält. Dazu gehört auch beständig dafür zu beten, dass Musikerfreunde aus dem Umfeld der Gemeinde zum Glauben kommen. Die folgende – etwas ausführlichere – Geschichte soll das etwas verdeutlichen:

Für die Umkehr erfahrener Profimusiker glauben und beten

Im Sommer 2000 organisierte ich anlässlich des 20-jährigen Bestehens des Projektion J Verlages eine Lobpreistour, die unter dem Titel „Anbetung & Erweckung 2000" durch neun deutsche Städte führte. Neben meiner Band waren noch die Formationen von Albert Frey, Lothar Kosse und Norm Strauss vertreten. Etwa drei Wochen vor der Tour rief mich der etatmäßige Gitarrist meiner Band, Klaus Bittner, mit der Bitte an, ob ich ihn trotz zuvor erteilter Zusage für die Tour von seinem Mitwirken entbinden könne, da er als musikalischer Direktor für die Sommer-Open Airs eines in Europa sehr populären säkularen Musikers angefragt sei. Er habe die

Sache ins Gebet genommen und den Eindruck bekommen, er sollte dieses Angebot annehmen und im säkularen Kontext Zeugnis von seinem Glauben ablegen. Obwohl ich mich für ihn freute, war ich am Anfang doch etwas unsicher, wo ich jetzt – so kurz vor der Tour, zu der zu allem Überfluss auch die Möglichkeit einer Live-CD eingeplant war – einen angemessenen Ersatz finden sollte. Zwar waren zwei weitere hervorragende Gitarristen bei der Tour dabei, die ich hätte fragen können, aber jede Band hat ihren eigenen Sound … Plötzlich stand mir ein sehr erfahrener säkularer Gitarrist vor Augen, mit dem mich eine jahrelange Freundschaft verbindet und für den ich schon seit einigen Jahren betete. Uli hatte zwar bereits an mehreren christlichen Studioprojekten mitgewirkt und in dieser Zeit die eine oder andere Gebetserfahrung mitgemacht, aber seine Beziehung zu Jesus war bisher nicht über dieses Stadium hinausgekommen.

Nun lädt man ja nicht so ohne weiteres zu einem Event, der so sehr wie kaum ein anderer die innersten und heiligsten Aspekte des Glaubens beinhaltet, einen Musiker zum Mitspielen ein, der sein Leben noch nicht Gott anvertraut hat! Aber ich empfand sofort inneren Frieden, mir keine Gedanken machen zu müssen, weil Gott die Situation eingefädelt hatte.

Als ich ihn anrief und ihm von der Tour erzählte, eröffnete er mir als Erstes, dass er für den besagten Zeitraum bereits einen Flug nach New York gebucht habe, um ein paar alte Freunde zu besuchen und Urlaub zu machen. Aber ich merkte gleich, dass der Funke übergesprungen war. Ich sagte ihm, ich hätte natürlich Verständnis dafür, wenn er mir eine Absage erteilen würde. Aber auch, dass ich mir vorstellen könne, die Zeit im Tourbus mit den anderen christlichen Musikern, die er zum Teil nur von CDs kannte und gerne kennen lernen würde, könnte für ihn wie eine Art geistliche Pilgerreise sein. Er erbat sich ein paar Stunden Bedenkzeit. Wie er mir später erzählte, hatte er bereits in diesem Moment geahnt, dass die Entscheidung für die Tour auch weitere, viel gravierendere Entscheidungen in seinem Leben zur Folge haben würden. Aber am Ende stornierte er auf eigene Kosten den gebuchten Flug und gab mir eine Zusage.

Das Probewochenende verlief prächtig, aber ich erwartete mit Spannung den Moment, an dem er – einen Tag später als der Rest der Mannschaft – zur Tour dazustoßen würde. Denn natürlich gehörten ausführliche Zeiten des Gebetes und Hörens auf Gott zu unserer Vorbereitung dazu, und ich wusste nicht genau, wie er darauf reagieren würde. Ich hatte ihm vorher freigestellt, zu unseren Gebetszeiten dazuzukommen – er sei selbstverständlich herzlich dazu eingeladen, aber nicht verpflichtet.

Das Leben im Tourbus ist sehr intensiv. Man hat kaum Privatsphäre, es sei denn, man zieht den Vorhang zu seiner Schlafkoje zu und setzt sich einen Kopfhörer auf. Und Uli nutzte diese mangelnde Abgeschiedenheit aus, um seine Umgebung auf sich wirken zu lassen. Selten habe ich jemanden die Menschen um sich herum mit solchen „Argusaugen" beobachten sehen – von morgens um 9 Uhr, wenn wir mit verschlafenem Blick aus dem Bus kamen, um uns kurz Wasser ins Gesicht zu spritzen und dann die ersten Lichttrassen und Boxen zu schleppen, bis nachts um 3 Uhr, wenn die Letzten nach einem intensiven Tag von Arbeit, Gebet und erfrischend vielfältiger Anbetung in ihre Betten krochen. Nach vier Tagen hatte er genug gesehen und gehört. Ich werde wohl nie den Moment am Abend in Erfurt vergessen, als mein Vater nach zwei Anbetungszeiten der Band von Albert und mir auf die Bühne kam und ohne vorhergehende Predigt oder große Umschweife dazu einlud, sein Leben mit Gott in Ordnung zu bringen. Uli schaute mich nur an, sagte: „Heute scheint er's wissen zu wollen", drückte mir sein Handy in die Hand und folgte als Erster dem Ruf. Eben noch für alle sichtbar Teil der Band auf der Bühne, und nun jemand, der umkehrt und zu Jesus findet! Die Tourmusiker um mich herum waren fassungslos und begeistert zugleich. Am Ende dieses Abends spielte Uli noch einmal – diesmal als Bassist in Norms Band –, und die Veränderung war ihm buchstäblich von den Augen abzulesen. Er war auch, was seine Musik anging, nach Hause gekommen. Es gibt nichts Erfüllenderes für einen Musiker, als für jemanden zu spielen, dem es nicht um die eigene Selbstverwirklichung und die Suche nach Anerkennung geht. Und das hat seine Auffassung vom Spielen nachhaltig verändert.

Ich habe aus dieser Erfahrung viel gelernt. Denn obwohl ich es immer für möglich gehalten habe, dass sich professionelle Musiker – wie alle anderen auch – von ihrem Leben ohne Gott abwenden und Jesus zum Herrn ihres Lebens erklären, brennt in mir ein ganz neues Verlangen zu sehen, wie erfolgreiche Musiker zu wahrer Anbetung und der damit verbundenen Bestimmung ihres musikalischen Schaffens finden. Musiker sind erfahrungsgemäß keine einfachen Menschen und sind häufig eigenbrötlerisch, extravagant und wenig anpassungswillig. Sie lieben ihre Freiheit und lassen sich ungern vereinnahmen und in feste Raster zwängen. Aber sie tragen eine ungeheure Energie in sich. Ihre Melodien verleihen sogar leblosen Worten eine Seele und sie wissen oft mehr von der Schönheit der Schöpfung und des Lebens zu erzählen als die meisten anderen. Sie zeichnen mit ihren Texten Bilder und malen mit ihren Tönen Landschaften aus Gefühlen und Empfindungen. Sie sprechen eine geheimnisvolle Sprache, die von der Schöpfungskraft Gottes zeugt, und sind nicht selten so lange rastlos, bis sie in ihm ihre Erfüllung gefunden haben. Es sind wunderbare Menschen, oft sehr empfindsam und hoch sensibel. Und hinter manch einer äußeren Hülle, die nach Stolz, Sex, Drugs and Rock 'n' Roll stinkt, verbergen sich unsichere, vom Selbstzweifel zerfressene Existenzen, die den Weg in ihren Heimathafen suchen.

Igel zeugen Igel. Hasen zeugen Hasen. Gute Musiker in der Gemeinde ziehen weitere gute Musiker an. Denn man ist gerne unter seinesgleichen. Wer sich fragt, warum in manchen Gemeinden offensichtlich eine Fülle von talentierten und erfahrenen Musikern beheimatet ist, während andere Gemeinden an dieser Stelle ein Vakuum haben, findet hier die Antwort. Musiker spüren schnell, ob sie es mit Gleichgesinnten zu tun haben und ob ihr Einsatz willkommen und wertgeschätzt wird oder nicht. Ob die Vision vorhanden ist, das Medium der Musik zu nutzen und das Umfeld auch durch künstlerische Kreativität auf Gott aufmerksam zu machen, oder ob lediglich die Bestandswahrung im Bewusstsein der Gemeindeleitung ist. Wenn sie durch das visionäre Vorbild eines Lobpreisleiters Feuer fangen und das Gefühl haben, dass eine Aufbruchstimmung in der Luft liegt und sie Teil dieses Geschehens sein können, sind sie oft bereit, zahllose Stunden zu investieren, um an der Umsetzung ihres Traumes zu arbeiten.

Verstehen Sie mich nicht falsch: Nicht jede Gemeinde wird Profimusiker anziehen oder die Musik zu ihren wichtigsten Aushängeschildern zählen. Auch geht es Gott in erster Linie darum, dass unsere Gesinnung, unsere Gedanken, Worte und Taten – gerade, wenn uns niemand sieht – eine Haltung der Anbetung und Hingabe widerspiegeln (vgl. Röm 12,1). Der Klang unseres Lebensstils tönt lauter in seinen Ohren als noch so kunstvolle Musik zu seiner Ehre! Aber er ist auch der Geber aller guten Gaben, der Schöpfer aller Kreativität. Und er will, dass seine Kirche schön und attraktiv, kunstvoll und leuchtend wie das Licht auf dem Berge ist!

Den Lobpreis Gottes zu den Menschen bringen

Viele Jahre lang bin ich der Auffassung begegnet, dass Lobpreis und Anbetung zwar für Gläubige elementar seien, es jedoch mit Vorsicht zu genießen sei, Nichtchristen damit zu konfrontieren. Diese würden eher durch Lieder angesprochen und erreicht werden, die Erfahrungen von Christen mit Jesus thematisieren, den Menschen einen Spiegel ihrer eigenen Begrenztheit und Erlösungsbedürftigkeit vorhalten und die Veränderung beschreiben, die von einem Leben mit Gott ausgeht. Mich hat diese Einstellung so geprägt, dass ich über lange Zeit klar unterschieden habe, für wen ich Musik mache. Für den missionarischen Kontext hatte ich ein ausgefeiltes Konzertprogramm, das alle oben genannten Elemente beinhaltete, während ich für Christen Lobpreis- und Anbetungslieder geschrieben habe.

Ich bin mittlerweile zu der Überzeugung gelangt, dass diese Vorgehensweise falsch ist und nicht dem Bedürfnis von Menschen entspricht, die ernsthaft auf der Suche nach Gott sind. Dies hat in erster Linie mit der Prägung der heranwachsenden Generationen zu tun. Während die Generation meiner Eltern vielfach noch über eine verstandesmäßige Verkündigung des Evangeliums gewonnen wurde, spielt dieser Weg der Annäherung an den Glauben bei den Jüngeren – vor allem bei denen, die man zur Generation X zählen würde – eine eher untergeordnete Rolle. Sie wollen einen Gott zum Anfassen erleben, der ihnen nahe kommt und mehr ist als nur ein gedankliches Konstrukt. Sie suchen gerade die Begegnung mit dem Übernatürlichen und haben wenig Scheu vor kultischen oder mystischen Erfahrungen, wenn diese nur real sind und bei ihnen gute *Vibrations* auslösen. Sie sind weitaus weniger daran interessiert, von Christen zu hören, was ihnen fehlt, als zu erleben, dass Jünger Jesu ihren Herrn aufrichtig lieben und voller Leidenschaft anbeten.

Die Menschen der postmodernen Welt suchen die Begegnung mit Jesus: keine ideologischen Konzepte und intellektuellen Gedankenspiele über den Sinn und Unsinn dieser Welt, sondern ein Eintauchen in seine Gegenwart und das Empfinden, nach Hause zu kommen – und eine Heimat zu finden, die ihnen ihr Elternhaus auf Grund zerrütteter Verhältnisse vielleicht nie geboten hat. Sie suchen Leidenschaft: Sich einem Gott ganz zu verschreiben und bereit zu sein, dafür scheinbar verrückte Sachen zu tun, fasziniert sie weitaus mehr als das abgeklärte Statement eines Frommen, der sich so selbstsicher und erlöst gibt, aber nicht gerade von Freude und Leben übersprüht.

Diese Menschen fragen in erster Linie nicht nach Begriffen wie Wahrheit oder Objektivität. Dieter Zander schreibt dazu im Buch *Wen(n) Kirche nicht mehr zieht*:

„Ein postmoderner Geist, der mit unwiderlegbarer Logik und verifizierten Fakten konfrontiert wird, sagt höchstwahrscheinlich etwas wie: Na und? Das ist deine Sache. Wenn es für dich passt, ist das toll. Aber zwingt es mir nicht auf. Der postmoderne Buster hat kein Vertrauen in Institutionen. Er vertraut nur sich selbst. Für ihn ist Wahrheit nicht etwas, das sich beweisen lässt. Er vertraut nur auf seine eigene Erfahrung, wenn er entscheidet, ob etwas wert ist, seine Aufmerksamkeit darauf zu richten oder nicht. […] Für den typischen Xler gibt es so etwas wie absolute Wahrheit nicht. Statistisch gesehen behaupten 70%, dass es keine absolute Wahrheit gibt, dass alle Wahrheit relativ und sehr persönlich ist. […] Es gibt nur Entscheidungen und persönliche Vorlieben. Jeder, der behauptet, die exklusive Wahrheit zu besitzen, begeht einen Akt der Gewalt gegen die Freiheit der anderen. [...] Xler nähern sich einer Wahrheit auf der Beziehungs- und nicht auf der Argumentationsebene. Sie reagieren nicht sehr überschwänglich auf intellektuelle Reden. Die Logik wird zum Verlierer. Ein Xler wird sagen: Ich will es an deinem Leben sehen, bevor ich etwas darüber hören will."[40]

Vor dem Hintergrund dieser Beobachtungen ist es erklärlich, dass Lobpreis und Anbetung auch unter den Nichtchristen in der Generation X ein starkes Echo hervorrufen können. Denn wo sonst sollen sie die persönliche Zwiesprache und das Vertrauensverhältnis, das Christen im Lobpreis ihrem Gott gegenüber ausdrücken, so unmittelbar erleben wie in einer Versammlung, in der Gott durch Lieder und eigene Worte leidenschaftlich angebetet wird? Wenn wir uns Gott nähern, so nähert er sich auch uns. Anbetungszeiten sind „Brutstätten" des Glaubens. Wir proklamieren Wahrheiten über Gottes Wesen und Außenstehende werden durch seinen Geist mit uns in seine Gegenwart gezogen. Sie erleben die Berührung Gottes: manchmal nur als Zuschauer, nicht selten jedoch auch als Menschen, die selbst davon erfasst werden.

Gott in der Sprache unserer Zeit anbeten

Aber was tun wir, um es den ungläubigen Menschen leichter zu machen, unsere Anbetung zu verstehen? Paulus' missionarische Tätigkeit in Athen (Apg 17,16–32) ist ein gutes Beispiel dafür, wie man Menschen in ihrer religiösen Prägung abholt und in ihrer Sprache von Christus Zeugnis ablegt. Diese Fähigkeit zu entwickeln, gehört genauso zu unseren Aufgaben wie das furchtlose Bezeugen unserer Erlösungsbedürftigkeit und Gotteskindschaft.

Die Sprache der Psalmen war für die Menschen der frühen Kirche nicht antiquiert. Die Bilder, die dort verwendet wurden und aus der Welt des Königshauses, des Militärs, der Landwirtschaft oder gesellschaftlicher Gepflogenheiten stammen, waren Teil ihrer eigenen Realität und somit für ihren eigenen Alltag relevant. 2000 Jahre später hat sich vieles verändert. Auch wenn sich Gott in all der Zeit nicht verändert hat – wir leben in einer Epoche von Massenmedien, globaler Kommunikation, die die Welt auch ohne Transportmittel zum Dorf werden lässt.

Sicher: Wir können die Bilder der Bibel nicht umschreiben. Aber moderne Lobpreislieder müssen sich andererseits auch nicht nur einer Sprache bedienen, die aus einer vergangenen Epoche stammt. Den „König der

Könige" mit dem Begriff „Präsident der Präsidenten" zu umschreiben, wie es der ehemalige Leiter der *Jesus Freaks* in Deutschland getan hat, empfinde ich beispielsweise als eine zeitgemäße Adaption des Evangeliums. Gerade weil die Bibel so bildhaft geschrieben ist, ist es unsere Aufgabe, Entsprechungen aus unserer Zeit zu finden, die für die Menschen unserer Gesellschaft relevant sind.

Lieben wir die Menschen, die ohne Gott leben, genug, um die fromme Insidersprache abzulegen, die ihnen zunächst einmal nur Rätsel aufgibt? Vertreten wir die Auffassung, dass nur Bilder und Ausdrücke aus der Bibel bemüht werden sollten? Oder finden wir kreative und schriftgemäße Ausdrucksformen, um die zeitlose Wahrheit des Evangeliums in eine Sprache zu hüllen, zu der unsere Familienangehörigen, Freunde, Arbeitskollegen, Nachbarn und Sportkameraden sofort und ungehindert Zugang finden? Eine solche Anbetung wird es ihnen so viel leichter machen, das Herz des Glaubens zu entdecken und eine neue Heimat zu finden.

Lobpreis und Anbetung an öffentlichen Orten

How many of these guys

A thousand men, thick air to breeze / The beat is on, you feel the heat / Outstanding exaltations fill the air / A blinding light, piercing the dark / As people cheer to touch the stars / And for a moment this is on my mind.

How many of these guys will once intend / To cheer and touch the king of love? / How many of these guys will once intend / To join in songs of Praise?

Another scene, the city of Gold / God's holiness is strange no more / And numerous people

Worship at his throne / They silently lay down their crowns / As they behold the Lamb of God / And as I see them tears run down my cheeks.

How many other guys had once refused / To cheer and touch the king of love? / How many other guys had once refused / To join in songs of Praise?

© Arne Kopfermann,
2001 Projektion J Musikverlag, Asslar

Übersetzung

Tausend Leute, die Luft ist zum Schneiden dick / Der Beat pulsiert, du spürst die Hitze / Höchste Begeisterung liegt in der Luft / Das blendende Licht durchbricht die Dunkelheit / Während Menschen applaudieren, um die Stars zu berühren / Und für einen Moment schießt mir der Gedanke durch den Kopf:
Wie viele von ihnen werden je vorhaben / Dem König der Liebe zu applaudieren und ihn zu berühren? / Wie viele von ihnen werden je vorhaben / In die Lobgesänge einzustimmen?
Ein anderes Bild, die Stadt aus Gold / Gottes Heiligkeit ist nicht mehr fremd / Und unzählige Menschen beten ihn vor seinem Thron an / Schweigend legen sie ihre Kronen nieder / Als sie das Lamm Gottes erblicken / Und als ich sie sehe, laufen mir Tränen über die Wangen.
Wie viele andere haben einst abgelehnt / Dem König der Liebe zu applaudieren und ihn zu berühren? / Wie viele andere haben einst abgelehnt / in die Lobgesänge einzustimmen?

Lothar Kosse schreibt im Begleittext der im Januar 2000 erschienenen CD „Cologne Worship Night Vol. 1":

„Durch die Geschichte der Menschheit hindurch hat Musik das kulturelle Leben von Städten entscheidend geprägt. Von den Tagen des antiken Jerusalem bis zu den modernen Metropolen unserer Zeit, vom Tempel Salomos bis hin zum Broadway in New York City waren Städte die Schmelztiegel für Musik und Kreativität. Obwohl wir uns dessen vielleicht nicht bewusst sind, diente Musik jedoch in aller Regel dazu, irgendetwas oder irgendjemanden zu ehren oder anzubeten. Ob Menschen nun zusammenkamen, um einen König, einen Helden oder einen Götzen zu feiern: Musik wurde äußerst selten ohne Zweck und Ziel aufgeführt. Bis heute hat sich das nicht geändert.
Vor einigen Jahren kam mir ein Gedanke: Wenn Musik dazu geschaffen wurde, Anbetung zu sein, warum gibt es dann keinen Ort in Köln, an dem Menschen zusammenkommen können, um Gott in einer Art und Weise anzubeten, die unserem heutigen gesellschaftlichen Empfinden entspricht? Es gibt alle möglichen Clubs in der Stadt – Jazz Clubs, Dance Clubs, Night Clubs: Warum haben wir nicht einen God's Downtown Music Club? Ich stellte diese Idee meinem Freund und Pastor Andreas Eichberger und einigen Musikerkollegen vor, und kurz darauf war die Cologne Worship Night geboren. Seither hat es viele Menschen unterschiedlichen Alters und aus den unterschiedlichsten Hintergründen in diese Veranstaltung gezogen, die nun regelmäßig im Alten Wartesaal, einem bekannten Kölner Musikclub direkt unter dem Hauptbahnhof neben dem Dom, stattfindet."

Seit ich Lothars Projekt kenne, war ich davon begeistert. Aber seine Vision hat mich erst ergriffen, als ich zusammen mit meiner Frau und 1700 anderen Besuchern das erste *Cologne Worship Festival* im *Musical Dome* besucht habe, von dem ein Großteil der oben erwähnten Live-Aufnahmen stammt. Ich saß in einer der ersten Reihen dieser schönen Konzertarena, als der Kanadier Norm Strauss, der damals noch als Musikmissionar in Deutschland lebte, sein Lobpreis-Set anfing. Aber von den ersten Takten seiner Musik an liefen mir die Tränen über die Wangen und das hielt auch noch eine ganze Weile an. Es war so, als würde ich einen Blick darauf werfen können, wie Gott die kulturelle Szene in deutschen Städten sieht und wie sehr er sich wünscht, dass Christen Teil dieser Kultur werden, um sein Evangelium und die Anbetung seines Namens an Orte zu tragen, die niemals mit Kirche assoziiert werden, an denen der Hunger nach einer erfüllenden Anbetung aber riesengroß ist.

Wie wäre es, wenn in vielen deutschen Städten an öffentlichen Orten solche Zentren entstehen würden, wo nicht den Musikstars unserer Tage zugejubelt wird, sondern dem Schöpfer des Universums?

Während Norm sang, wurde mir bewusst, dass Gott mir ebenfalls das Anliegen aufs Herz legte, diese Vision ins Land und in die Gemeinden zu tragen. In diesem Moment wurde die Vision für „Anbetung & Erweckung 2000" geboren, von der bereits die Rede war. Aber eine Tour dieser Art ist nur ein Tropfen auf den heißen Stein. Es geht darum, wie in Köln überall im Land regionale Zentren zu schaffen, in denen der Leib Christi in Einheit zusammenkommt, um jenseits von konfessionellen Interessen Gott auf öffentlichkeitswirksame Art und Weise anzubeten. Und die Musik soll so gut sein, dass die Musikszene einer Region aufhorcht, wenn sie vom nächsten Event Wind bekommt.

Im Sommer 2000 habe ich das *Soul Survivor*-Festival *The Message* in Manchester im Norden Englands besucht. 11 000 Kids aus allen Landesteilen nahmen an dem dreiwöchigen Festival teil. Morgens gab es im Rahmen des Festivals in der *Manchester Evening News Arena* Bibelarbeiten und gemeinsamen Lobpreis. An den Nachmittagen zogen dann Scharen von Teenagern ungeachtet des wechselhaften Wetters aus, um in einem heruntergekommenen Stadtteil von Manchester, der für Drogenhandel und gestörte nachbarschaftliche Beziehungen bekannt war, aufzuräumen, diverse Gärten umzugraben, Unkraut zu jäten, Gartenzäune zu streichen und verwahrloste Häuser aufzuräumen. Schon bald ging die beispiellose Aktion durch die Presse, und große Letter verkündeten auf der Titelseite der Lokalzeitung: „The Christians Are Coming!"

Ich hatte die Möglichkeit, am Ende der Veranstaltung mit einer Reihe von Leitern die Straßen entlangzulaufen, wo eine Gruppe junger christlicher Jugendlicher tätig war. Überall standen die Haustüren offen und Nachbarn unterhielten sich am Gartenzaun mit den Kids. Eine Frau, die begonnen hatte, die Arbeitenden mit Getränken zu versorgen, sagte, als wir durch ihr Haus liefen: „Ich weiß nicht, wer diese Jugendlichen hierher geschickt hat; aber sie haben sicher ein Wunder vollbracht." Der Polizeichef kam am vorletzten Tag morgens in die Arena, um zu vermelden, dass in der gesamten Zeit des Festivals keine Straftat gemeldet worden war. Aber die unbezahlte, aus der Liebe Christi motivierte Aktion hatte noch gravierendere Auswirkungen. Zahlreiche Jugendliche und auch ältere Bewohner des Stadtteils kamen zu den missionarischen Gottesdiensten, die jeden Abend unentgeltlich in der *Evening News Arena* abgehalten wurden. Zuerst hatten sie die Christen bei der Arbeit gesehen, jetzt beobachteten sie sie dabei, wie sie ihren Gott leidenschaftlich mit Hilfe professioneller Rock- und Dancemusik in der größten Halle in der Stadt anbeteten. „Delirious", Matt Redman, Paul Oakley, „Tree", „World Wide Message Tribe" und einige andere der bekanntesten Lobpreismusiker Englands und darüber hinaus führten die Menschen in die Anbetung, die von einer perfekt ausgestalteten Lightshow und einem fetten Bühnensound unterstützt wurden. Danach folgte die Verkündigung, in der die Menschen zur Umkehr aufgerufen wurden.

Hunderte trafen im Laufe der Abende die Entscheidung, Jesus Christus ihr Leben anzuvertrauen. Die Menschen hatten zuerst die Gesinnung Christi in den Christen erlebt, und niemand wird in dem betroffenen Stadtteil den Sommer vergessen, „in dem die Christen kamen". Danach wurden sie Zeugen, wie Christen in der Anbetung ihr Herz vor Gott ausschütteten und die Tür zum Himmel ein wenig aufstießen. Die Verkündigung bündelte alles in der Frage: „Ist mein Gott auch dein Gott?"

Dieses Erlebnis hatte für die Außenstehenden nichts von traditioneller Kirche, von überalterten, weltfremden Traditionen – von all den Klischees, die so gerne ins Feld geführt werden, um die Konfrontation mit dem Anspruch Gottes zu vermeiden. Mich haben die Tage in Manchester sehr bewegt, weil ich mit ansehen konnte, wie die Anbetung meiner Geschwister Hände und Füße bekam. Infolge des Festivals sind in jenem heruntergekommenen Stadtteil zwei Gemeinden gegründet worden und der Segen hält weiter an.

Nichtchristen werden die Schwelle einer Kirche oft als zu hoch empfinden, um sie zu überwinden. Sie müssen die Botschaft des Evangeliums in ihrem Umfeld hören, weil sie nicht in unseres kommen. Der Missionsbefehl lautet nicht: „Holt die Menschen aus aller Welt in eure Kirchen", sondern:

„Darum geht hin und machet zu Jüngern alle Völker: Tauft sie auf den Namen des Vaters und des Sohnes und des Heiligen Geistes und lehrt sie, alles zu halten, was ich euch befohlen habe" (Mt 28,20).

Wolfgang Simson ist spätestens seit seinem Buch „Häuser, die die Welt verändern" vielen Christen in Deutschland als ein radikaler Vordenker der These bekannt, dass die Kirche, wie wir sie kennen, die Kirche verhindert, wie Gott sie will, weil sie nie den Schritt von den Kirchenhäusern zurück zu der Hauskirche der Urchristenheit vollzogen hat.

Er geht davon aus, dass eine drastische Rückbesinnung zu der Familie als Grundstock der Gemeinde und den Wohnungen als Ort des alltäglichen Lebens stattfinden muss, um die Kirche den Händen christlicher Bürokraten zu entreißen und wieder zum Priestertum aller Gläubigen zurückkehren zu können. In seinen 15 Thesen zur Reinkarnation der Kirche schreibt er diesbezüglich:

„In der Geschichte hat der Wunsch der Menschen, Gott richtig anzubeten, zu peinlichem Denominationalismus, Konfessionalismus und Nominalismus geführt. Dieser Ansatz übersieht, dass Christen aufgerufen sind, im Geist und in der Wahrheit anzubeten – und nicht in kleinen und großen Kathedralen altgewohnte Lieder abzusingen. Diese Veranstaltungsmentalität, die sich darin gefällt, das sprichwörtliche Amen in der Kirche zu wiederholen, übersieht, dass alles Leben pulsiert, sich ständig ändert und buchstäblich informell ist.
Wenn das Christentum der Weg des Lebens ist, dann ist es in seinem Wesen informell und spontan, und wir tun ihm durch religiöse Wiederholungsrituale nur Gewalt an. Das Christentum muss sich abwenden vom Zelebrieren eindrucksvoller Schauspielkunst in kirchlichen Räumen und wieder beginnen, eindrucksvoll im Alltag zu leben. Das dient Gott wirklich."[41]

Simson ist der festen Überzeugung, dass das weltweit explosiv wachsende Phänomen der „Hauskirchen" auch nicht vor den westlichen Ländern Halt machen wird. Für ihn bilden stadtweite Feiergottesdienste der gesamten Christenheit vor Ort den Gegenpol zu kleinen Zellen von maximal 20 Personen, die sich in den Wohnhäusern treffen, wie er aus dem Neuen Testament ableitet:

„Jesus hat die Menschen nie gebeten, sich in Denominationen zu organisieren. In den frühen Tagen der Kirche hatten die Christen eine doppelte Identität: Sie waren Nachfolger von Jesus Christus, vertikal zu Gott bekehrt; und zweitens fanden sie sich zusammen auf der Basis der Geografie, wo sie sich vor Ort auch zueinander bekehrten und Gemeindebewegungen bildeten. Sie schlossen sich nicht

nur zu Nachbarschafts- oder Hauskirchen zusammen, wo sie ihr Leben im Alltag miteinander teilten, sondern gaben – so weit es die jeweiligen politischen Umstände ermöglichten – auch ihrer neuen kollektiven Identität in Christus Ausdruck, indem sie sich zu stadtweiten oder regionalen Feiergottesdiensten trafen. Dort feierten sie ihr Einssein als Gemeindebewegung der Region bzw. der Stadt und demonstrierten ein gemeinsames Bekenntnis vor der Welt.
Gott ruft die Christenheit zu diesen Dimensionen zurück. Die Rückkehr zum biblischen Modell der Stadtkirche – also neue Glaubwürdigkeit der Hauskirchen in den Wohnvierteln, verbunden mit stadtweiten bzw. regionalen Feiergottesdiensten, wo alle Christen einer Region regelmäßig zusammenkommen – fördert nicht nur die kollektive Identität und spirituelle Glaubwürdigkeit der Christen, sondern verleiht der Kirche auch politisches Gewicht und wird das Aufsehen erregen, das die christliche Botschaft verdient."[42]

Wenn Simsons Thesen auf Dauer auch in Deutschland greifen sollten, auch wenn dazu ein ganzes Kirchensystem umgewälzt werden müsste, dann werden die oben genannten Beispiele von Veranstaltungen mit Anbetungscharakter eine noch wesentlich größere Bedeutung gewinnen. Die Chancen, diese mediendominierte Gesellschaft in Wort und Tat mit der leidenschaftlichen Frömmigkeit des Volkes Gottes zu konfrontieren, sind nicht zu unterschätzen.

Kapitel 12

Ausblick:
Neuer Wein in alten Schläuchen?
Gottesdienstliche Strukturen
schaffen, die ganzheitliche Verän-
derung ermöglichen

In den letzten Jahren hat die Chicagoer *Willow Creek*-Gemeinde, die größte Gemeinde in den USA, in Deutschland für Furore gesorgt. Bill Hybels und John Ortberg gehören zu den Helden moderner Gemeinde- und Predigtkultur und die in Deutschland abgehaltenen Konferenzen erfreuen sich regen Zuspruchs und großer Beliebtheit. Offene Gottesdienste für Kirchendistanzierte sind in Mode gekommen, aber das eigentliche Anliegen der Gemeinde, in radikaler Umsetzung die missionarische Ausrichtung an die erste Stelle zu setzen und bereit zu sein, dafür die eigenen gottesdienstlichen Gepflogenheiten zu opfern (und in die Mitte der Woche zu verschieben, um die Wochenendgottesdienste ganz den Kirchendistanzierten zu widmen), bleibt in Deutschland fast ohne Widerhall. Denn man ist sich selbst am nächsten, und wer ist schon bereit, die eigenen Traditionen zu opfern, damit sich Menschen, die die Gottesdienste noch gar nicht besuchen, wohl fühlen, wenn man selbst schon jahre- oder jahrzehntelang in die Gemeinde geht?

Dieses Phänomen ist keineswegs neu. Viele Gemeinden, die bereits über eine lange Geschichte verfügen, haben mit dem Problem zu kämpfen, dass die unterschiedlichen in der Gemeinde vertretenen Generationen es quasi unmöglich machen, ein musikalisches Gepräge für den Gottesdienst zu finden, bei dem sich alle wohl fühlen. Und weil man das Problem schon in den eigenen Reihen kaum unter Kontrolle bekommt, bleibt die Frage, bei welcher Musik sich die Außenstehenden wohl fühlen würden, meist ungefragt. Zwar ist ein echter Kompromiss *per definitionem* der Zustand, in dem alle vertretenen Parteien auf Grund der gegenseitigen Zugeständnisse unzufrieden sind, aber einen solchen Zustand für den Gottesdienst anzustreben, erscheint wenig sinnvoll!

In dem Versuch, es allen recht zu machen, bleiben die meisten unglücklich. Die Älteren sind unglücklich, weil sie zu den neueren Liedern von der Folie und der Bandbesetzung mit Schlagzeug etc. häufig kaum Zugang finden, mit einer erhöhten Lautstärke schlecht zurechtkommen, den Einsatz von moderner Übertragungstechnik im Gottesdienst unnötig finden und der Meinung sind, dass die schönen alten Lieder viel zu selten gesungen werden. Die Jüngeren sind unglücklich, weil sie zu den älteren Liedern aus den Gesangbüchern sprachlich wie musikalisch keinen Zugang finden und meinen, ihre nichtchristlichen Freunde nicht unbeschadet mitnehmen zu können; weil sie aus Rücksicht auf die Älteren nicht die Musik machen können, die sie im Gottesdienst gerne hören würden; weil ihnen drei bis vier Lieder in der Lobpreiszeit zu wenig sind und sich dafür auch der ganze technische Aufwand nicht lohnt. Ihrer Meinung nach wird in den Gottesdiensten sowieso zu wenig gesungen, und einige finden, dass diese ruhig eine halbe Stunde länger dauern könnten, wenn dafür mehr Raum für den Lobpreis bleiben würde. Das aber überfordert den Kinderdienst, der erfahrungsgemäß zu wenige Mitarbeiter hat. Die Älteren wiederum möchten, dass der Sonntagsbraten pünktlich auf dem Tisch steht, und sind oft nicht bereit, längere Gottesdienste in Kauf zu nehmen, um zum Dank noch mehr Folienlieder singen zu müssen.

Parallelstrukturen verhindern Gemeindespaltungen

Wenn man die beschriebenen Mechanismen einmal analysiert, werden schnell einige grundlegende Gegebenheiten deutlich:

- Sein schafft Bewusstsein: Was die Menschen gewohnt sind, seitdem sie sich einer bestimmten Gemeinde angeschlossen haben, sind sie selten bereit aufzugeben, es sei denn, sie hätten schon von Anfang an unter bestimmten Gegebenheiten gelitten.
- Solange die Gemeindeglieder nicht bereit sind, für ein höheres Ziel – wie etwa das Erreichen einer bestimmten Zielgruppe – ihre eigenen Erwartungen hinten anzustellen und die eigenen Veranstaltungen so optimal wie möglich auf dieses höhere Ziel hin zuzuschneidern, lässt sich das beschriebene Spannungsfeld kaum auflösen.
- Wenn diese Haltung nicht bewusst kontinuierlich thematisiert wird, werden die Einzelnen immer ihre eigenen Interessen über die der anderen stellen.
- Noch nie klafften die musikalischen Geschmäcker und Erwartungen an die Gemeinde zwischen den unterschiedlichen Generationen so weit auseinander wie heute, und den dadurch entstehenden Problemen lässt

sich auch nicht durch Einheitsparolen Einhalt gebieten. Bedingt durch die zunehmende Säkularisierung in unserem Land fällt es einerseits immer mehr jungen Menschen schwer, zu liturgischen Formen und Kirchenliedern aus einer anderen Epoche Zugang zu finden. Andererseits sind durch eben diese Entkirchlichung Musikstile in der Kirche salonfähig geworden und werden dementsprechend von den Jüngeren eingefordert, die den Älteren noch als weltlich, mit dem Glauben unvereinbar oder gar dämonisch verkauft worden sind. Das führt logischerweise zu erheblichen geschmacklichen und ideologischen Spannungen.

An dieser Stelle sei einmal darauf hingewiesen, dass Menschen, die mit der Musik der „Beatles" aufgewachsen sind, inzwischen schon in ihren Fünfzigern sind. Rock 'n' Roll-Geprägte der Ära Elvis Presleys, Chuck Berrys oder Buddy Hollys sind bereits über 60 Jahre alt. Die Vorstellung also, Popmusik sei noch immer eine Domäne der Jugendlichen und jungen Erwachsenen allein, stammt aus einer anderen Zeit und ist vollkommen überholt – wie nicht zuletzt an dem Liederbuch „Feiert Jesus" deutlich wird, das ursprünglich als Jugendliederbuch deklariert wurde, aber schon nach kurzer Zeit von vielen Gemeinden ganz unabhängig vom Alter zum gemeinsamen Singen eingesetzt wurde. Das allerdings haben viele Christen diesen Alters noch nicht mitbekommen, weil sie selbst oft mit der Einstellung erzogen wurden, dass die rebellische Musik der Jugend mit christlichen Moralvorstellungen und Wertesystemen nicht vereinbar sei. Da sie aber selbst längst keine Freunde mehr haben, die nicht christlich sozialisiert sind, fehlt ihnen völlig das Bewusstsein für die beschriebene Entwicklung.

Ich bin der festen Überzeugung, dass der einzige konstruktive Weg, den sich an der Musik entzündenden Generationskonflikt aufzulösen, in der Schaffung von Alternativstrukturen besteht. Dieser Weg wird bereits an zahlreichen Orten beschritten. Dort findet am Sonntagmorgen ein eher konservativerer Gottesdienst statt, während am Abend ein spontaner und moderner Lobpreisgottesdienst für eine tendenziell eher junge (oder jüngere) Zielgruppe angeboten wird. Unglücklicherweise wird dieser Weg in den seltensten Fällen konsequent eingeschlagen. Niemandem käme es in den Sinn, den Morgengottesdienst nicht jede Woche anzubieten. Er ist etabliert und hat seine wöchentliche Daseinsberechtigung. Ganz anders aber beim Abendgottesdienst. Dieser findet oft nur alle 4–6 Wochen statt. In der Regel wird das damit erklärt, dass nicht genügend Mitarbeiter vorhanden seien, um eine wöchentliche Durchführung ermöglichen zu können – und wieder hängt es meist an den Musikern.

Was sich Gemeinden, die ein solches Modell einsetzen, häufig nicht bewusst machen, ist, dass ein Gottesdienst, der parallel zum traditionellen Gottesdienst nur in größeren Zeitabständen angeboten wird, nie mehr sein wird als eine Paradiesblüte im Garten Gottes: ein kleines Bonbon, um die Zielgruppe dieses Gottesdienstes nicht völlig zu vergraulen, aber zu wenig Nahrung, um ihnen ein wirkliches Zuhause zu schaffen. Er signalisiert nicht Normalität, sondern Ausnahme, nicht Gleichberechtigung, sondern Sonderrolle. Wenn jemand einmal nicht kommen kann, vergehen unter Umständen drei Monate bis zum nächsten Gottesdienst. Kein Wunder, dass sich viele Jugendliche und musikalisch Junggebliebene als Anhängsel fühlen, das in seinen Bedürfnissen nicht wirklich ernst genommen wird!

Und auch Musiker, die behaupten, überfordert zu sein, wenn sie öfter spielen müssen, schneiden sich ins eigene Fleisch. Sie nehmen sich nämlich die Chance, dass die Band durch das häufigere gemeinsame Spielen zusammenwächst, eine Einheit wird und Routine gewinnt. Ich denke, ich habe Lobpreisleiten gelernt, als ich drei Jahre lang hintereinander jeden Sonntagabend den Lobpreis im Hamburger Gottesdienst geleitet habe und parallel dazu noch fast jeden Donnerstagabend im Jugendkreis. Denn automatisch verschwindet nach einer gewissen Zeit die Nervosität und das Lampenfieber, das musikalische Ohr wird geschärft, die Texte bleiben im Gedächtnis haften und die Arrangements festigen sich. Es entsteht ein Bewusstsein dafür, welche Songs gut miteinander harmonieren und welche Übergänge man besser nicht wagen sollte. Pannen bereiten nicht mehr so viel Kopfzerbrechen wie am Anfang und der eigene Fortschritt in der musikalischen Qualität und der Souveränität als Leiter motiviert ungemein! Diese Erfahrung bleibt den Lobpreisgruppen vorenthalten, die zu selten miteinander spielen, und das ist ganz sicher der Fall, wenn die Einsatzhäufigkeit alle 4–6 Wochen nicht überschreitet.

Ich kann es nicht oft genug sagen: Menschen sind am liebsten mit ihresgleichen zusammen und fühlen sich auch in der Gottesdienstform am wohlsten, die vom Sprachgebrauch bis zur Musik ihrer eigenen Prägung und Neigung entspricht. In den nächsten Jahren wird im deutschsprachigen Raum eine Fülle von ganz unterschiedlich ausgerichteten Gemeinden aus dem Boden sprießen. Manche werden besondere Zielgruppen haben, wie z. B. Arbeiter, Künstler, Akademiker, junge Familien, Freaks, Studenten, Intellektuelle, Menschen, die bestimmte musikalische Vorlieben haben und natürlich Gemeinden mit unterschiedlichen ethnischen Prägungen. Das ist in einem Land, in dem vermutlich weniger als 3 % wiedergeborene Christen leben, auch dringend notwendig. Aber ich habe die Hoffnung, dass ein Großteil dieser neuen Gemeinden nicht als Folge einer

Gemeindespaltung, sondern als wirkliche Neugründung mit einigen wenigen Pionieren im Kern entsteht. Dazu müssen die bestehenden Gemeinden allerdings noch mehr Bewusstsein dafür entwickeln, dass eine Diversifizierung ihrer gottesdienstlichen Angebote notwendig und dem Reich Gottes dienlich ist.

Wer unterschiedlich geprägte, zielgruppenorientierte und gleichberechtigte Gottesdienste in einer Gemeinde fordert, opfert nicht die Einheit, sondern wirkt vielmehr der Spaltung entgegen! Denn die Menschen stimmen mit den Füßen ab und halten nur eine gewisse Zeit in einem Gottesdienst aus, der ihnen nicht entspricht, wenn sie einmal (in einer anderen Gemeinde, auf einer Konferenz, Tagung oder Freizeit) erlebt haben, wie der Gottesdienst sein könnte, zu dem sie gerne gehen würden. Ein Pastor kann noch so sehr bemüht sein, alle in einem großen Kompromiss zusammenzubinden – er wird nicht verhindern können, dass die, die im eigenen Gottesdienst keine Heimat finden, sich anderweitig orientieren. Das kann man verurteilen oder sich aber an der Andersartigkeit von Menschen, die von Gott in ihnen angelegt ist, freuen und die Christen segnen, die für diese andere Mentalität ein Zuhause schaffen.

Auch wenn es bedauerlich erscheinen mag, dass an dieser Stelle nicht mehr alle Generationen unter einen Hut zu bekommen sind: Die Negativfolgen zwanghaft erhaltener Zugeständnisse sind weitaus gravierender und kontraproduktiv in Bezug auf die missionarische Stoßkraft. Und diese zu steigern, ist eine unserer elementarsten Aufgaben für die nächsten Jahre.

Lobpreis und Anbetung als gemeinsamer Nenner der Annäherung von evangelikaler und charismatischer Welt

Die Zeit der theologischen Fehden und Grabenkämpfe ist vorbei. Für alle Beobachter der geistlichen Landschaft in Deutschland ist die Annäherung von evangelikaler und charismatischer Welt ein Faktum, das nicht mehr geleugnet werden kann. Was vor zehn Jahren fast noch unmöglich schien, ist mittlerweile die Regel geworden: auf Allianzebene stattfindende Veranstaltungen, die von beiden Seiten unterstützt werden; ein offener, wesentlich weniger ideologisch durchdrungener Austausch über Fragen der Theologie und nicht zuletzt auch ein immens gestiegenes Interesse an einer Anbetungskultur, die sich popmusikalischer Formen bedient.

Sicher: Bereits auf der Konferenz für Weltevangelisation der Evangelikalen in Manila 1996 gingen die Gemeindewachstumsforscher vom *Fuller*

Seminar in Pasadena/Kalifornien davon aus, dass weltweit 80 % aller Evangelikalen Charismatiker sind und die Tendenz steigend ist – das galt aber als eine der wenigen und wesentlichen Ausnahmen nicht für Deutschland! Das Entscheidende an der gemeinsamen Annäherung beider Seiten liegt meines Empfindens aber auch gar nicht darin, sich gegenseitig für das eigene Lager zu vereinnahmen. Vielmehr werden gemeinsam die Faktoren gesucht, die es ermöglichen, Gemeinde so zu leben, dass sie den heranwachsenden Generationen ein Zuhause bieten kann. Und das gelingt eben nur mit einer Mischung aus zeitgemäßer Verkündigung, Betonung von Beziehungen, Popkultur und leidenschaftlicher Spiritualität, die Herz, Seele und Geist gleichermaßen mit einbezieht.

Auch wenn viele Evangelikale in einzelnen theologischen Fragen (wie der Bedeutung einiger korinthischer Gnadengaben) durchaus nicht mit den Charismatikern einig sind, so erkennen sie doch an, dass Lobpreis und Anbetung, wie sie dort schon lange verstärkt gepflegt werden, eine gleichermaßen biblische, zeitgemäße und leidenschaftliche Frömmigkeit begünstigen. Vielleicht liegt hier in der Tat, wie Peter Wagner es vor Jahren beschrieben hat, das Potenzial für eine dritte Welle, die (nach der Pfingstbewegung Anfang des Jahrhunderts und der charismatischen Bewegung mit ihren Anfängen in den 60er Jahren) auch durch unser Land schwappt und mit der gemeinsamen Sehnsucht, dass eine flächendeckende Erweckung geschieht, die einen größeren Teil der Bevölkerung erfasst, Christen in einem zentralen Anliegen eint, auch wenn die stilistischen Ausprägungen in der Frömmigkeit und die theologischen Überzeugungen in Detailbereichen weiter auseinander gehen.

> „Die dritte Welle begann in den USA um das Jahr 1980 herum, als sich eine zunehmende Anzahl traditionell evangelikaler Gemeinden und Einrichtungen für das übernatürliche Wirken des Heiligen Geistes zu öffnen begann, obwohl sie weder Pfingstler noch Charismatiker waren noch dies werden wollten. Eines der Merkmale der dritten Welle ist das Fehlen von Uneinigkeit schaffenden Elementen. Viele Gemeinden, die weder aus der Pfingstbewegung kommen noch einen charismatischen Hintergrund haben, fangen an, für Kranke zu beten und erleben Gottes heilende Kraft. Auf der anderen Seite vermeiden sie das, was manche (zu Recht oder Unrecht) rückblickend als Exzesse einstufen." [43]

Was Wagner hier in Bezug auf die Erfahrung von Krankenheilung beschreibt, ist generell auch für das gesamte Glaubensleben vieler Christen gültig. Sie sind die permanenten theologischen Abgrenzungen leid geworden und finden in dem bloßen Wissensgewinn biblischer Wahrheiten keine Befriedigung mehr. Vielmehr drängen sie zurück zu den Erfahrungen neutestamentlicher Glaubensrealität, weil sie erkennen, dass zwischen ihrem Wissen über Gott und ihrer Erfahrung mit ihm eine große Kluft besteht.

Ich bin der festen Überzeugung, dass Christen ganz unterschiedlicher Prägung in den nächsten Jahren erleben werden, wie während des gemeinsamen Lobpreises Menschen auf ganz unspektakuläre Weise Heilung (auch körperliche Heilung) und Befreiung erfahren, denn Gott ist für alle Zeit derselbe, und der Hunger danach, ihn auf übernatürliche Weise zu erleben, wächst beständig in der Christenheit unseres Landes.

Dass er uns bis in die körperliche Realität hinein begegnet, ist eine natürliche Begleiterscheinung eines authentischen Lobpreises, auch wenn das Ziel auf keinen Fall darin liegen darf, den Lobpreis als Ort der Begegnung mit Gott zu institutionalisieren. Dass der Lobpreis und die Anbetung Gottes aber das Potenzial in sich tragen, das Volk Gottes zu einen und über die Unterschiede der Konfessionen und Denominationen hinweg an sein Herz zu ziehen, ist ein ungeheures Zeichen der Hoffnung. Hier geht es in erster Linie nicht um Formen, sondern um ein neues Bewusstsein dafür, dass Gott uns auf unendlich persönliche Weise begegnen und seinen Willen aufs Herz schreiben will – nicht als souveräner, aber unnahbarer Herrscher aus der Untiefe des Universums, sondern als Freund, Bruder, engster Vertrauter und Liebhaber seiner Braut, der Kirche.

Beispiel für ein Akkordblatt zur Verwendung in der Lobpreisband

Von ganzem Herzen

Intro:

| D | A/C# | | Hm | Gm6 | | D A/C# | | | Hm | Gm6 |
| D | A/C# | | Hm | Gm6 | | D A/C# | | | Hm | Gm6 |

Vers:

```
D              A/C# |  Hm      Gm6        |  D
```
Von ganzem Herzen, mit allem, was ich bin, o Gott
```
               A/C# | Hm       Gm 6       |  Hm
```
Will ich Dich lieben und auf das hören, was Du sagst
```
          G              |  D      A |
```
Auch wenn ich Dich nicht verstehe
```
          1. Gadd9 |     Asus4 A
          2. G Em7 |     D D/F#
```
Folge ich Dir, folge ich Dir   (x2)

Chorus:

```
G A/G  | D/F#   |  G        D/F# |  |    C#⁰              Hm |
```
Jesus,   Du hast Augen wie Feuer und ein Herz rein wie Gold
```
G A/G | D/F# |  G         D/F#   |      C#⁰           Hm |
```
Jesus,   gib mir Augen des Glaubens und ein Herz, daß Dich sucht
```
      G      A |  Hm  |  G    A |   D
```
und sich in Dir verliert, bis es Dir ganz gehört

Standard-Ablauf:

Intro – Vers – Chorus – Interlude (= ½ Intro) – Vers – Chorus – Chorus – Outro (=Intro)

Copyright:

220

Anhang B
Der Quintenzirkel

Der auf der nächsten Seite abgebildete Quintenzirkel ist eines der wichtigsten musiktheoretischen Hilfsmittel für den Lobpreismusiker. Hier kann er in einer einzigen Abbildung die Zusammenhänge der wichtigsten Akkord-Familien nachvollziehen. Durch das Auswendiglernen dieser Zusammenhänge ist er dazu in der Lage, Lieder im Kopf in jede der zwölf Tonarten transponieren zu können. Dies ist von unschätzbarem Vorteil in Live-Situationen, in denen Lieder z. T. spontan in einer anderen Tonart als der ursprünglich notierten angestimmt werden. Außerdem steigert es die Flexibilität des Lobpreisleiters, Lieder in unterschiedlichen Harmoniezusammenhängen einsetzen zu können.

Auf der rechten Seite sind die #-Tonarten, auf der linken Seite die b-Tonarten dargestellt. Ein Merksatz für die Reihenfolge der #-Tonarten lautet:

*G*eh *D*u *A*lter *E*sel *H*eute *FIS*chen

Ein Merksatz für die b-Tonarten lautet:

*F*ritz *B*ringt *ES*ther *AS*tern *DES GES*andten

Der Quintenzirkel ist so leicht und übersichtlich aufgebaut, dass es jedem Musiker ohne theoretische Vorkenntnisse möglich ist, sich beim Spielen der zusammengehörigen Akkorde in den verschiedenen Tonarten zurechtzufinden. Dabei stellt sich nach kurzer Zeit der Benutzung von allein ein visuelles Verständnis für die Verknüpfung tonaler Beziehungen ein. Der Quintenzirkel wird in seiner Konzeption allen Anforderungen gerecht, die an den Musiker gestellt werden: Bestimmen von Akkordfunktionen, Transposition (Übertragung in eine andere Tonart), Harmonisierung (Bestimmen von Akkorden zu einer Melodie), Komposition (Schaffen neuer Musikwerke) und Improvisation.

Um den Aufbau des Quintenzirkels zu erklären, starten wir mit der Tonart C-Dur und gehen eine Tonart höher. Wir erhalten jetzt die Tonart G-Dur mit einem # als Vorzeichen. Die dazugehörige parallele Molltonart E-Moll hat ebenfalls ein #. Eine Quinte höher liegt dann D-Dur, das zwei # hat, usw. Bewegen wir uns von C-Dur dem Uhrzeigersinn entgegengesetzt eine Quinte tiefer, so erhalten wir F-Dur mit einem *b* als Vorzeichen usw. Durch Fortschreiten von Quinte zu Quinte erhalten wir ein ganzes System von Quintverwandtschaften, und ordnen wir alle Tonarten und die zu ihrer Bildung erforderlichen Vorzeichen in beiden Richtungen, so erhalten wir einen Quintenzirkel, wobei die mit sechs # versehenen Tonarten F#-Dur und D#-moll, den mit 6 *b* vorgezeichneten Tonarten G*b*-Dur und E*b*-moll entsprechen (man nennt dies eine enharmonische Verwechslung).

Nehmen wir die C-Dur-Tonleiter als Grundlage und bauen auf jeden Ton einen Dreiklang aus den Tönen derselben Tonleiter auf, so erhalten wir drei Hauptharmonien (Tonika, Subdominante und Dominante auf der I., IV. und V. Stufe) und vier Nebenharmonien (die jeweiligen Mollparallelen für Subdominante, Dominante und Tonika sowie die Dominantseptime auf den Stufen II., III., VI. und VII.).

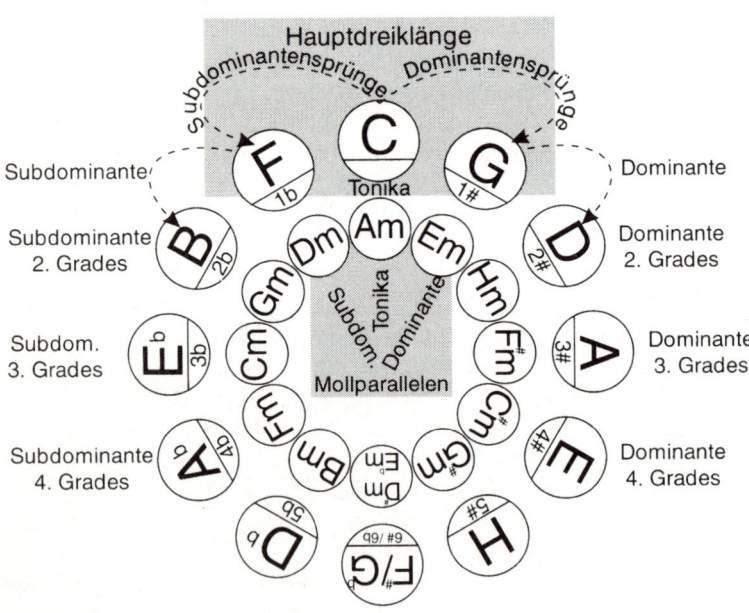

Dies sind die #-Tonarten und ihre Vorzeichen:

#-Tonart:	Vorzeichen:
G-Dur	F#
D-Dur	F#, C#
A-Dur	F#, C#, G#
E-Dur	F#, C#, G#, D#
H-Dur	F#, C#, G#, D#, A#
F#-Dur	F#, C#, G#, D#, A#, E#

Dies sind die *b*-Tonarten und ihre Vorzeichen:

b-Tonart:	Vorzeichen:
F-Dur	B
B-Dur	B, E*b*
E*b*-Dur	B, E*b*, A*b*
A*b*-Dur	B, E*b*, A*b*, D*b*
D*b*-Dur	B, E*b*, A*b*, D*b*, G*b*
G*b*-Dur	B, E*b*, A*b*, D*b*, G*b*, C*b*

Das Stufenmodell

T.	S.p.	D.p.	S.	D.	p. M.	verm7.
I.	II.	III.	IV.	V.	VI.	VII.
C	Dm	Em	F	G	Am	Hdim
Db	Ebm	Fm	Gb	Ab	Bm	Cdim
D	Em	F#m	G	A	Hm	C#dim
Eb	Fm	Gm	Ab	B	Cm	Ddim
E	F#m	G#m	A	H	C#m	D#dim
F	Gm	Am	B	C	Dm	Edim
F#	G#m	A#m	H	C#	D#m	E#dim
G	Am	Hm	C	D	Em	F#dim
Ab	Bm	Cm	Db	Eb	Fm	Gdim
A	Hm	C#m	D	E	F#m	G#dim
B	Cm	Dm	Eb	F	Gm	Adim
H	C#m	D#m	E	F#	G#m	A#dim

Begriffserklärungen

„T" steht für Tonika und bezeichnet den auf der I. Stufe befindlichen Grundton einer Tonart, die von ihm ihren Namen erhält. Der Tonika-Dreiklang ist in tonalen musikalischen Zusammenhängen Ausgangs- und Bezugspunkt des harmonischen Geschehens.

„Sp" steht für Subdominantparallele und bezeichnet die auf der II. Stufe einer Tonart befindliche parallele Molltonart zur Subdominante, deren Tonleiter aus denselben Tönen wie die Subdominante besteht, auf Grund des anderen Grundtons aber eine Moll-Klangfarbe aufweist. Die Subdominantparallele wird auch Moll-Subdominante genannt.

„Dp" steht für Dominantparallele und bezeichnet die auf der III. Stufe einer Tonart befindliche parallele Molltonart zur Dominante, deren Tonleiter aus denselben Tönen wie die Dominante besteht, auf Grund des anderen Grundtons aber eine Moll-Klangfarbe aufweist. Die Dominantparallele wird auch Tonika-Gegenakkord genannt.

„S" steht für Subdominante (von lat. *sub* = unter und *dominans* = herrschend) und bezeichnet in der Harmonielehre die IV. Stufe einer Tonleiter, die übersetzt auch Unterquinte genannt wird. Neben Tonika und Dominante bildet sie die dritte Hauptfunktion in der tonalen Harmonik.

„D" steht für Dominante, bezeichnet die V. Stufe einer Tonleiter und hat in der Pop-Musik in der Regel die Funktion, wieder zur I. Stufe (Tonika) überzuleiten. Dies geschieht in Verbindung des Dominant-Dreiklangs mit der Septime oft auch als Dominantseptakkord. Man nennt das Plagal-Schluss der Dominante, d. h. eine allgemeine, schlussbildende Wirkung. Mit der Subdominante bildet sie den wichtigsten Bestandteil einer Kadenz, d. h. einer auf die Tonika zuleitenden Akkordfolge. So ist in Lobpreisliedern sehr häufig die Stufenfolge I-V-IV-I vorzufinden (z. B. im Refrain von „Du bist der Höchste, o Herr").

„pM" steht für parallele Molltonart zur Tonika und bezeichnet die VI. Stufe einer Tonleiter, deren Tonleiter aus denselben Tönen wie die Tonika besteht, auf Grund des anderen Grundtons aber eine Moll-Klangfarbe aufweist.

„verm7" steht für den auf der VII. Stufe befindlichen verminderten Akkord, der ebenfalls die Wirkung erzeugt, auf die I. Stufe (Tonika) hinzuleiten. Er kann auch als Dominantseptakkord ohne Grundton gedeutet werden.

Das Stufenmodell ist das vielleicht verständlichste Schema für die Beziehung von Akkordfamilien.

Die Zusammenstellung von zwölf zusammengehörigen Akkorden lässt sich in jede Tonart übertragen. Sie ermöglicht dem Musiker, jedes Musikstück anspruchsvoll zu begleiten und zahlreiche Variationen und Improvisationen auszuprobieren.

	Tonika	Dominant-septime	Parallele Molltonart	Dominant-septime der Moll-Parallele
Tonika	*C*	*G7*	*Am*	*E7*
Subdominante	*F*	*C7*	*Dm*	*A7*
Dominante	*G*	*D7*	*Em*	*H7*

Transpositionstabelle

Ausgangstonart für Transposition

	C	D	E	F	G	A
Dm	G/A-A-Dm	A4-A-Dm	G/A-A-Dm	C/E-Dm	G/A-A-Dm	G/A-A-Dm
D	Hm7-E-A4-A-D		G/A-A-D	Em7-A-D	Em7-A-D	A/C#-D
Em	H4-H-Em	C-D-Em	H4-H-Em	F#m7-H-Em	D/F#-Em	A/H-H-Em
E	F#m7-H-E	C#m7-F#-H4-H-E		C-D-E4-E	F#m7-H-E	H4-H-E
F#m	G-D-C#4-C#-F#m	C#4-C#-F#m	D-E-F#m C#-F#m	C-G-D-C#4-	G#m7-C#-F#m	E/G#-F#m
F#	G-D-C#4-C#-F#4-F#	G#m7-C#-F#4-F#	D#m7-G#-C#4-C#-F#	C-G-D-C#4-C#-F#4-F#	D-E-F#4-F#	G#m7-C#-F#
Gm	C/D-D-Gm	C/D-D/F#-Gm	D4-D-Gm	C-D-Gm	D4-D-Gm	C/D-D-Gm
G	C/D-D-G	D/F#-G	Am7-D-G	Em7-A-D4-D-G		C/D-D-G
Am	G/H-Am	E4-E-Am	D/E-E-Am	E4-E-Am	D/E-E-Am	D/F#-E/G#-Am
A	Hm7-E-A	D/E-E-A	D/F#-E/G#-A	Hm7-E-A	F#m7-H-E4-E-A	

Ein Akkord mit einer 4 dahinter (z. B. A4) ist hier die Kurzform für Asus4, also A-Dur mit erhöhter Quarte. Die Akkorde hinter einem Schrägstrich (/) stehen für die Basstöne des jeweiligen Akkordes.

Wie schreibe ich gemeindetaugliche Lobpreis- und Anbetungslieder?

Im Alten wie im Neuen Testament wird das Volk Gottes wiederholt aufgefordert, ein neues Lied vor Gott zu bringen (z. B. Ps 33,3; 40,4; 45,2; 96,1; 98,1; 149,1; Amos 6,5; Offb 5,9; 14,3). Dies geschieht, weil Gott seinen Gläubigen Gaben der Kreativität gegeben hat, immer wieder durch ganz unterschiedliche Stile die aktuelle Erfahrung des lebendigen Gottes und die sich entwickelnde Beziehung zu ihm auszudrücken und festzuhalten.

Eine Christenheit, die nur die Lieder zurückliegender Jahrhunderte zu singen hat, muss sich die Frage gefallen lassen, ob denn die in Kunst und Lied aufgefangene Erfahrung Gottes nicht deswegen weniger vorhanden und akzeptiert ist, weil Gott in den Alltäglichkeiten des Lebens nicht mehr den Stellenwert einnehmen darf, der ihm damals noch zugestanden wurde, und damit auch die Künste weniger von Christen geprägt werden.

Mit anderen Worten: Die lebendige Gotteserfahrung wird ihren Ausdruck immer auch in den zeitgenössischen Künsten finden, wenn in dieser Richtung begabte Menschen mit dem Evangelium konfrontiert und dafür gewonnen werden. Die Lieder von Paul Gerhardt oder Martin Luther etwa hatten eine große kulturelle Relevanz in der Zeit, in der sie geschrieben wurden. Wie ich ja schon ausführlich dargestellt habe, waren das die Hits der spätmittelalterlichen Welt und oft säkulare Musikstücke, die christliche Dichter mit geistlichen Botschaften unterlegten. Sicher stellt dieses z. T. von der musikalischen Qualität her gesehen hochklassige Liedgut ein wichtiges kulturelles Erbe dar, aber die aktuelle Gotteserfahrung verlangt darüber hinaus einen zeitgemäßen Ausdruck.

In den lebendigen Glaubensbewegungen des 20. Jahrhunderts – in der Pfingstbewegung, in der charismatischen Bewegung wie auch in der neopfingstlichen und evangelikalen Bewegung – sind viele Lieder entstanden. Dies untermauert die oben geäußerte These und gibt uns Modelle für die heutige Praxis vor. Betrachtet man die zeitgenössische geistliche „Lied-Szene", so sieht man, dass im englischsprachigen Raum bereits ein großer Schatz an Lobpreis- und Anbetungsliedern entstanden ist. Im deutschsprachigen Raum ist dies leider wesentlich bescheidener ausgefallen – das vorhandene Liedgut dieser Kategorie wird beherrscht von mehr oder weniger gut übersetzten Importsongs –, ein Zustand, mit dem sich kreativ begabte und geisterfüllte Musiker einer Nation nicht zufrieden geben sollten, es sei denn, man ginge von der merkwürdigen Vorstellung aus, die Kompositionsgabe moderner *Praise & Worship*-Songs sei weitgehend den Amerikanern und Engländern vorbehalten!

So schön und hilfreich Liedübersetzungen sind (und auch ich habe einige Dutzend angefertigt): Es geht oft ein nicht unwesentlicher Teil der Aussage und Ausdrucksstärke des Originals verloren. Wenn dann auch noch mit wenig Sorgfalt gearbeitet wird, ergibt sich oft ein verändertes und meist minderwertigeres Lied – dies ist zwar besser, als gar keine Lobpreislieder zu haben, aber die einheimischen christlichen Musiker sollten sich neu herausfordern lassen, selbst in der Ausrichtung auf Gott wieder kreativ zu werden. Schließlich gibt es keine bessere Möglichkeit, als selbst festzuhalten und durch den Gesang mit der Gemeinde zu teilen, was wir gerade in dieser Zeit Gott tun sehen – und eine Musik zu haben, die am geistlichen wie musikalischen Puls der Zeit ist!

Bei der Arbeit an solchen Liedern muss beides zusammenkommen: die Inspiration Gottes und hartes Arbeiten an der Idee – in den seltensten Fällen reicht das eine oder andere allein aus. Kommt beides zusammen, entsteht oft ein neues, sehr ausdrucksstarkes und schönes Geschenk Gottes an seine Gemeinde.

Der Text

Wie vorher ja schon vielfach angeklungen ist, liegt der Hauptakzent eines Lobpreis- oder Anbetungsliedes auf dem Text. In der Regel wird es sich dabei um ein Gebet handeln; möglich ist aber auch, dass die Worte Gott beschreiben oder die Gemeinde dazu ermutigen, in Dankbarkeit Gott zu verehren. Damit die Worte eines Liedes eine tiefe und individuelle Aussage haben, sollte sich jeder Songwriter mit den folgenden Punkten beschäftigen:

Definition der wichtigsten Wörter, die in Lobpreis und Anbetung verwendet werden

In dieser Art von Liedern ist es aus mehreren Gründen nicht erstrebenswert, dass die Strophen besonders ausführlich und textreich werden. So kann man ein Lied beispielsweise schwerer behalten, wenn auf wenig Melodie viel Text verteilt ist – die Gemeinde wird dann stärker von Liedzetteln oder ähnlichen „Gedächtnisstützen" abhängig sein und kann sich nicht so intensiv auf Gott konzentrieren, wie das sonst möglich wäre.

Darum ist es umso wichtiger, dass der Liedautor mit dem verbleibenden Text den Kern der Thematik trifft, der Hauptinhalt des Liedes sein soll – er muss die Worte in ihrer Tiefe füllen können. Außerdem möchte er in der Regel ja nicht Texte kopieren, die schon hundertmal vorher getextet worden sind. Was verbirgt sich nun etwa hinter den Wörtern, die in der Bibel das Wesen Gottes beschreiben? Was bedeuten Ausdrücke wie „Gott ehren", „ihn brauchen", „ihn berühren wollen", „ihn kennen" oder „kennen lernen wollen", „ihn erheben und groß machen", „ihn suchen"?

Verwenden Sie ein enzyklopädisches und ein etymologisches Wörterbuch und schlagen Sie die folgenden Begriffe nach. Wenden Sie sie dann auf den Gemeindebereich an:

20 Substantive zum Nachschlagen:
Glaube / Ehrfurcht / Staunen (Erstaunen) / Sehnsucht / Liebe / Gnade / Vergebung / Majestät / Heiligkeit / Rettung / Hingabe / Opfer / Hoffnung / Erbarmen / Herrschaft / Erhabenheit (Allmacht) / Herrlichkeit / Schönheit / Verlangen / Reinheit

10 Verben zum Nachschlagen:
ehren (verehren) / kennen (kennen lernen) / brauchen / suchen / erfüllen / begegnen / hungern/ erheben / groß machen / erfahren

Mit Sicherheit gibt es noch weitere Begriffe, die im Lobpreis und in der Anbetung eine wichtige Rolle spielen. Aber schon wenn man gelernt hat, diese 30 Worte kreativ zu füllen, ergibt sich mit den Synonymen eine Vielzahl von Ausdrücken, die man nun zur Ehre Gottes beim Liedschreiben verwenden kann.

Aktualität

Der Text sollte eine aktuelle, frische Erfahrung mit Gott widerspiegeln oder Sehnsucht nach einer solchen Erfahrung ausdrücken (Mt 12,34).

Ehrlichkeit und Echtheit

Der Text sollte ehrlich empfunden sein. Die Bibel macht unmissverständlich deutlich, dass Gott keine Freude an einem Lippenbekenntnis hat, das nichts mit dem Leben der betreffenden Menschen zu tun hat. Im selben Sinne werden uns aber auch die Menschen das Lied nicht abnehmen bzw. es wird seine Kraft verlieren, wenn keine echte Erfahrung oder Sehnsucht dahinter steckt.

Schwerpunktsetzung

Der Text sollte auf Gott ausrichten und zu ihm hinziehen. Es sollte zum Ausdruck kommen, dass Jesus persönlich erfahrbar und nahbar ist. Der Akzent sollte dabei auf den grundlegenden Wahrheiten liegen: der Aufforderung zum Danken und Loben, dem Beschreiben von Gottes Wesen in seiner Vaterschaft, seiner Größe, seiner Liebe, seiner Herrschaft und seinem Anspruch, und schließlich in der persönlichen Antwort auf die Berührung Gottes. Texte, die aus dem Gebet kommen, können vielfach auch eine prophetische Bedeutung für den Leib Christi haben.

Eine hilfreiche Frage im Gebet lautet also: „Herr, was möchtest du in diesem Lied ausdrücken?" Achten Sie in jedem Fall darauf, dass Sie wirklich das in dem Lied verständlich ausdrücken, was Sie auch sagen wollen. Der Text sollte nicht so poetisch sein, dass man Stunden braucht, um dem wahren Sinn auf die Spur zu kommen. Die Gemeinde hat natürlich die Aufgabe, den knappen Text immer neu mit Erfahrungen und Sinngehalt zu füllen, sie sollte aber nicht zu viel zwischen den Zeilen lesen müssen.

Sprache

Die Worte sollten Ehrfurcht vor Gott ausdrücken, daher sollten eine „flapsige" Sprache oder umgangssprachliche Ausdrücke keinen Raum haben. Trotzdem ist es sehr wichtig, eine Sprache zu benutzen, die Sie auch in Ihrer alltäglichen Kommunikation verwenden – alles andere wirkt leicht peinlich und erschwert es der Gemeinde wesentlich, sich mit dem Lied zu identifizieren.

Es ist ratsam, die Lieder in der eigenen Muttersprache zu schreiben, selbst wenn Sie eine andere Sprache annähernd beherrschen, die Ihnen als singbarer erscheint (was dann meist Englisch sein wird). Machen Sie sich den Bedarf an deutschsprachigen Liedern bewusst! Es ist darüber hinaus keine Freude, eigene Lieder in die Muttersprache übersetzen zu müssen, weil sie die eigene Gemeinde nicht in einer Fremdsprache singen will.

Wer Probleme mit der (deutschen) Grammatik hat, sollte weiterhin einen „sprachfesten" Freund bitten, das Lied noch einmal daraufhin (etwa korrekte Genitiv- und Dativbildung) zu überprüfen.

Vermeidung von Klischees

Der Text-Autor sollte hier besonders vorsichtig sein, denn Kitsch und Sentimentalität können ein Lied ruinieren, selbst wenn es eine schöne, eingängige Melodie hat. Eine Strophe wie:

„Aus meinem Herz drang laut ein Schrei
Doch du, mein Herr, machtest mich frei
Nun ist das Alte einerlei
Ich bin in Deinem Reich dabei"

mag im Kern keine falsche Aussage haben, die Form jedoch wird den Inhalt für viele Ohren nur lächerlich machen und damit exakt das Gegenteil erreichen. Darüber hinaus ist es wichtig, im Auge zu behalten, dass es kulturelle Prägungen gibt, die man unbedingt ernst nehmen sollte. Sätze wie „Herr, Dein Name ist wie Honig auf meinen Lippen" oder „Seine Gegenwart ist in uns wie ein süßes, süßes Parfüm", wie sie in amerikanischen Anbetungsliedern vorkommen, sollten in Deutschland besser mit Vorsicht behandelt werden – das kulturelle Erbe ist hier eben anders, und gerade letzteres Beispiel wird bei manchem eher ungute Assoziationen aufkommen lassen.

Metrische Form

Mit dem obigen Beispiel wollte ich nicht sagen, dass Lieder mit Reim schlechter seien als Lieder ohne – bei einer guten Arbeit gilt das Gegenteil, denn gut gemachte Reime können besser auswendig gelernt werden, und die Rhythmik der Verse wird durch den Klang der Worte unterstützt.

Die Metrik jedenfalls ist ganz entscheidend: Damit die Melodie nicht von Strophe zu Strophe verändert wird, sollte der Texter die Silben Vers für Vers auszählen und unbedingt eine annähernde Übereinstimmung anstreben.

Singbarkeit

Zur Singbarkeit eines Liedes gehört nicht nur die Melodie, sondern auch der Text. Die Worte sollten nicht zu lang sein – die Verwendung des Wortes „Gerechtigkeitsempfinden" etwa wäre denkbar ungeeignet. Der Autor sollte nicht versuchen, zu viel Text auf zu wenig Melodie unterzubringen. Das Lied wirkt dann leicht überladen und die Melodie leidet darunter (auf Grund der zahlreichen Tonwiederholungen).

Beschränkung

Im Text sollte nur ein zentraler Gedanken thematisiert werden – er sollte nicht mit zu vielen unterschiedlichen Gedanken überfrachtet sein. Eine Lobpreiszeit ist in der Regel lang genug, um einige Lieder zu singen; es ist daher überhaupt nicht nötig, alles in einem Lied sagen zu müssen.

Bibelstellen

Es ist eine Überlegung wert, ob es zu der Hauptaussage, die der Autor thematisieren will, eine oder mehrere Bibelstelle(n) gibt, die in den Liedtext als wörtliches Zitat einfließen könnten (möglichst in einer modernen Übersetzung). Das Wort Gottes hat besondere Kraft, und die Wahrscheinlichkeit ist relativ groß, dass einige die Bibelstelle kennen und auf Grund dessen das Lied schneller auswendig behalten.

Theologisch-inhaltliche Richtigkeit

Daneben ist natürlich wichtig, vor der Veröffentlichung des Liedes die Theologie des Textes noch einmal genau zu überprüfen. Sind alle Einzelaussagen biblisch abgedeckt? Wurden Missverständnisse ausgeschlossen? Sind die Texte „wahr"?

Textwiederholungen

Oft kann man den Hauptgedanken eines Liedes neben der Melodie noch dadurch hervorheben, dass die entsprechende Textstelle ein- oder mehrmals wiederholt wird. Dies bietet sich vor allem dann an, wenn man mit Strophen und Refrain arbeitet.

Die Musik

Bei Lobpreis- und Anbetungsliedern hat die Musik eine untergeordnete Bedeutung. Nichtsdestoweniger sollte der Komponist sich ausreichend über das Grundgerüst, die Elemente der Melodie, den Tonumfang, die Harmonisierung und die Stimmung der Musik Gedanken machen. Dabei ist nicht zu vergessen, dass Text und Musik ja eine Einheit bilden sollen.

Tonleitern

Das häufigste in der Musik vorkommende Element ist die Tonleiter – einmal mit weniger und einmal mit mehr Stufen. Untersucht man die gängigsten Lobpreislieder, findet man diese wieder und wieder.

Aufgelöste Dreiklänge

Dies ist vielleicht die am zweithäufigsten verwendete musikalische Figur.

Tonwiederholungen

Setzen Sie größere Tonsprünge selten und gezielt ein. Für die Gemeinde ist es ohnehin einfacher, wenn sich der Tonumfang in Grenzen hält – als Richtwert kann man sich von C – E (eine Oktave höher) merken. An dramatischen Stellen, an denen auch etwas lauter gesungen wird, kann ein solcher Sprung allerdings ganz effektvoll sein. Er wirkt aber nur, wenn er nicht zu oft vorkommt. Bedenkenswert ist auch, dass größere Sprünge nicht leicht zu behalten sind und hohe Anforderungen an das musikalische Vermögen der Gemeinde stellen – diese Lieder brauchen in der Regel wesentlich längere Übungszeiten, und die Masse neigt dazu, die Melodie an den schweren Stellen zu verändern und eine einfachere Version zu singen, die dem Stück aber leicht seinen Reiz nehmen kann.

Sequenzen

Sequenzen sind gleiche Melodiefolgen, die auf einem anderen Grundton wiederholt werden. Sie helfen, sich eine Melodie einzuprägen, und können einem Lied zu großer Einheitlichkeit und Regelmäßigkeit verhelfen. Diese Lieder kann man sich leicht einprägen – es ist nur darauf zu achten, dass die musikalischen Motive nicht zu abgegriffen sind.

Originalität und „Hooklines"

Der Komponist sollte darauf achten, dass jedes Stück mindestens eine Stelle hat, die etwas ungewöhnlich oder überraschend ist – oder die dem Stück zumindest eine reizvolle Note gibt. Nach 35 Jahren Rock 'n' Roll ist das meiste natürlich schon da gewesen, aber die Kombination von Melodie und Harmonik kann trotzdem das Gefühl vermitteln, etwas Frisches, Neues zu hören.

Mehr noch als dies braucht aber jedes gute Stück eine *Hookline* (Hits haben meist zwei bis drei davon). Eine *Hookline* ist eine kleine musikalische Einheit, die beim Hörer hängen bleibt und ihm nicht mehr aus dem Ohr geht (der sprichwörtliche Ohrwurm ist in der Regel kein ganzes Musikstück, sondern besteht aus einer oder mehreren *Hooklines*, an die man sich spontan erinnert und die mithelfen, auch den Rest des Stückes auf Anhieb im Kopf zu behalten).

Die Frage nach Fertigstellen eines Liedes sollte also u. a. lauten: „Wo ist die *Hookline* – was bleibt mir auf Anhieb hängen?" Manche bekanntere Songwriter gehen so weit, dass sie Lieder bewusst nicht aufnehmen oder schriftlich festhalten, weil sie sich sagen, dass das neue Stück ihnen schon wieder einfallen wird, wenn es wirklich gut war. Ich würde dem Anfänger nicht unbedingt zu dieser Vorgehensweise raten, aber sie macht deutlich, wie wichtig die *Hooklines* für die Komposition sind.

Harmonik und Struktur

Gerade bei Lobpreis- und Anbetungsliedern empfiehlt es sich, das harmonische Grundgerüst einfach zu halten, denn harmonisch komplizierte Stücke sind in der Regel dem Gemeindegesang nicht zuträglich. In demselben Maße also, wie die Struktur des Stückes einfach gehalten ist (es sollten nicht mehr als zwei verschiedene musikalische Teile auftauchen), sollten sich die Harmonien im Wesentlichen an der Akkordverwandtschaft orientieren, wie sie im Quintenzirkel deutlich wird. Bei zwei musikalischen Teilen empfehlen sich ABA oder AB als Struktur.

Kongruenz zwischen Text und Musik

Der Songwriter sollte darauf achten, dass die Musik den Text wirkungsvoll untermalt. Es lohnt sich daher die Vorüberlegung, welche musikalischen Merkmale klangmalerisch welche verbalen Aussagen am effektivsten unterstützen.

Ein Beispiel: Die Freude an Gott oder der Jubel über seine Größe sollte nicht durch eine Musik in Moll untermalt werden; es sei denn, sie ist sehr dynamisch und kraftvoll durch die Rhythmik und das Melodie-/Textverteilung-Verhältnis (etwa im Stil des israelischen Volksliedgutes).

Dagegen bietet es sich nicht besonders an, einen Anbetungs- oder Hingabe-Text mit einem starken Beat oder rhythmischen Unterbau zu versehen. Darauf zu achten wird zur Homogenität des Liedes beitragen.

Natürlich sind die in diesem Abschnitt genannten Aspekte nicht vollständig und auch keine Garanten für Hits. Dennoch bilden sie ein gutes Fundament, denn Songwriting ist neben aller Inspiration auch ein Handwerk, und je besser man die Grundlagen beherrscht, desto eingängiger und effektiver werden die Songs für die Gemeinde sein.

Anmerkungen

[1] Pilavachi, Mike mit Borlase, Craig: For the Audience Of One. The Soul Survivor Guide to Worship. With an Introduction by Matt Redman. Hodder & Stoughton, London 1999, S. 133–136. Übersetzung vom Autor.

[2] Breed, David R. The History and Use of Hymns and Hymn Tunes (Tarrytown: Revell, 1903): S. 255.

[3] Ellsworth, Paul: A.a.O, S. 30; Breed, David R. A.a.O., S. 256; Stewart Smith, Jane. The Gift of Music (Wheaton: Crossway Books, 1987): S. XIX.

[4] Miller, Steve. Moderne christliche Musik Fataler Kompromiss oder Hilfe zur Erneuerung (Lüdenscheid: Asaph Verlag, 1995) , S. 86.

[5] Breed, David. R., a.a.O., S. 38–39, vgl. Fellerer, Karl Gustav: The History of Catholic Church Music (Baltimore: Helicon Press, 1961): S. 56.

[6] Smith, Preserved. The Life and Letters of Martin Luther (New York: Barnes and Nobel, 1911, 1968): S. 231. Zitiert in Miller, Steve, A.a.O., S. 88

[7] Hoetty-Nickel, Theodore: Luther and Culture. In: Martin Luther Lectures Bd. 4 (Decorah: Luther College Press, 1960): S. 173–175. Zitiert in Miller, Steve, A.a.O., S. 88.

[8] Hoetty-Nickel, Theodore. A.a.O., S. 170. Zitiert in Miller, Steve: A.a.O., S. 89

[9] Hoetty-Nickel, Theodore. A.a.O., S. 170. Zitiert in Miller, Steve. A.a.O., S. 89.

[10] vgl. Stevenson, Robert M. Patterns of Protestant Church Worship (o.O.: Duke University Press, 1953): S. 3.

[11] vgl. Breed, David R. A.a.O., S. 22, 54.

[12] vgl. Hustad, Donald. Jubilate! Church Music in The Evangelical Tradition (Carol Stream: Hope, 1981): S. 134; Jefferson, H. Hymns in Christian Worship (New York: The Macmillan Company, 1950): S. 34; Breed, David R. A.a.O., S. 301–303.

[13] vgl. Davis, Paul: Isaac Watts – His Life and Works (New York: Dryden, 1943): S. 188–197; Rich, Arthur L. World Book Encyclopedia (Chicago: Worldbook-Childcraft International, 1978): S. 119; Miller, Steve. A.a.O., S. 92–96.

[14] Miller, Steve. A.a.O., S. 96–97; vgl. Seidel, Leonard J. Face The Music (Springfield: Grace Unlimited Publications, 1988): S. 115.

[15] vgl. Sallee, James. A History of Evangelistic Hymnody (Grand Rapids: Baker Book House, 1978): S. 23.

[16] vgl. Wilder Foote. Three Centuries of American Hymnody (Cambridge: Harvard University Press, 1940): S. 203; Sallee, James. A.a.O., S. 45.

[17] vgl. Sallee, James. A.a.O., S. 26.

[18] Bailey, Faith Coxe: D.L. Moody – The Greatest Evangelist of the Nineteenth Century (Chicago: Moody Press, 1959): S. 120.

[19] vgl. Sallee, James. A.a.O., S. 58; Stevenson, Robert. A.a.O., S. 153; Pollock, J.C. Moody – A Biographical Portrait of the Pacesetter in Modern Mass Evangelism (New York: The Macmillan Company, 1963): S. 135–137.

[20] Miller, Steve. A.a.O., S. 100–101; vgl. Pollock, J.C. A.a.O., S. 119, 134–136; Sallee, James. A.a.O., S. 63; Bailey, Faith Coxe. A.a.O., S. 107; Clark, Rufus W. The Work of God in Great Britain Under Mssrs. Moody and Sankey (New York: Harper and Brothers, 1875): S. 148; Davenport Northrop, Henry. Life and Labors of Dwight L. Moody (Philadelphia: National, 1899): S. 94.

[21] vgl. Watson, Bernard. A Hundred Years' War – The Salvation Army 1865–1965 (London: Hodder and Stoughton): S. 85–91; Sandall, Robert: The History of the Salvation Army Vol. 2 (Nashville: Thomas Nelson, 1950): S. 102.

[22] Sandall, Robert, a.a.O., S. 112. Zitiert in Miller, Steve. A.a.O., S. 104.

[23] Man kann Jazz und Blues guten Gewissens als eine säkulare Entwicklung aus den Spirituals bezeichnen: Die Funktion des gemeinschaftlichen Klatschens wurde vom Schlagzeug übernommen, der Ausdruck der Trauer, dessen Ausweg im Spiritual in der Beziehung zu Gott zu finden war, wurde ohne Ausweg das prägende Element des Blues.

[24] vgl. den Artikel von Bontempts, Arna: Rock, Church, Rock, zitiert in: Petrie, Phil. The History of Gospel. CCM Magazine 2/96, S. 47.

[25] vgl. Turner, Steve. Hungry For Heaven. Rock and Roll and the Search for Redemption (Eastbourne: Kingsway Publications Ltd., 1988): S. 32.

[26] Turner, Steve. A.a.O., S. 32.

[27] vgl. Turner, Steve. A.a.O., S. 52.

[28] Turner, Steve. A.a.O., S. 32–33.

[29] Don Cusic schreibt in der Gründungsausgabe des CCM Magazine, dass das Presley-Album „His Hand in Mine", das von RCA 1960 veröffentlicht wurde, vielleicht die erste zeitgenössische Gospel-Platte war. 1967 und 1972 erschienen auf demselben Label die Nachfolge-Gospelalben Presleys „How Great thou art" und „He touched me". Vgl. Rabey, Steve. Age to Age. In: CCM Magazine, Juli 1998, Internet Edition

[30] Brock, Van K. Elvis, The South And America, in: Tharpe, Jac. L. (Hrsg.). Elvis: Images and Fancies (Mississippi: University Press of M., 1979), zitiert in Turner, Steve. A.a.O., S. 16.

[31] Turner, Steve. A.a.O., S. 19, Übers. v. Verf.

[32] vgl. Tosches, Nick: Hellfire: The Jerry Lewis Story (New York, Delacorte, 1982); Seay, Davin/Neely, Mary: Stairway to Heaven. The Spiritual Roots of Rock 'n' Roll – From the King and Little Richard to Prince and Amy Grant. (New York, Ballantine Books, 1986).

[33] vgl. Ausführungen in seiner Autobiographie: Swaggart, Jimmy. To Cross A River (New Jersey: Logos International, 1977).

[34] Turner, Steve. A.a.O., S. 54.

[35] Is God dead? In: Time, 8. April 1966, S. 82–85.

[36] Romanowski, William David. A.a.O., S. 71.

[37] Time, 26. Dezember 1969, S. 40.

[38] vgl. Hall, Claude: Trade gets R'n'R(eligion), in: Billboard, 7. November 1970, S. 1+12.

[39] Gent, George: Rock Music Turns To Spiritual Ideas. In: New York Times, 24. November 1971, S. 31; vgl. auch Hippies Turn to Old-Time Religion. In: Rolling Stone, 16. April 1970, S. 48.

[40] Zander, Dieter/ Celek, Tim: Wen(n) Kirche nicht mehr zieht. Die MTV-Generation – was sie fühlen, was sie glauben. (Projektion J, Asslar 1997, S.48 ff.).

[41] Simson, Wolfgang: Häuser, die die Welt verändern (C&P Verlag Emmelsbüll, 1999, S. 13)

[42] A.a.O., S. 14.

[43] Wagner, Peter. Zitiert in: Wimber, John/ Springer, Kevin. Die dritte Welle des Heiligen Geistes. Was kommt nach der Erneuerung? (Projektion J, Asslar, 1988, S.29).

Gottes Herz berühren

Mit »Erwecke uns« präsentiert Arne Kopfermann ein junges und explosives Worship-Album. Die in Zusammenarbeit mit seiner Live-Band entstandene CD sprüht über vor abgefahrenen Keyboard-Sounds und ungemein virtuosen Rock-Gitarren.
Neben den Mitstreitern Florian Sitzmann, Klaus Bittner u. a. haben Anja Lehmann und »Layna«-Sänger Bernd-Martin Müller hervorragende Gesangsarbeit geleistet.
Eine CD voller musikalischer Leckerbissen und Songs, die zu einem radikalen Leben als Christ ermutigen.

Arne Kopfermann
Erwecke uns
Feat. Anja Lehmann
CD 946 149
Liederheft 657 350
(mit allen Songs der CDs »Erwecke uns« und »Er macht frei«)